添富书库
CUAM COLLECTION

汇添富基金·世界资本经典译丛

卖空的艺术

凯思琳·F.斯泰莱（Kathryn F. Staley） 著

崔世春 译
张 峦 校

上海财经大学出版社

图书在版编目(CIP)数据

卖空的艺术/(美)凯思琳·F. 斯泰莱(Kathryn F. Staley)著;崔世春译. 一上海:上海财经大学出版社,2019.5
(汇添富基金·世界资本经典译丛)
书名原文:The Art of Short Selling
ISBN 978-7-5642-3089-0/F·3089

Ⅰ.①卖… Ⅱ.①凯… ②崔… Ⅲ.①股票交易-基本知识
Ⅳ.①F830.91

中国版本图书馆 CIP 数据核字(2018)第 177196 号

图字:09-2018-756 号

The Art of Short Selling

Kathryn F. Staley

□ 责任编辑 袁 敏
□ 封面设计 张克瑶

卖 空 的 艺 术

凯思琳·F. 斯泰莱 (Kathryn F. Staley) 著
崔世春 译
张 峦 校

上海财经大学出版社出版发行
(上海市中山北一路 369 号 邮编 200083)
网 址:http://www.sufep.com
电子邮箱:webmaster @ sufep.com
全国新华书店经销
上海华教印务有限公司印刷装订
2019 年 5 月第 1 版 2019 年 5 月第 1 次印刷

787mm×1092mm 1/16 16.75 印张(插页:2) 273 千字
印数:0 001—3 000 定价:66.00 元

总 序

书犹药也，善读之可以医愚。投资行业从不乏聪敏之人，但是增智开慧乃至明心见性才是成长为优秀投资人的不二法门，读书无疑是学习提升的最佳方式。

常有人说投资是终身职业，但我认为投资更需要终身学习。很多人投资入门多年，依然不得其道；终日逡巡于“牛拉车不动，是打车还是打牛”的困境，不得要领。从业多年，我接触过太多这样的投资人士，个中缘由不尽相同，但有一点却非常普遍：或是长期疏于学习，或是踏入“学而不思则罔”的陷阱。

我认为，学习大致有三个层次，亦是三重境界：

第一重是增加知识，拓展基础的能力圈。着眼点是扩大个人对于客观世界的认知积累，这是大多数人的学习常态，这一重固然重要却不是学习的本质。

第二重是提高逻辑，改进个人的认知框架。达到这一境界，已经可以将刻板知识灵活运用，但仍然仅可解释过去却无法指向未来。

第三重是强化洞见，思考从个人出发，无视繁复的信息噪声干扰，穿透过去、现在和未来，最终开始正确地指导现实世界。在这一境界，学习已不只是追求知识，更是追求“知识的知识”。这是无数积累之后的茅塞顿开，更是质量互变之际的醍醐灌顶，不断思考感悟尤为重要。

书籍浩如烟海，书中智慧灿若繁星，而若能由自己抽丝剥茧得到“知识的知识”，将会终身受益。二十多年前，我还是一名上海财经大学的普通学生，对投资有着浓厚的兴趣，可惜国内的投资业刚刚起步，相关资料远没有今天互联网时代这样发达，此时财大的图书馆像是一个巨大的宝库，收藏着大量有关投资的英文原版书籍。我一头扎进了书丛，如饥似渴地阅读了许多经典，通过这一扇扇大门，我对西方资本市场发展窥斑见豹，其中提炼出的有关投资理念、流程、方法的内容潜移默化地影响并塑造了日后的我。时至今日，常有关心汇添富的朋友问起，为什么根植于国内市场的汇添富，投资原则和方法与外资机构如此类似？我想多少应该与我当年的这段经历有关。

今天，我依然非常感恩这段时光，也深深地明白：那些看过的书、走过的路对一个人的人生轨迹会产生多大的影响，特别是在以人才为核心的基金投资行业。今年恰逢中国基金行业二十周年，二十年斗转星移，正是各路英杰风雨兼程、夙兴夜寐才有了今天的局面，汇添富基金是见证者，也有幸参与其中。这些年，我总试图在汇添富重现当年我学生时的氛围，鼓励同事们有空多读书、读好书、好读书。在此，奉上“汇添富基金·世界资本经典译丛”以飨读者，希望大家能够如当年懵懂的我一般幸运：无论外界如何变化，我们都可以不断提升进化自己。

是以为序。

张　晖

汇添富基金管理股份有限公司总经理

2018 年 12 月

译者的话

在投资竞技场上，恐怕没有哪一种游戏比卖空更令人兴奋的了。操作得当，卖空可以给你带来高额利润；然而，一次失足，就可能带来灭顶之灾。尽管卖空存在风险，但在某种程度上由于受到成功故事的鼓舞，例如乔治·索罗斯(George Soros)卖空英镑赚得数十亿美元的故事，因此，在美国，越来越多的人正参与其中。凯思琳·F. 斯泰莱的《卖空的艺术》正是关于这样一些人及其实战的著作，他们从股市崩溃中获益，专门研究如何察觉灾祸，运用这样的方法追踪公司消亡的轨迹，就像测震学家观测地震前最初的小震一样。

凯思琳·F. 斯泰莱是一位美国注册投资顾问和注册金融分析师(CFA)，是投资领域尤其是卖空方面的专家。她与对冲基金、经纪商行以及其他金融机构合作，为它们确定哪些股票应当抛售和卖空；同时，在美国西北大学为美国投资管理协会(AIMR)讲授财务报告分析课程。

《卖空的艺术》一书被认为是第一本说明技艺精湛的投资者如何利用最新的投资潮流——卖空——赚钱的书。《新基金经理们》(*The New Money Masters*)一书的作者、特伦一托马斯一史密斯投资咨询公司(Train, Thomas, Smith Investment Counsel)的约翰·特伦(John Train)评价说："《卖空的艺术》是对于(卖空)这一难以掌握的技术的最好的描述。"审慎卖空基金证券组合经理大卫·W. 泰斯(David W. Tice, Portfolio Manager, Prudent Bear Fund)认为："凯思琳·F. 斯泰莱在解释高度专业化的卖空技术方面做了一项出色的工作。她讲述著名的投资‘诡计’的真实故事的方法将使读者着迷，同时也给投资者们提供了许多极其重要的教训。”《投资骑手》一书的作者吉姆·罗杰斯(Jim Rogers)说：“卖空仍然是一项被人们误解的制度，但即使是最狂怒的多头，也必须掌握这项颇有价值的技术，以征服经常变幻莫测的市场。”

上海财经大学出版社的黄磊先生把《卖空的艺术》这本颇有影响的投资名著交给我时，正值沪深股市由于种种原因拉开暴跌序幕之时；也是有识之士呼吁中国股市应引入卖空机制，有关部门正酝酿推出沪深股市统一指数、积极为指数期货推出做准备之时。与任何证券市场尤其是不成熟证券市场一样，中国证券市场在快速发展、取得令人瞩目成就的同时，也存在着一些不容忽视的问题。例如，一些上市公司只知圈钱、不思回报，弄虚作假、操纵利润，法人治理结构不健全，产权结构不合理，大股东操纵、中小投资者利益难以得到保护；一些机构兴风作浪，违规操作，为虎作伥，一些股评人士呼风唤雨；国有股、法人股不流通，历史遗留问题迟迟得不到及时、合理、妥善的解决，且呈日益严重之势等。对于这些问题，一方面，我们必须在证券市场稳定发展前提下加强规范监管，减少其对证券市场的影响；另一方面，我们必须建立健全相关市场机制，包括卖空机制，让市场本身去纠正这些问题。《卖空的艺术》为我们识别证券市场上的种种违规行为，如虚假财务报表、内幕交易等，提供了很多经验和技术；更为重要的是，它无疑对我们借鉴成熟股票市场上卖空机制的设计，对我国投资者将来在卖空机制引入后正确运用卖空技巧对冲风险、获得投资回报大有裨益。

卖空交易，是指证券投资者出售通过合法手段借入的证券的行为。美国证券交易委员会3B-3规则指出，“‘卖空’一词，是指投资者出售自己并不拥有的证券的行为，或者投资者用自己的账户以借来的证券完成交割的任何出售行为”。从事卖空交易的证券投资者被称作卖空者或空头。卖空交易是一种交易行为，同时也是一个过程。空头之所以卖出借入的证券，是因为他们预期证券的价格即将下跌，他们在未来可以以更低的价格买入证券，从中获得差价。如果一旦证券的价格没有下跌，那么空头就面临着在价格高位买入证券的风险，这将导致其遭受损失。为了能够进行卖空，空头必须借入证券，一般可以向经纪人或机构投资者借入证券。而经纪人或机构投资者一般都要向这种借贷行为索取利息。从本质上看，卖空交易实际上是信用交易的一种形式，因为证券的借贷实际上也是一种信用，而且卖空交易通常采用的是保证金信用交易的形式，也就是说，空头只需要在账户上拥有他所借入的证券价值一定比例的现金,即可借入证券进行卖空交易。根据投资者进行卖空交易的目的,可以把卖空交易分为投机性卖空和对冲性卖空两种基本形式。前者是指投资者预期股票价格即将下跌,因此向证券商借入股票,以较高的现时价格出售,等待市场价格下跌到一定价位时,再以较低的价格买入证券,归还给证券商。投资者自始至终都不拥有该笔股票,但却从股票的价格差中获得了利润。后者是指投资者持有股票,或者以股票为基础证券的衍生证券,由于担心股票价格下跌可能给所持有的头寸造成损失而进行卖空交易,将所持有头寸的风险对冲掉。对冲性卖空可以在同一股票上进行,也可以在相关性很强的股票之间进行,或者在股票和以股票为基础证券的衍生工具之间进行。卖空机制是股票市场的一项重要制度,虽然在该机制对市场所产生的影响方面分歧犹存,但在一些基本问题上还是取得了一些共识。卖空机制为股票市场提供了流动性和价格发现两种最基本的功能。股票市场上的卖空行为一方面增加了市场上的股票供给量,降低了投资者由于市场供给不足而不得不以较高价格购入股票的风险,同时对冲行为又增加了市场的需求量,使得投资者能在固定的价位上大量卖出股票。卖空机制的存在活跃了市场的交易行为,扩大了市场的供求规模,从而有利于提高市场的流动性。其次,卖空机制的存在客观上能产生一种"价格发现"机制,促使股票市场的价格接近于实际价值,实现股票市场定价的有效性。卖空机制的存在,使得整个市场存在着大规模的股票的供给和需求力量,这种大规模的交易量及由此衍生的价格竞争将会大大提高股票定价的有效性。卖空交易行为实际上反映了市场对股票的未来价格的评价,从而使价格所反映的信息更加充分。在缺乏卖空机制的市场上一般存在着的股票价格高估现象也从反面验证了上述观点。卖空机制的存在还为市场参与者提供了一种兼具投资与保值双重功能的投资形式。在投机性卖空中,投资者可以通过卖出借入的证券,在证券价格下跌后以更低的价格买入并归还所借证券,从价格差中获利,因此卖空在实际上为投资者提供了一种投资工具。而在对冲性卖空中,投资者持有证券或以该证券为基础证券的衍生品种,证券价格的波动将使投资者面临损失的风险。投资者为了对冲掉这一风险,可以卖空该种证券,建立一项反向头寸。这样,无论价格是上涨还是下跌,投资者的损失和利润能大致相抵,避免了风险,因而卖空又发挥了保值功能。不可否认,卖空机制也存在可能扰乱市场的负面作用。卖空行为在通过保证金交易方式降低交易成本的同时,也创造出了虚拟的供给和需求。这种虚拟供给和需求的过分扩大会导致市场信号的失真,给市场带来负面影响。在市场出现大量卖空时,一方面会使得投资者看空市场,不愿进入市场;另一方面又会引致后续的卖空行为,甚至引起投资者恐慌,纷纷抛出手中持有的股份。两方面因素综合会进一步加剧市场的下跌,甚至可能导致暴跌。例如,很多人相信,美国1929年股市崩盘的一个重要原因,就是市场上过量的卖空行为。1998年国际投机家们对香港的袭击,就是很好地利用了股票市场上的卖空机制。也正是因为这些负面影响,各国在引入卖空机制的同时莫不加大了对卖空行为的监管,要求卖空行为的信息更加透明、目的更加正当。《卖空的艺术》在其“历史记录与一般教训”一篇中,对卖空的支持意见和反对观点做了全面的介绍。

在《卖空的艺术》一书中,凯思琳·F. 斯泰莱向我们展现了卖空是如何进行的。她的及时指导带领读者穿越了卖空的全部过程,从什么是卖空到如何准确地卖空、什么时候卖空以及为什么要卖空。书中的最新交易实例、指导方针以及相关规则,清楚地说明了卖空的最新应用和技巧。凯思琳先介绍了卖空的事实与实践者的基本情况,然后运用了大量的典型案例来说明空头的分析方法,阐述卖空股票的得失成败,最后介绍了卖空的历史、关于卖空的争论、空头易犯的错误,总结了基本卖空的六大支柱。在第一篇中,凯思琳用两章的篇幅说明了证券交易所中的专业证券商、做市商、第三市场经纪人、套利者、机构、基金经理和个人投资者、证券组合账户经理等各种各样的卖空实践者的卖空动机,概述了为什么会存在卖空的时机,空头们如何运用分析技术选择卖空对象及其分析的基本资料来源,卖空的技巧与风险,介绍了一些著名的对冲基金。在第二篇中,凯思琳用八章的篇幅,运用各种典型案例并附有说明空头净额、资产负债表、损益表等的表格,以及显示空头净额和股票价格曲线的图形,分门别类地介绍了各种股票的卖空,包括泡沫股票、高风险低回报的高倍数成长型股票、高回报成长不稳的高倍数成长型股票、财务报告让人看不懂的公司股票、需要不断从资本市场上筹集大量资金以维持公司生存的股票、出售资产或者重组的公司股票、行业衰退的主题股票以及兼有上述各类股票特征的集大成者股票等等。这一篇是全书的重点。案例涉及的行业众多,有地毯清洁公司,药品公司,制造肾结石非扩散粉碎设备的碎石术公司,脊椎指压治疗法经营公司,生产时尚产品包括玩具、家用电脑、棒球纸牌、运动纪念品的公司,食品杂货连锁店,润滑油快速更换的特许经销公司，饮料公司，媒体视频公司，教育产业，制造运动赌博和跑道赌博终端设备的公司，储蓄贷款联合公司，保险公司，生物技术类公司，航空公司，珠宝商，房地产公司，银行等。凯思琳从最简单的卖空刚刚刊发招股说明书和可能根本不存在产品的泡沫公司开始；接着讨论了时尚和专卖权，并说明如何揭示一次性收入，怎样追踪内部人交易，以及如何评价营业计划；然后跟踪几个全面成长的公司并提出了一些确定它们何时停止成长的方法；接下来详细阐述了公司用来遮掩其经营状况的复杂的会计欺诈手段，介绍了如何追踪那些只知圈钱而不思回报的公司的现金流量和融资需求；讲述了那些在资金渠道丧失时求助于出售资产的公司的故事，介绍了高度举债经营的公司及其周期性营业下降；最后说明如何卖空集收益能力、资产质量以及管理质量问题于一身的公司股票。在每一个案例中，凯思琳都教给读者至少一个方面的卖空技巧。在第三篇中，凯思琳用三章的篇幅，首先介绍了空头易犯的三大过失，即懒惰、傲慢、时机选择不当，并以若干小片段的方式介绍了在商品周期、科技股票、空头轧平、购入全部股权、恐惧、固执、复杂性、群集等方面空头可能存在的错误。其次，凯思琳回顾了从荷兰、英国、法国、20世纪前的美国、德国直至20世纪的美国的卖空历史、关于卖空利害成败问题的持续不断的争论以及政府规制、规制的利弊得失。最后，凯思琳在前面各章案例的基础上，总结出一个对任何股票、空头或者多头都适用的比较有秩序的分析框架，其中以非常精练的语言穿插了众多小的卖空故事。全书语言诙谐风趣、轻松活泼，把极为枯燥的、专业性很强的财务知识、证券知识、分析技术等生动而深入浅出地介绍给了读者。

“股市有风险，投资需谨慎。”沪深股市的风险，投资者已经领略不少。近几年来，证券市场违规事件随处可见，从琼民源到郑百文，从亿安科技到银广夏，从东方电子到蓝田股份，等等。亿安科技从2000年2月17日每股最高126.31元跌到2002年1月23日的最低8.52元，跌幅高达93.25%；银广夏从2001年8月2日的每股31元，在丑闻被披露之后几乎连续15个跌停板，跌到2001年10月18日的5.47元，随后又震荡下行至2002年1月22日的每股2.12元，跌幅高达93.16%。系统性风险也不少见，十几年来，沪深股市的投机性表露无遗，涨时暴涨，跌时暴跌，甚至短期内上蹿下跳、猴性十足。2001年6月14日至2002年1月29日，沪市股指从最高的2 245.43点跌至最低的1 339.20点，跌幅高达40.35%；深市从2001年4月17日的最高5 091.46点下跌至2002年1

月29日的最低2 661.91点，跌幅高达46.30%。其间出现过全线涨停，也出现过全面跌停。实践证明，由于缺乏卖空机制，只有做多才能赚钱，于是众多机构、中小投资者们沿着“自古华山一条道”推动股市不断上涨，依靠资金堆积的股市繁荣景象由于缺乏上市公司良好业绩的支撑，一旦资金链断裂，必然引发一轮暴跌，不仅影响到广大股民，而且影响到众多的机构投资者，带来一系列问题。看来，仅仅依靠谨慎的投资态度已经难以保证规避风险。管理层为了稳定股市曾经出台了一系列政策，如超常规发展机构投资者，不断推出封闭式基金、开放式基金，但总的来说，由于未能解决市场机制上的缺陷，不但未能达到预期效果，反而带来一些新的问题，如“基金黑幕”等。股市不断重复着“昨天的故事”：市场低迷——出台救市政策——股市上涨、泡沫形成——股市暴涨、泡沫吹涨——泡沫破灭、股市暴跌、大批投资者高位套牢——市场低迷；一收即死，一放则乱。在翻译《卖空的艺术》一书过程中，译者也深深地领略到了成熟股票市场存在的风险，同时感慨万千的是，要是我们也有卖空机制，投资者对于上述风险也许不会像现在这样无所适从、任之宰割，或许有了卖空机制，上述风险可能不至于积聚到如此高的程度。

读者可能比较熟悉的是最近发生在美国的安然破产案，这是美国历史上的第一大破产案。其实，在《卖空的艺术》介绍的许多案例中，我们都可以看到安然的影子。有了卖空机制，美国的投资者们就有了对冲众多大小“安然”们造成的风险甚至利用其获取利润的工具，从而使它们的负面影响大为减少。据《国际金融报》(2002年1月11日第1版)报道，2001年，美国道·琼斯工业股票平均价格指数当年下跌了7%，标准普尔500种股票指数下跌了13%，其年度跌幅是自1974年以来最大的。纳斯达克综合指数去年下滑了21%，而前年下跌了39%。但投资者并没有全军覆没。那些从股价下跌中获利的空头们的投资回报猛增了14%。截止到2001年第三季度，在市场从9月下旬的低点向上大幅反弹之前，空头们的投资回报上涨了30%以上。鉴于分析师们预计股市在今年上半年还会进一步上扬，空头们早已调整了他们的投资组合，把资金撤出科技股，转向其他领域。互联网公司“孵化器”CMGI Inc.、电信公司JDS Uniphase Corp.和环球电讯使空头们的投资回报上升，这些股票在去年均下跌了70%或更多，让空头们大赚了一笔。在安然公司和其他能源交易商上做空的空头也获利丰厚。同样情况也适用于一些消费金融公司，不断恶化的信贷质量使这些公司蒙受了损失。

与美国股票市场投资者状况形成对比的是，2001 年我国股票市场经历了其发展史上最严重的调整，股市的调整不仅影响到广大股民，而且影响到众多的机构投资者。造成这种局面的一个重要原因是，我国证券市场尚缺乏很好的保值工具，如非常重要的卖空机制，投资者无法通过套期保值来对冲系统风险，更谈不上通过某些工具的运用在市场调整中获利。据鑫牛网 2002 年 1 月 24 日所载文章《金融专家认为：中国股市的发展需要卖空机制》，中国人民大学金融与证券研究所的赵锡军、陈启清教授认为，我国股票市场发展的历史比较短，市场的规模比较小，股票市场上存在着对股票的过度需求，导致我国的股票价格畸高，严重脱离公司的基本价值，使得市场隐含了较大的“泡沫”风险。卖空机制的引入无疑将有助于缓解这种局面。我国股市还存在着股价振幅大、换手率高、股市行情暴涨暴跌的情况，卖空机制的引入能平衡市场多空双方的力量对比关系，在一定程度上抑制市场的暴涨暴跌，进而稳定市场。卖空机制的引入对于我国培育机构投资者，给机构投资者尤其是开放式基金创造一个良好的市场环境有重要作用。卖空机制的缺乏，使得我国的机构投资者只能通过市场的单边上扬才能赚钱，这一方面异化了机构投资者的行为，使之不得不通过做庄拉高股价来实现盈利要求；另一方面又使得机构投资者缺乏有效的市场下跌时的避险手段或盈利手段，股市的下跌往往使机构投资者面临着亏损的风险，如果股市下跌幅度很大，持续时间长，机构投资者甚至会面临破产倒闭的风险。我国目前已经推出开放式投资基金，如果没有卖空机制的配合，开放式基金将可能面临严重的流动性风险，引发人们对开放式基金的挤兑狂潮，严重的还可能引发金融危机，推出卖空机制则有望改变这一局面。对于股票指数期货和股票现货卖空机制的推出顺序，他们认为，从各个成熟的股票市场来看，股指期货一般都内含着卖空机制，股指期货的交易既可以做多，也可以做空，这就要求股票现货市场也应该允许卖空。在股票现货市场上无法卖空的投资者只能进行单向的套期保值，即在现货市场上买进股票，在股指期货市场上卖空股指。这种单项交易不仅将导致股指期货市场交易的不活跃，同时又会影响期货交易价格发现功能及完整的套期保值功能的发挥。从期货的定价理论来看，允许不受限制的卖空是任何期货定价理论的前提条件，卖空机制的缺乏将导致期货定价偏离正确的价格。因此，卖空机制实际上是股指期货的基础，从解决中国股票市场存在的问题及未来完善和发展的角度来看，应当在股票市场市场化的过程中适时推出卖空机制，在股票现货卖空机制和股指期货的选择中首先应推出前者,待条件成熟后再推出后者。

无论如何,中国的证券市场推出卖空机制是迟早的事情。未雨绸缪,《卖空的艺术》以及相关的书籍很值得证券市场的投资者们读一读。相信读者们会从中获益匪浅。

最后,需要说明的是,由于译者水平有限,著者知识渊博,运用语言的能力非译者能及,加之原著涉及的领域众多,译著中难免存在翻译错误,还望读者指正。

崔世春
2002 年 7 月

英文版序

在 20 世纪 80 年代，卖空是那些精明的投资者中的骨干分子的操作手法，他们借此在行情好的年份和行情不好的年份都能获得高于市场的投资回报。这些投资者的分析方法与大量的关注收益质量、资产质量和管理质量的分析方法有着明显的区别。他们相信，尽管可能出现短期无效率的状况，但市场最终将能够辨认出由那些不能胜任的管理者管理的经营不善的企业；膨胀的股票价格也将降到与他们已经发现的那些糟糕的企业的赢利能力相一致的价格水平上。

1991 年到 1993 年的几年中，空头的数量和那些坚信财务报告中的事实将最终胜出的人们的资本净值急剧下降。在那些年份，共同基金、动量投资和作为一种公认的投资哲学的轧空头的优势得以显现。所发生的事情是，财务报告可疑的公司经历了一个股票价格上涨的全盛时期。与此同时发生的事情是空头遭到扼杀。

1994 年，那些有问题的公司开始一个接一个地死去，卖空重新缓慢而费力地进行了一年。阅读斯纳普公司(Snapple)、科特公司(Cott)、记分牌公司(Scoreboard)、贝尔运动器材公司(Bell Sports)的财务报告很重要，公司结构内部的缺陷再一次影响股票价格。

到 1996 年，通过卖空赚取利润的观念被精明的华尔街金融界认为已经灭绝或者是愚蠢的人的想法。没有人愿意公开承认他们这样做了。

后来遭遇了夏季的挫折，空头再一次受到尊敬并赚到了钱。

最近几个月，最显著的一些卖空目标[艾厄梅格公司(Iomega)、黛安娜公司(Diana Corp.)、普雷斯特克公司(Presstek)]的惨败表明，也许我们可以重新回过头来阅读财务报告、做分析工作而忘记在线股票兜售者、空头轧平以及异乎寻常的共同基金购买。

这么多年的牛市教会了我们中的所有继续实践着鲜为人知的卖空技巧的人提防股市中的狂躁，并且教会了我们忧虑。然而，即使是在最不利的时候，发现事实真相的好奇心和快乐感使得我们中的一些人无所事事地按着我们的计算器，关注着存货和现金流量，阅读着不定期的招股说明书。

"关键是什么？"人们要问我们，特别是那些已经发誓不再卖空的基金经理们要问我们。关键是对投资者来说，最困难的要求(即使是在牛市中)就是应当在什么时候卖出。在股票价格开始下跌时，最好的经理或者在认识到错误时马上以少量的亏损卖出股票；或者在盈利后关注公司前景的变化，随后卖出股票。卖空的技巧教会我们忧虑的方法，教会我们什么时候是令人恐惧的。分析的知识向我们展示，在神圣不可侵犯的财产中，什么时候数字开始变坏，或者哪些股票根本就不能购买。最简单的技巧始终不断地在起作用。不断增加的存货预示了美国外科手术公司(U. S. Surgical)、皇家器具公司(Royal Appliance)、记分牌公司、斯纳普尔公司以及贝尔运动器材公司的衰败，即使在我们保持沉默的年代里。

我运用了典型案例来阐述空头的分析方法，说明如何在腐烂的苹果掉下来之前发现它们。这些案例附有列明空头净额、资产负债表、损益表等的表格。除此之外，还有显示空头净额和股票价格曲线图的图形。第三章以最简单的卖空开始：泡沫公司的新发行招股说明书和可能根本不存在的产品。第四章讨论了时尚和专卖权，并说明如何揭示一次性收入，怎样追踪内部人交易，以及如何评价营业计划。第五章跟踪几个全面成长的公司，并提出了一些确定它们何时停止成长的方法。第六章试图详细阐述公司用来遮掩其经营状况事实的更加复杂的会计欺诈手段。第七章是关于如何追踪那些只知从金融市场上圈钱而不思支付股东收益的公司的现金流量和融资需求。第八章讲述了那些在资金渠道(通过收益源流或者融资源流)丧失时求助于出售资产的公司的故事。第九章是关于高度举债经营的公司及其周期性营业下降。

当公司的复杂性程度增加时，分析的技巧也应当同样如此：一个没有产品的公司比一个产品单一的公司更容易分析，一家商店比一个特许经销体系更容易分析。每一个案例都会教给你至少一个质量问题的检测操练。第十章在一个典型的卖空故事中把收益能力、资产质量以及管理质量全部集中在一起。

在我最初开始卖空的时候，只有一本写于 1932 年的书详细阐述了卖空的实践。在大牛市期间，卖空行为名副其实地消失已经使得留下来的为数不多的健谈的空头们保持沉默。这些收集到的案例分析应当使我们所有的人回忆起如何卖出股票或者如何卖空股票，特别是在市场变得不景气或者开始下跌而投资者们没有同样地宽恕糟糕的营业计划和搞糟的收益业绩时。在间断了若干年后，卖空或许会重新变得有趣或者是有利可图。而对于某一群喜好质量的愤世嫉俗者来说，股票轰然倒塌的声音将很好地唤起他们心照不宣和异想天开的微笑。

凯思琳·F. 斯泰莱

致谢

我要特别感谢那些空头，他们的理念和分析方法出现在本书中，我同样还要特别感谢那些基金经理们，他们在卖空行为上贡献了他们的思想。

在收集有关案例分析数据的过程中，我得到了吉姆·查纳斯(Jim Chanos)、斯科特·巴森特(Scott Bessent)、查尔斯·霍布斯(Charles Hobbs)、安德里亚·勒纳(Andrea Lerner)、比尔·麦克加尔(Bill McGarr)、卡罗琳·福特(Caroline Ford)、休·哈迪曼(Sue Hardiman)、黛博拉·拉姆(Deborah Lamb)、阿曼达·马克洛(Amanda Macklowe)和杰夫·佩里(Jeff Perry)的帮助。书中许多案例分析中的股票价格图表和空头净额数据是根据公开资料编辑的。

凯思琳·F. 斯泰莱

致谢

[illegible]

目录

第一篇　事实与实践者

第二篇　种类与实例

第三篇　历史记录与一般教训

第一篇

事实与实践者

第一章　概述：风险财富

就在媒体视频公司（Media Vision）终于完蛋时，就在记分牌公司（Scoreboard）股价与其蔚为奇观的上涨相对应而同样引人注目地下跌时，就在新英格兰银行由于房地产账面价值的削减而在其自有资本上遭受非常严重的侵蚀时，华尔街的一小群人却从中受益了。这是一本关于这样一些人及其运用方法的书，他们从股市崩溃中获益，他们专门研究如何察觉灾祸，他们运用这样的方法来追踪公司消亡的轨迹，就像测震学家观测地震前最初的小震一样。

空头们从财务报告和探知股票被过高定价的观察中挖掘实情。他们根据多数人所接受的意见行动——他们低价买进高价卖出，但他们在买进之前卖空。在一家大型电子器件零售公司克雷齐·埃迪公司（Crazy Eddie）的股票价格像气球一样发疯地膨胀时，空头们对该公司进行了研究，发现其存货的增长快于销售额的增长，公司管理层赚钱多于股东，而在纽约电子器件零售市场上的竞争非常残酷。华尔街仍在狂热地吹胀克雷齐·埃迪公司“股票气球”，因此空头们以每股 40 美元高价卖空他们并未持有的克雷齐·埃迪公司股票。在克雷齐·埃迪公司股票价格暴跌而作为公司创始人和前公司主管的克雷齐·埃迪·安塔尔本人消失了的时候，空头们以每股 2 美元的价格买进该公司股票结束交易，并在不到 1 年的时间内赚取了每股 38 美元的利润。

谁在卖空?

卖空(Selling Short),就是卖主为了从后来的证券价格下跌中获取利润而卖出其并未持有但允诺将向他人交付其所借入的证券的行为。与此相反,卖多(Selling Long),就是卖主卖出其确实持有的账户中做多的证券。像那些在出售股票之前就持有相应股票的卖主一样,空头们预期股票价格上涨将受到限制。他们同样确信在股票卖出后价格将下跌。

证券交易所中的专业证券商、做市商、第三市场经纪人完全为了提供市场流动性而卖空。在巨额定单引起暂时的交易失衡从而可能导致价格不稳定时,交易专业人士通过卖空创造供给。

套利者们也买进一种证券而卖空另外的证券,以实现在不同市场之间或者同类证券之间暂时的价格不一致方面的盈利。

机构、基金经理和个人投资者们在价格下跌时为投机而卖空。那些根据价格下跌预期而卖出股票的空头们一般是以信息为主要手段的交易者——这些交易者们的估价研究表明一种证券被过高标价了,并且他们根据那种信息进行交易。他们的做法有助于证券市场的定价效率。

证券组合账户经理同样卖空,以对冲其持有的其他股票。如果航空业的前景是混杂的,经理们可能会卖空一家航空公司的股票而同时买进另一家的,这样在从个别证券特性获取利润的同时,对冲了行业前景上的风险。

伯纳德·巴鲁、约瑟夫·肯尼迪(Joseph Kennedy)以及其他许多 20 世纪最初 10 年的金融大亨们善于卖空;事实上,他们像买卖股票和债券一样随便地运用这种技巧。在 1983 年以前,单独卖空的基金并不存在,卖空主要是对冲基金经理们和富有经验的个人投资者们涉足的领域。把基本的、以信息为主要手段的、非电脑推动的卖空作为一种专职职业实践的人在美国只有 10 个或者 15 个。从 1988 年到 1992 年,经过了 1990 年的市场价格回落之后,新增加的空头壮大了空头的队伍。然而,随后而来的几年牛市足以把专职空头的数量减少到一小撮。包围着空头群体的神秘感由于来自执行官们不时的喧哗而增加了。这些执行官们诋毁卖空及其追随者共谋集团是不爱国的、破坏性的和自私自利的。

无论是专业人士还是不经意的投资者,都感到卖空是危险的和投机的。作为可供选择的投资办法，卖空遭到的频繁的批评认为，股票价格在下跌途中只能跌到零，但是在上升途中却可以达到无穷大。空头们回答说，他们看到过的在零价位的股票要大大多于在无穷大价位的股票。因为空头比其他投资者冒了更大的风险，所以他们必须确信他们的结论是正确的，并且他们必须掌握更充分的证据来证实价格下跌的主张。由于反转是令人恐怖的和突然发生的，因而证据的重点建立在股票被卖空之前完成的可靠、仔细的分析上。

空头们通常是勤奋的、富有创造性的人。他们喜爱与华尔街的见解（表现在股票的价格上）格格不入并与之对着干。他们喜爱解决难题，这些难题在其他人看来是令人灰心、困惑或者难以解决的。

卖空的时机为何存在？

基金经理和类似的个人投资者们发现在金融市场上始终如一地赚取利润是困难的。那么，为什么空头们总是能发现那些会引起股票价格戏剧性下跌、在股票估价上存在着的宽阔的缺口呢？

毫无疑问，相对于整个股票市场而言，卖空只是其中一隅和一小部分，并且这种情形造成了股票定价上的无效率。几份关于证券价格行为的研究提出，卖空具有理论上的理由。证券经纪行给价格差异增添了买方活力和对电脑分析模型的依赖。

新奥尔良大学金融经济学教授爱德华·M. 米勒（Edward M. Miller）指出："股票价格受到消息灵通的投资者的买入和卖空确定的范围的限制。"[1]他主张对有效市场理论作一修正。空头们确定了证券价格的上限，如果潜在的利润大到足以增加卖空的成本，他们将阻止证券价格的攀升。空头们的卖空能力成为决定股票价格上限分界线的关键性变量。米勒认为，由于存在许多限制卖空的因素，诸如制度上的禁令、交易成本、可供借入的股票数量，因而股票交易不是在一个有效价格而是在一组价格上进行。米勒的有限效率市场动态理论建议证券组合账户经理们谨慎地寻找价格错定的股票卖出，因为价格高估的股票比价格低估的股票更能被识别。

保罗·阿斯奎思（Paul Asquith）和利萨·米尤布鲁克（Lisa Meulbroek）在"空头净额（译者注：证券或外汇交易中未补的抛空差额）的实证研究"中深入了

几步。在一份追踪高空头净额的股票从 1976 年到 1990 年的股价变动轨迹的研究中，他们发现股价与高空头净额之间高度负相关，通过卖空那些具有高空头净额(High Short Interest，它被定义为“空头净额占净发行股票的比率大于 5%”)的股票，从 1976 年到 1990 年可以异常地赚得高达 120%(或者每年 5.5%)的超额利润。他们评论说，这项研究“为那种认为股票价格对积极信息的反映比对消极信息的反映更为有效的观点提供了根据”。[2]因此，巨大的空头净额比率看来比常识预料的更易使股票价格下跌。

亨利·勒坦(Henry Latane)、查尔斯·琼斯(Charles Jones)和小理查德·伦德尔曼(Richard Rendleman, Jr.)的研究提供了这样的证据，即随着时间的推移，负收益意外(Negative-earnings Surprises)比正收益意外(Positive-earnings Surprises)对股票价格的影响程度要大得多，而且这种影响会持续很长一段时间。[3]常言所说的“好事不成双，坏事不成单”是有统计基础的。罗伯特·哈津(Robert Hagin)创造了一个新短语“鱼雷股票”(Torpedo Stocks)，来描述负收益意外对证券投资组合的影响。“在非常高的收益预期让位于对于收益的失望时，股票就成了鱼雷。人们对于收益增长的预期越高，那么，如果预期没有实现，人们的失望也就越深。”[4]

对投机泡沫的理论研究证实了一个空头们几百年来就已经知道的道理：事实证明，泡沫形成，然后破灭。科恩·卡默里尔(Cohn Camerer)在为《经济评论杂志》(*Journal of Economic Surveys*)撰写的一篇论文中回顾了有关泡沫的理论和实证的研究。[5]经济学家们试图发现为什么股票价格不同于股票内在价值。一种理论指出，由于机构投资者非常厌恶冒险，而且十分了解短期相对业绩，以致他们不敢打赌，认为好时机不可能发生并卖出股票。

市场中存在的反对卖空的偏见使得定价上的不一致得以保留，证券经纪行增加了那种偏见。大多数经纪行的股票推荐从买进延伸到持有，很少有分析师愿意把股票列为卖出的。分析师们受到公司财务关系或者他们维持与公司执行官们联系渠道的需要的约束。

唐纳德·特朗普(Donald Trump)1990 年 3 月对分析师马文·罗夫曼(Marvin Roffman)的批评以及罗夫曼后来被詹尼·蒙哥马利·斯科特公司(Janney Montgomery Scott, Inc.)解雇，提供了分析师惧怕诚实的证据。公司执行官们在保护他们的股票，使之不受不利意见的干扰方面已经变得越来越敢作敢为，针对时不时发生的华尔街分析师坦率地表达负面意见的陈述而进行的诉讼已经激增。由于对豪斯霍尔德国际股份有限公司(Household International, Inc.)的卖出建议，马本·努詹特公司(Mabon, Nugent & Company)的赛·亚库布兹(Sy Jacobs)被置于“投资者关系流放地”(Investor Relations Siberia)。[6]基德皮博迪公司(Kidder, Peabody & Co., Inc.)的查尔斯·皮博迪(Charles Peabody)在提供了否定意见后，瓦利国民银行(Valley National Bank)和NCNB与他中断了联系。基德皮博迪公司的大卫·科鲁斯(David Korus)的卖出建议激起戴尔电脑公司(Dell Computer)执行官们的愤怒。一些执行官显然认为公开市场不应该为讨论和异议提供论坛，所以分析和信息的质量由于对言论的限制而下降。

证券经纪行的估价也倾向于过分乐观，从而给负收益意外提供了比正收益意外更为经常的可能性。浓厚的乐观主义导致短期股票价格更无效率，并且引起人们对股票价格的过分自信的偏见。

分析技巧：如何觉察大地震前的颤动？

终极空头(Terminal Short Sellers，这样称谓他们是为了把他们与技术空头或者电脑模型空头区别开来)把他们的时间用于识别公开交易公司中的那些具有可能导致破产或者主营收入逆转瑕疵的公司，以及那些相对于其潜在收入流的现有价值而言价值被高估的公司。在他们的证券组合中，卖空的证券有时几年内都不会补进，直到其市场价格反映被察觉的公司状况或者那些瑕疵大白于华尔街之时。

空头们是如何工作的呢？寻找什么样的迹象才能使他们捕捉到价格异常现象呢？然后他们又是怎样分析那些证券、在哪儿找到资料的呢？

卖空候选公司主要集中在以下三类：

1. 管理层向投资者说谎并隐瞒将影响每股收益的事项的公司；

2. 股票价格可怕地膨胀的公司——股价表明，在公司估价上存在投机泡沫；

3. 将在相当大的程度上受到外部不确定因素影响的公司。

空头们始终对那些陷入上述三种类别的公开交易公司保持警惕。没有电脑显示屏或者屏幕装置，也没有一贯的机械方法能够捕捉这一领域。而正是这一点使得卖空是有利的：对于大多数人来说，卖空需要耗费太多的精力，以至于不能摆弄它。

这样看来，空头怎样发现股票呢？他们阅读大量的财务报告。他们跟每一个人谈论每一件事：跟代人临时照看婴孩者谈论网球鞋的流行风格、跟孩子们谈论玩具的购买、跟医生谈论新的医疗器材或者新药。他们跟经纪人、基金经理以及公司执行官们谈论竞争对手和供应商。他们阅读报纸、商业期刊以及诸如《家禽时报》(*Poultry Times*)、《游戏与赌博业》(*Gaming and Wagering Business*)等专业性报纸。他们倾听那些人们为之兴奋的股票，关注整个地区的房地产和零售购买动向。

当发现某个行业似乎被人们过高估价时，空头们开始寻找更为明确的公司证据。他们寻找的出发点是表明一家公司在某些事情上出了差错的线索。这些线索的标志集中在以下几个特征上：

- 会计伎俩：表明财务报告没有反映公司真实运营状况的线索；
- 内部人不名誉之事：表明内部人把公司当作私人银行或者内部人认为股票应当卖出的迹象；
- 疯狂的或有泡沫的股票价格：其通常的标志是股价在短期内的显著上升；
- 公司对现金有着贪婪的胃口；
- 过高估价的资产或者令人困窘的资产负债表。

如果一家公司明显具有上述特征之一，或者同时具有上述多种特征，空头们就继续寻找更为广泛的信息。为了把一家公司的情况拼合起来，空头们要做一项劳动密集型的工作。股票分析框架大致上可以概述如下：

1. 卖空分析取决于财务分析——预计现金流量、资产负债能力和收益能力。至少以公司的两个会计年度作为开头，通过运用以下财务分析的基本原理分析有关数据：资产负债表和各种收益率比值、损益表分析、现金流量统计数据的分类总结。把传统分析与特别费力的对公司资产和收益能力的考虑结合起来。分析可以从10Q和10K开始，因为这些版本的季报和年报将上报证券交易委员会(Securities and Exchange Commission，简称SEC)备案，具有更多的数据和更少的夸张。

2. 运用代表权委托书和证券交易委员会内部文档跟踪管理人员的薪水、股票活动性以及针对公司及其股东的态度。

3. 通过市场检验,观察公司经营战略执行的情况——着眼于公司的产品、竞争对手、生产投入品的供应商的情况。

4. 通过观察价格和数量、13D档案(投资者在其获得5%或以上头寸时提交给证券交易委员会的报告)以及机构权益来关注交易方式、空头净额和权益。

5. 阅读大众传媒(如杂志、报纸)上的任何资料以及华尔街研究库上刊登的任何资料以确定多数人的意见。

6. 关注有关公司随着时间推移发生的任何一件事以了解发生了什么情况、每股收益和价格是如何发展的、什么事情发生了变化。

卖空分析的主要规则显得很重要。空头收集大量的完全不同的事实根据和观察资料,然后基于其掌握的信息获得一个直观的跳跃性判断。有些信号常常指向一些大问题,这些问题直到暴跌之后才会完全暴露出来。克雷齐·埃迪公司有过缓慢的存货周转。空头们直到其股票价格暴跌后才发现其累积存货是假的。因此,空头们必须能够在不具备完全信息的情况下作出合理的跳跃性判断。他们必须相信他们的经验和判断。他们必须知道到哪里去寻找信号以及那些信号可能会有什么样的影响。

资料从哪儿来呢?财务文件和代表权委托书可以从公司、把证券交易委员会文件制成微缩胶片的服务性机构或者有订阅微缩胶片服务的图书馆中获得。

内部人交易和13D也要向证券交易委员会报告。《巴伦——道·琼斯商业和金融周刊》(*Barron's*)和《华尔街日报》(*Wall Street Journal*)刊载了其中的绝大多数的资料。一些时事通讯,诸如《维克斯》(*Vickers*)和《内部人时报》(*Insider Chronicle*),从证券交易委员会那里复制了全部的资料,并且既有在线电脑订阅,也有每周或每月的复印文本订阅。

《华尔街日报》和《巴伦——道·琼斯商业和金融周刊》在每月20日左右披露纽约证券交易所(New York Stock Exchange,简称NYSE)和美国证券交易所(American Stock Exchange,简称AMEX)的空头净额数据,在每月25日左右披露全国证券交易商自动报价系统协会(纳斯达克,英文为National Association of Securities Dealers Automated Quotation System,简称NASDAQ)的空头净额数据。各交易所自每月15日的股票交易结算日起报告这一信息。这些数据清单不包括所有的空头净额,而仅仅包括那些超过某一任意截止点的头寸,当前为大于 250 000 股空头头寸。标准普尔(Standard and Poor)的《每日股价记录》(*Daily Stock Price Record*)和《每季历史行情录》(*Quarterly History Tape*)也提供了空头净额数据。

数据清单上最没用的信息——经纪人报告,有时可以从证券经纪行得到,或者可以从公司获得。一些商业图书馆的数据库也有在线经纪人报告提供。

任何较大的公共图书馆都有大量的研究资料,包括通过输入公司名称在线查找论文引文和概要、行业信息和价格历史记录。道·琼斯(Dow Jones)和戴厄洛格(Dialog)的在线电脑服务也能搜索到大量商业出版物上的文章和价格历史记录。

基于会计学的分析做起来并不困难,但是要花费时间、要有耐心,并且在信念上要有所保留。一位华尔街评论家最近评论说,这种极其仔细的工作因其必需的时间和技能,对于从事这种工作的经纪人分析师或者机构经理们来说代价太大。其他专业投资者对于财务细节的缺乏关注,导致了对空头的技巧来说是如此重要的信息传播上的无效率。

内部信息对于空头们来说绝不成问题,因为公司管理层很少跟知名的大肆声张的评论家谈得来。空头与公司内部人员之间通常有着敌对的关系。卖空分析的格言之一就是,公开信息可以提供给一个分析师他想知道的所有东西:仔细阅读由证券交易委员会归档的文件和对公司在市场中的经营计划执行情况的观测报告,就会知道公司的情况。

衡量空头中的操行优秀者有某种标准。作为华尔街上的侦探,他们喜欢揭穿"皇帝的新装"中没有穿衣服的皇帝并欣赏被过高估价的帝国的崩溃。近年来的一些空头目标总是那些具有非常发达的自我推销技巧、确信它们有能力利用公共基金为其不可靠的营业筹措资金、被大肆吹捧的大型公司。查尔斯·基廷(Charles Keating)的美洲大陆公司(American Continental)(参见第九章)、扎伊塞斯(Zises)兄弟的综合资源公司(Integrated Resources)(参见第七章)、莫利·汤普生(Morley Thompson)的鲍德温联合公司(Baldwin United)(参见第二章)、弗雷德·卡尔(Fred Carr)的第一执行者公司(First Executive)(参见第七章)、吉恩·菲利普斯(Gene Phillips)的南马克公司(Southmark)(参见第十三章)以及弗兰克·洛伦佐(Frank Lorenzo)的得克萨斯航空公司(Texas Air)(参见第八章)都是令空头们满意的猎物。

空头们通常与华尔街意见不一致，他们以击败那些高薪的、非常引人注目的华尔街分析师为乐。在华尔街分析师的工作说明书中固有的利益冲突，在空头们看来一向是使得信息变得有缺陷的原因。分析师们受雇密切注意股票的动向，然而他们中的许多人很少仔细阅读财务文件。空头们瞧不起那些在根本上是机械刻板地重复经营情况的分析技巧。

谁能受益于空头的智慧？

任何一个敏锐的市场观察者都会发现，空头的分析技术是有趣的，尤其是在基本分析被电脑和专家取而代之，以及研究部门因人手不足而被投资银行家打垮的时期。

任何一个购买股票的人、借钱给公司的人或者经营公司的人，都能受益于空头的集体智慧。在公司终结以前很早就能识别公司经营中存在的不幸的缺陷，这在任何经济中都是一项及时的技能，并且也是在经济衰退中的一项不可替代的技能。

机构经理们应当发现这种方法在以下几个层面上是有吸引力的：作为一种分析的方法论，作为一种通过避开"鱼雷股票"提高利润的手段，以及作为一种对冲的技巧。作为一种方法论，卖空分析与传统的基本分析并没有重大的区别。它更加强调对现金流量的仔细分析和隐含在公布的每股收益报告之中的事实。它试图识别衰败中的公司临死前发出的持续一定时间的临终喉鸣。在证券分析方面，机构经理们很少通过运用经营不善的公司实例得到训练。但是，如果训练中包括有关公司错误的实例，那么发现问题的所在就比较容易。所以，卖空是交易者手提包中的另一个工具。

查尔斯·埃利斯(Charles Ellis)在他的文章《失败者的游戏》中写道："你在来年将要遭受的几乎所有的、非常大的麻烦，此刻就在你的证券投资组合之中；如果你能够减少那些非常大的问题中的一些，那么你在失败者的游戏里也许能够成为胜者。"[7]作为一种股票研究技巧，卖空给了分析师们在行情糟糕时与在行情走好时同样能够避免灾难的能力。卖空也使得他们在骗局被揭穿时还能享受开玩笑的乐趣，因为这种玩笑也许不需要他们付费。卖空的技巧训练分析师们善于避开"鱼雷股票"甚至能够从中获利。

那些想要通过更为精确地设置其证券组合的市场灵敏度来对冲或者减少利润总额不稳定性的证券组合账户经理们，应当考虑卖空。因为空头净额与证券组合负相关，空头头寸与多头头寸均衡的证券组合能够使市场效果均等，减少风险，提供完全基于股票选择能力的利润。

个人投资者可采用卖空的分析技巧来避免持有那些可能使精心构思的证券组合毁于一旦的股票，来逃避疯狂的零售经纪人在新发行证券时的狂热。从长远角度来看，卖空专业方法的应用帮助投资者节省了钞票。

职业空头的主要弱点——在判断价格暴跌时机上的无能——是任何持有股票的机构对卖空持有强烈异议的一个理由。空头们很长时间以来一向过早地卖空了股票。而股东们总是不轻易地卖出股票，即使是在具有不可辩驳的迹象表明公司盈利前景暗淡时。长时期在衰退公司上的不合理价格行为给股票持有者们提供了卖出问题股票足够的时间。那些试图使他们自己了解持有股票中逐步增加的空头净额的理由的证券组合账户经理和个人投资者们，可以通过避免被"鱼雷股票"击中而在根本上提高利润——他们能够把规律的弱点当作一种力量加以运用。

技巧与风险

普通股的空头从证券经纪行那里借入股票，然后在有组织的市场(译者注：指股票交易所和商品交易所等)上卖出。他们必须事先提供卖空价格的50%作为保证金来满足现行联邦储备要求(Federal Reserve Requirement)。经纪人反过来可以从客户保证金账户或者从别的证券经纪行获得可供借出的股票。

如果是在纽约证券交易所、美国证券交易所或者纳斯达克卖空，交易只能在价格升档(Uptick)或者价格零加档(Zero-plus-tick)成交，即卖空的股票价格必须上涨，卖空才能成交。

在卖空成交之后，证券经纪行以证券收盘价格来计算每日或每周的头寸盈利或损失。如果价格已经下跌了，空头可以把多余资金用于证券购买、卖空或者短期资金市场交易。如果价格上涨，空头必须提供更多的保证金(参见表1.1)。

表 1.1　　卖空的一个简单例子

一个客户以每股＄100(译者注：美元，下同)的价格卖空 100 股 XYZ 公司股票：

卖出 100 股×＄100	＝＄10 000	
T 规则(Reg T)* 要求 50％＝	＋ 5 000	客户保证金——自有资金
	＄15 000	贷方余额

如果该股票下跌到每股＄80：

＄15 000	贷方余额
－ 8 000	当前市场价值
＄ 7 000	自有资金

如果该客户选择以每股＄80 补进该股票，并且关闭保证金账户，不把佣金包括在内，他将挣得＄2 000 利润，加上返还的初始投资＄5 000，共计＄7 000：

＄7 000	自有资金
－5 000	初始保证金
＄2 000	利润

如果该股票上涨到每股＄120：

＄15 000	贷方余额
－12 000	当前市场价值
＄ 3 000	自有资金

如果该客户选择以每股＄120 补进该股票，并且关闭保证金账户，他将承受＄2 000 的损失。

* 见附录。

虽然大多数证券经纪行不对卖空收益支付利息，但是少数证券经纪行却按照经纪人活期贷款利率的商定百分率支付利息。大多数被管理的卖空基金或者对冲基金取得经纪人按活期贷款利率的 60％到 90％对卖空贷方余额支付的利息。借用人同样要为空头净额应得的所有现金股息和股票股息报酬向经纪人支付费用。

为了结清头寸(Close a Position)，空头必须买进股票并将相应份额交付给经纪人，经纪人然后把这些股票还给其初始所有者。(附录中附有经纪人业务和保证金要求的详细解释。)

普通股的空头冒着以下两个风险：

1. 股票卖出后股价上涨，从而需要更多的现金注入保证金账户。

2. 或者出借人要求返还股票。

如果持有该股票的客户卖出股票，或者客户要求实际交付，或者如果出借经纪人由于类似的理由需要该股票，证券经纪行可以要求返还股票。在那时，如果经纪人找不到另外的头寸借给空头，客户将被强制以当前市场价格买入该股票（补偿购入，英文为 A Buy-in）。

空头们最害怕伴随着其头寸的强制补偿购入而来的股价持续回升，这将导致他们难以控制的损失。由于那样的理由，空头们倾向于对小流通盘（可以购买到的股票，或者已发行股票减去内部人持有股票和 5%头寸所得部分）股票上的头寸保守隐秘，尤其是在那些流通盘低于 1 000 万股的公司股票上的头寸。尽管大众担心空头们联合在一起对小公司连续重击会使之崩溃，然而事实却是公司发起人牢牢地掌握着一个好主意。如果新的股票持有者提取头寸，任何迫使股票持有者卖出股票的行为都会造成可供借入的股票的短缺。当空头通过把情况告知新闻界从而把出售股票的想法公布于众而已发行股票少于 1 000 万股时，他们敢断定紧接着的暴跌将给他们带来机会，使他们可以以较低的价格补进借来的股票。然而，伴随着只是轻微的下降趋势的宣传通常给空头造成的问题比之解决的问题要多得多，因为引人注目的宣传可能会引发补偿购入。

为了避免补偿购入的风险，一些空头只卖空流通市值大的股票（即市价乘以已发行股票数量所得总市值大于 5 亿美元的股票），一些空头从不讨论头寸或者跟记者交谈。公开发表的空头净额数字是关于空头行为信息的唯一公开来源。

当前市场统计与成长预期

卖空是整个市场中的一小部分。在 1995 年 12 月，空头净额（被定义为“在一个给定的日期所有卖空未补的股票总额”）占纽约证券交易所已发行股票的百分率从 1960 年 12 月的 0.07%上升到 1.30%。图 1.1 展示了空头净额占纽约证券交易所已发行股票的百分率。在 1960 年 12 月，纽约证券交易所总计有 61.5 亿股上市证券，与此相对的是，空头净额只有 440 万股。在 1995 年，那组数字分别为 1 548 亿股上市证券和 20.5 亿股空头净额。

美国证券交易所空头净额百分率从 1960 年的 0.06%上升到 1995 年 12 月

的1.07%(参见图1.2),1995年12月已发行股票达104.9亿股,空头净额达11 240万股。

纳斯达克在1986年12月以前没有空头净额的统计:1986年12月空头净额占0.6%;1995年12月空头净额占1.46%,当时空头净额为92 123万股,全部股票为629.5亿股。

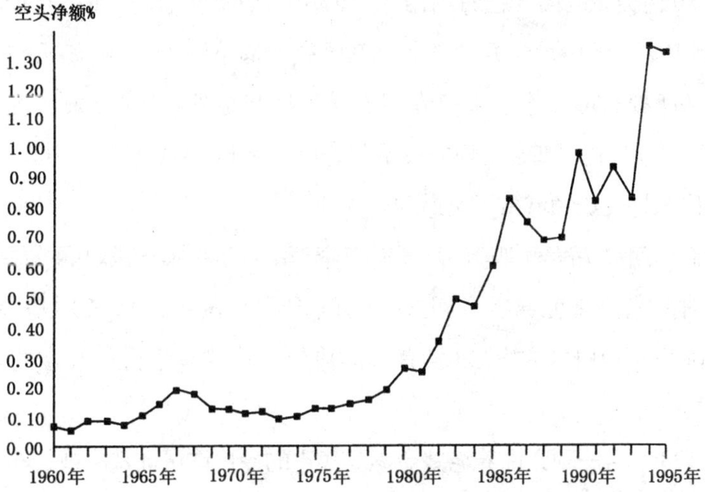

图1.1 纽约证券交易所空头净额

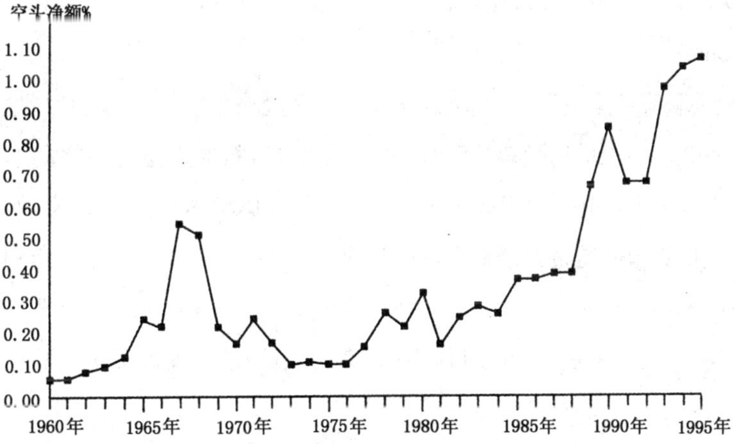

图1.2 美国证券交易所空头净额

分析师们说过,高空头净额数值会引起证券市场股票价格上涨,因为空头们必须补进,而当空头们匆忙补进股票时,股票价格就上涨了。然而,近几年来,空头指标作为市场预测器的功能受到批评，因为卖空交易被用于套购头寸，被机构用来对冲证券组合风险，也被证券经纪行用于对冲内部人看跌期权交易以锁定股票盈利。一些分析师认为，这种新局面已经扭曲了空头指标与证券市场之间的历史联系。作为年终税收策略的结果，空头净额在 12 月也较高。

致力于卖空的管理基金在 1989 年末总额达到大约 10 亿美元。在 1991 年暴涨到 20 亿美元的高度之后，由于在 1991 年、1992 年、1995 年多年损失惨重的运作，到 1996 年时为止，卖空基金总额已经大幅下跌到 10 亿美元的分界线以下。空头净额的增加除了来自专用卖空管理基金外，大部分来自发起人。在 1996 年 2 月，为共同基金管理的股票基金（Stock Funds）只有 13 700 亿美元，所以卖空依旧是投资领域微不足道的一小部分。

人们预期空头净额规模的增长有三个理由：(1)持续一段时间的牛市；(2)机构用于对冲或控制证券组合回报上的市场无效率的头寸；(3)“基金的基金”（Fund of Funds）概念的发展（具有不同投资风格的有限合伙基金的多样化运用）。

在 1988 年，一项允许养老基金参与卖空的专用许可证裁决被宣布。该专用许可证裁决仅仅适用于对它提出请求的那家机构，但是它确实开设了一个先例。先前的两个问题把养老基金排除在空头市场之外：无关联债务融资所得（Unrelated Debt Financed Income）及无关联营业课税所得（Unrelated Business Taxable Income）。

“无关联债务融资所得”问题意味着免税基金除非危及它们的免税地位就不能借入资金。如果借用股票被解释为“获得负债”，养老基金就不能做空。但是，美国国内税务局（Internal Revenue Service，简称 IRS）做出裁决认为，如果交易是以不包括销售所得贷方余额在内的现金或者国库证券作抵押的，套利交易中的卖空就不会引起获得负债。如果基金经理卖空总额不超过保证金账户中的现金，卖空将不被认为是一种杠杆作用（译者注：借钱进行投机买卖以图大于利息的利润）方式。

对于卖空产生的任何收入是否都可以看作是无关联营业课税所得，“无关联营业课税所得”问题提出了疑问。一般认为，贷方余额利息不包括在这一范畴之内。近来的一些裁定似乎解决了这两个问题，因此允许养老基金有权使用其他种类的资产。

美国国内税务局1994年12月30日颁布了95-8号税收条例，进一步澄清了这个问题。该条例指出，免税基金组织无须对卖空收益上的无关联营业课税所得纳税，即使涉及杠杆作用，也无须对减免费用纳税。然而，该条例未能详细说明以股票或者国库券为抵押的卖空是否会产生税收问题。

20世纪80年代和90年代长时期的牛市和股票价格规律性起伏日益增大的波动性，使得证券组合经理们的兴趣转向了卖空。电脑荧屏的出现也使得卖空变得更为容易，因为经理们发现公司的正常收益动量（Normal Earnings Momentum）或者价值屏蔽（Valuc Screens）可以转化为对卖空有利。

机构对于市场无效成分的寻求支撑了人们对空头证券组合日益增强的好奇心。曾经产生证券投资组合的电脑模型现在正做出具有零β参数和极大α参数的空头和多头证券组合[译者注：β参数，是从风险和市场价格稳定角度衡量证券运行的标准，是对某有价证券组合或某种给定股票的回报率与整个市场回报率相比的敏感性进行的数学测量。例如，β值高，即敏感性程度高，表明其价位处于中度或高度易变状态；反之亦然。α是当整个市场回报率为零时有价证券组合或股票的回报率。从资本资产定价模型公式 $R_i=\alpha+\beta R_m$（其中 R_i 表示有价证券组合或股票的回报率，R_m 表示特定市场的回报率）可以看出，这里的“具有零β参数和极大α参数”表示证券组合回报率不受市场回报率影响并且非常高]，这类证券组合试图在没有市场风险的情况下获取稳步成长型公司的投资回报。毫无疑问，期货交易市场和指数期权市场的发展已经改变了保守的投资理念。例如，投资组合保险和对冲交易电脑程序的公开露面，已经给经理和客户们带来了更多的资产种类和在数量上控制的策略，从而提高了经理和客户们的舒适水平。这种趋向的一个方面就是，卖空不再被人们认为是激进的。

人们预期，为机构投资者服务的、由电脑控制的卖空管理的发展，以一个合理的百分比超出了基本卖空管理的发展。一些观察家估计当前由电脑控制管理的基金已经接近10亿美元。基本空头（Fundamental Short Sellers）的含义是指，虽然股票变得更难借入，但这些由电脑控制的程序也很乐意借出多头头寸以获取回扣。

告诫

卖空既不适合胆怯的人，也不适合缺乏经验的投资者。如果股票价格变动与头寸持有者意愿相反，其对证券组合和资本净值的影响可能是毁灭性的。缺乏经验的人卖空可能就像出售无保护的看跌期权或者看涨期权一样冒险。投资者在纵情享受卖空之前，必须明白卖空对他们的保证金账户的影响和遭受被迫补偿购入的后果。

无论如何，简单卖出是适合胆怯的人的一种方法，其技巧同样如此。如何通过卖空赚钱与如何通过出售而不招致损失是同一枚硬币不同的两面。

与成功的卖空相伴而来的有某种权力感、支配感，以及不知怎么的比别人更聪明、比别人更有主见的感觉。这种方法给那些真正上瘾的股票游戏人提供了在任何经济环境下玩股票游戏并且获胜的技巧：乱七八糟的公司战略计划总是显而易见的；即使是在市场价值被低估的时候信心泡沫依然存在；反面角色总是在附近的某个地方游荡。卖空是一种智力的游戏，那些为自己真正努力工作和思考的分析师们和那些对被称为华尔街智慧的东西流露出敌视眼光的分析师们，在这种智力游戏中具有有利的优势。

◆ **注释**

[1]Edward M. Miller, "Bounded Efficient Markets: A New Wrinkle to the EMH," *Journal of Portfolio Management* 13(Summer 1987): 4.

[2]Paul Asquith and Lisa Meulbroek, "An Empirical Investigation of Short Interest," MIT paper in progress.

[3]Charles P. Jones, Richard J. Rendleman, Jr., and Henry A. Latane, "Stock Returns and SUEs during the 1970s," *Journal of Portfolio Management* 10(Winter 1984): 18.

[4]Robert L. Hagin, "The Subtle Risk of High Expected Growth: How to Avoid Torpedo Stocks," Kidder, Peabody & Co., research, 30 March 1984, 1.

[5]Colin Camerer, "Bubbles and Fads in Asset Prices," *Journal of Economic Surveys* 3(1989): 3.

[6]Sy Jacobs quoted in Eric Berg, "Risks for the Analysts Who Dare to Say Sell," *New York Times*, 15 May 1990, C1.

[7]Charles D. Ellis, "The Loser's Game," in *Classics: An investor's Anthology*, ed. Charles D. Ellis(Homewood, IL: Dow Jones-Irwin, 1989), 535.

第二章　空　头

在历史上，相当数量的资金已经被用来卖空，但是却没有人更多地谈论它。在过去的 20 年中，对冲基金（由达到一定标准的投资者组成的、在策略上或者在投资手段上没有限制的有限责任合伙公司）始终在运用卖空来增大利润。约翰·特兰（John Train）在《金钱的主人》（*The Money Masters*）中描述的罗伯特·威尔逊（Robert Wilson），是从事卖空的对冲基金经理们公认的始祖。其他著名的基金经理[如乔治·索罗斯（George Soros）、迈克尔·斯坦哈德（Michael Steinhardt）、朱利安·罗伯逊（Julian Robertson）]对于市场中对立的两方（空头和多头），就像左右两只手都很灵巧的人一样感到轻松自在。

对冲基金与投资顾问

老虎基金（Tiger Funds）的朱利安·罗伯逊[1]

大多数表现最突出的对冲基金实施详细的公司分析。老虎基金的朱利安·罗伯逊 30 多年来一直在卖空股票。他把与做多同样的基本方法运用于卖空——大量的调查、自下至上的分析方法以及长期的时间范围。未注册的药品股票是其思考过程的一个例子。公众感到这些股票是具有广阔的成长空间的赋形药股票，并且把股票价格推升到每股收益的30倍或者销售额的40倍和账面价值10倍的价位。事实上，这些公司没有特许经销权，没有销售人员，只是生产日用产品。产品定价以及伴随产生的毛利，不能支撑以内在的对于公司收益增长的高涨情绪估出的股票价格。

罗伯逊感到仅仅在股票价格估价上下赌注会做成糟糕的卖空：或者该公司前景必须有一个根本的改变，或者购买该公司股票的公众必须存在严重的错觉。他因擅长使好公司上的多头头寸与坏公司上的空头头寸相匹配而著名，例如，卖空得克萨斯航空公司（Texas Air），做多美国航空公司（American Airlines）。他同样擅长在没有被对冲的行业股票组合上下赌注，例如，做多联合公司（United）股票，卖空泽尼斯实验室公司（Zenith Labs）股票。因为罗伯逊拒绝预测市场，所以他的基金总是做空，没有特定的权数，也没有最大的分配比率。

波特费尔曼基金的亚历克斯·波特[2]

波特费尔曼基金（Porter，Felleman）的亚历克斯·波特（Alex Porter）是另一个几十年来一直卖空股票的对冲基金经理。他为了减少整个证券组合中的风险而卖空，把卖空作为对付长时间下跌的一种保险策略。他说，其窍门就是卖空那些你可以不必费心或者无需代价地卖空的股票，尤其是那些存在财务花招、表明存在某种严重错误的公司股票。他的分析工作是基于公司的，因此，他主要在这类公司上做空，即那些公司管理层并不持有太多股票的公司、那些公司管理层对其经营不现实和不直率的公司，以及那些公司自身是举债经营的或者有着致命的资产负债表缺陷的公司。波特还感到，在大肆宣传股票方面，市场中的多头比空头更为积极、固执；在华尔街，在股票价格上涨上类似于旅鼠（译者注：旅鼠是一种体形短小但很健壮的啮齿类动物。它居住在北方地区，以其季节性群体迁徙而闻名）的一致性，比在股票价格下跌上更强烈。

茨韦格基金集团的乔·迪曼纳[3]

茨韦格基金集团（Zweig Group of Funds）负无限责任的合伙人和证券组合经理乔·迪曼纳（Joe Dimenna），是另一个有经验的既卖空又做多的基本面炒手。茨韦格基金集团承受的卖空风险总量取决于以下两个变量：他们的研究所揭示的有吸引力的卖空候选公司的数量和他们整理成套的指标（如货币政策、股票的供求等)显示的净风险。基本面分析至少占其决策的75%。

迪曼纳在5类情形下卖空:欺诈行为,收益令人失望,在其上他能击穿华尔街舆论预期的被大肆宣传的股票价格,行业基调处在宏观经济消极的状态,以及恶化的资产负债表。在卖空以前,他不断地重新估价空头净额,努力测定将导致股票价格下跌的刺激因素。他一般不在股票价格相对强劲坚挺、收益动量完全建立在过高估价的基础上时卖空股票。具有代表性的是,在参与之前,他等待这些股票价格猛跌。他远离那些处在一个拥挤的领域中的卖空候选公司,除非公司已确实是不可救药了。

空头——华尔街的另一面

从1983年到1989年,许多专门从事卖空的基金纷纷成立。加利福尼亚州的费什巴奇(Feshbach)兄弟和一个名叫迈克贝尔(McBear)的畏缩而乖戾的人,是1981年和1983年致力于卖空的最初两位经理。吉姆·钱纳斯(Jim Chanos)在1985年登台了,紧随其后的是在1988年底和1989年的另外一群经理。这些专注的空头们在两个方面与众不同:第一,他们的工作业绩与通常的看法不符——他们在上升市道赚钱,在下跌市道同样也赚钱(见表2.1);第二,他们做彻底的基本分析工作,而不是主流的华尔街风格的收益方案模型。

表2.1 **空头投资效益**

年份	罗克布里吉空头指数(%)	标准普尔500指数(包括股息)(%)
1984	6.79	6.27
1985	12.04	32.16
1986	32.33	18.47
1987	45.82	5.23
1988	12.08	16.81
1989	26.82	31.69
1990	45.58	−3.1
1991	−31.66	30.47
1992	−3.7	7.62
1993	0.25	10.08

续表

年份	罗克布里吉空头指数(%)	标准普尔500指数(包括股息)(%)
1994	13.54	1.32
1995	−15.53	+37.47

数据由罗克布里吉合伙人迈克尔·R. 朗提供(Michael R. Long, Rockbridge Partners)。

空头们是不同寻常的人。他们中的大多数人充满雄心、有紧迫感、不擅社交,并且做事一心一意。作为个人,他们很可能并不拥有一块劳力士(Rolex)手表或者一条总统的斯伯林格斯班尼犬(Springer Spaniel)(译者注:用于惊起猎物或衔回猎获物的一种猎犬),或者其他任何象征成功的外部标志;他们可能具有一种讽刺性的、带有几分怪癖的幽默感。作为一个群体,空头们喜欢持不同意见,并且喜欢在极端不利的条件下取胜。他们通常拿着一把磨光的斧头,带有一种习惯性的好斗态度。作为普通人当中的成员,他们中的一些人是白痴,而另一些人则不是,但是他们全都比大多数人更聪明伶俐(事实上,他们中的大多数人是高智商的自命不凡者)和更有主见。与流行的看法相反,他们并未组成阴谋小集团而猛烈打压股票价格。他们通常守口如瓶而且有点多疑。他们对待商业领袖和华尔街偶像的态度常常是傲慢的。达纳·L. 托马斯(Dana L. Thomas)以这样的语句来概括这类人:

> 职业空头们待人接物通常抱有一种兴致十足的没有成见的态度。他们常常是那种尖刻幽默的人。要知道,他们的惯用手段是价值的具有讽刺意味的变质——是对人们标准的一种讽刺性评论。

费什巴奇兄弟公司:纳斯达克股票巡逻队[4]

近年来最著名的空头是费什巴奇兄弟公司——克特(Kurt)、乔(Joe)和马特(Matt)孪生兄弟以及非费什巴奇家族的汤姆·巴顿(Tom Barton)。成立于1982年的费什巴奇兄弟公司是最早组成的专门从事卖空的团体。在他们的基金鼎盛时期,他们管理着比任何竞争对手超出相当倍数的资金——1990年,他们管理的个人、机构和养老基金的资金达6亿美元。他们早先作为小额资金、作为在专事调查研究欺诈行为方面具有专长的股票警察而出名。在最近的好多年中,在他们管理下的证券组合一直在多头股份持有以及相当多的空头头寸上保持着更为传统上的平衡。

费什巴奇兄弟公司按照以下四个特征寻找终极空头头寸：

1. 对股票价格的过高估价至少2倍于费什巴奇可理解的估价。

2. 公司存在基本面问题。

3. 不稳固的财务状况——例如，营运资本问题或者高额长期债务。

4. 不称职的或者不诚实的管理层。

费什巴奇兄弟把他们自己看作是为公众履行重要的监察人员职责的骗局发觉者。他们喜欢来自卖空的追求和挑战，欣赏成为冒天下之大不韪的四人之间志同道合的友谊与忠诚。相反地，他们也一直受到像《场外交易评论》(*OTC Review*)的社论撰写人鲍勃·弗拉赫蒂(Bob Flaherty)那样的纵狗斗熊(译者注：昔时一种取乐方式，熊由链条拴住)者的报复。

他们最初卖空的是通用能源公司(Universal Energy)股票，这是一个费什巴奇兄弟认为受到内部人/所有人操纵的股票，是一个快速暴跌并为后来的理念创造了一个模型的股票。费什巴奇兄弟的基本原则是认真的工作以及有时具有超量杀伤力的信息。他们从基本的分析方法着手，并在此基础上辅之以从广泛的渠道收集的信息。

费什巴奇兄弟除非预期一个股票的价格将下跌50%，否则就不卖空，因为他们认为卖空的风险对于边际投机交易来说太大了。“我们在这样的情势下卖空股票，即消极因素是如此地压倒积极因素，以致随着时间的过去，市场简直不能摆脱坏消息，最终股票价格将对此做出反映，”乔如是说。

“每一个人都拥有跟我们同样的资产负债表和损益表，我们在损益表或者资产负债表中寻找着的唯一的东西，就是那种看来是违抗经济规律的情况，例如，公司入不敷出。那些种类的事情是显而易见的，根本不是难以捉摸的细节，”费什巴奇继续说道。基尔什纳医药公司(Kirschner Medical)是这种准则的一个例子。无论哪一个分析家都能计算出该公司有着超过400天的存货，但是费什巴奇兄弟逐渐获得的消息来源显示，基尔什纳公司有着超过1 000万美元的已废弃的存货。也许，这个消息已经具备了超量杀伤力，但是费什巴奇兄弟觉得大量详细的信息是他们成功的一个组成部分。“我们如此特别注重打电话给公司的竞争对手、供应厂商、顾客的理由是，那是我们获得发现是什么促成了这些数字方面优势之所在。根据在历史上有名的基本原理，每一个人都知道这些数字是什么。如果他们不知道，那么他们不是文盲就是太迟钝了。有时，他们错误地理解了这些数字。”

ZZZZ Best 公司（参见第三章）是他们最为引人注意的卖空，但是对圆 K (Circle K)连锁便利商店的分析方法是他们进行研究的具有代表性的方法。当波士顿的一位经纪人打电话给费什巴奇兄弟推介圆 K 连锁便利商店时，费什巴奇兄弟雇用了一个行业顾问来告诉他们该连锁商店的每一间连锁店的价值。行业顾问回忆起一个阻止卖空的数字。后来，行业顾问打电话来降低他对该连锁商店的估价，因为他已经发现店铺的出售/售后回租意味着圆 K 连锁便利商店实际上并没有卖出多少。同时他也发现很多高级人员正离开该连锁商店。圆 K 连锁便利商店股票价格仍然保持在每股 14 美元左右，因此费什巴奇兄弟决定采取行动。

他们发现的是一家经营基本面窘困、未列入资产负债的债务不断攀升、处于衰落行业的高度举债经营的公司。资产负债表中有 10 亿负债，其中一半是垃圾债券，一半是银行债务。所有资产已经出售给公司的最大股东卡尔·林德纳(Carl Lindner)。连锁商店销售额一直在下降，营业收入已经不足以补偿利息。

他们同时发现圆 K 连锁便利商店有意识地轻描淡写它对汽油库维修的责任。前任雇员告诉费什巴奇兄弟圆 K 连锁便利商店在没有勘测的情况下，就买下了事前没有过目的这些地方。因此，这些地方不仅是陈旧的、维修费用昂贵的，而且已转移的产权意味着新的出租人承担了这些责任。

费什巴奇兄弟研究出了圆 K 连锁便利商店前任雇员、竞争对手和供应厂商网络，这些雇员和厂商们证实公司在经营上是失败的。首先，他们发现公司首席执行官(CEO)卡尔·埃勒(Karl Eller)建立起了与史蒂夫冰激凌公司(Steve's Ice Cream)的所有者理查德·史密斯(Richard Smith)的关系。卡尔·埃勒聘请史密斯担任名誉顾问来管理公司的日常经营。史密斯犯了一个至关重要的错误：他认为顾客对价格不敏感，所以他全面地提价，并且试图与供应厂商缔结降价的契约，以努力把利润率提高到 40%。顾客慢慢地走了，而供应厂商则告诉他们到别的地方去采购。连锁商店销售额下降了，利润下降了，而顾客则被永久地疏远了。

另外一个因素导致该公司股票遭到大量的卖空。这就是，该公司所处行业发展趋势在根本上发生了转变。当现有的加油站重建了便利商店并能够以低于圆K连锁便利商店可以买到的价格出售汽油时，圆K连锁便利商店便陷入了严重的困境，这是一个趋势。与此同时，食品杂货店开始保持一天24小时营业。

所以，该公司的内在环境和所处行业的外在因素，使得费什巴奇兄弟在每股10美元以上的价格上卖空了140万股该公司股票。后来，在该股票暴跌到5美元后，他们在可转换证券继续以70美元的价格交易时抛空了它(因为1991年的一项看跌期权规定)。圆K连锁便利商店被机构持有并且被华尔街广泛报道。费什巴奇兄弟在每股1美元左右补偿购入头寸。

由于费什巴奇兄弟有详细而精确的目标价格，所以周转额低。当他们建仓时，在更多的数据资料进来时，他们有代表性地增加仓位，他们仅仅由于他们犯了错误或者股票到达目标价格才予以补进——而不是由于股票价格下跌了20%，为了获得快速的利润。

费什巴奇兄弟不认为公司调查或者华尔街分析家是收集信息的富有成效的渠道。与公司管理人员交谈不是富有成效的："一个公司如果没有管理层的帮助是不可能成为一个好的卖空对象的。"华尔街也是无济于事的，"那是一个盛行获得牛市故事而不是熊市故事的地方，偏见打消了在许多事情上他们对我们的实用性。"

一些部门比另外一些部门更有利可图。银行以及储蓄贷款协会很长时期而不仅仅是6个月以来一直是金钱制造者：美洲大陆公司、休斯敦联邦储蓄银行(Commonwealth Savings of Houston)、桑利斯储蓄贷款公司(Sunrise Savings and Loan)、太阳州储蓄贷款联合公司(Sun State Savings and Loan)以及新英格兰银行是费什巴奇兄弟从中赚取了大量卖空钱财的公司。

20世纪80年代购入全部股权(Buyout)的狂热为费什巴奇兄弟提供了大量的机会。他们的股票分析类似于投资银行家用来测定非公开市场价值的方法，因此他们的方法使他们避免了麻烦。索尼公司(Sony)收购古伯·彼得公司(Guber Peters)使得他们处于不利地位，但是费什巴奇兄弟把这比作是自然灾害——无法以那些荒唐的价格参与购入全部股权的交易。

卖空最为困难的地方是时机的选择，而费什巴奇兄弟不相信在用什么来确定最佳触发点这一问题上有一个答案。乔列举了一个传真电话公司(CopyTele)的例子：什么是表明该股票最终将倾向于死亡的适当的指示器呢(传真电话公司没有收益或收入而仅仅有产品的许诺)？他们认为，为了卖空，你必须确信你发现了一个别人没有发现的重要因素。“但是，”乔·费什巴奇继续说道，“如果这个因素对于该公司股票最终定价无关紧要，那么发现这个因素还是不够的。你必须发现那些技术性细节开始影响公司的损益表和资产负债表。”你必须想象这种变化将如何逐步影响整个公司经营状况。费什巴奇兄弟认为，与公司的竞争对手和供应厂商交谈，可以揭示公司的发展趋势以及这种趋势可能持续多长时间，可以提供对潜在触发点的洞察力。乔·费什巴奇说：“你寻找某些显然被误解、显然很重要、显然是有害的事情。那时，对于这种事情已经开始发生，它在股票价格上没有得到体现，它有足够的价值使你能够达到目标价格，如果你对这些感到轻松自在，那么你就应该开始行动。”他告诫，最初的仓位不必是最大的，因为只要股票价格上涨，你就必须能够以高于平均价格的价格卖出。但是，在那些因素势不可挡地变得显而易见而股票仍然在上涨时，你真正需要增加头寸的时间就到了。

作为想象中重敲股票的空头团体里常受非难的权威人士，乔·费什巴奇表示，所有的投资者共享信息并且发展了研究关系。他不明白这种个别的偶然事件有什么不对头，在那儿，空头相聚在一起进而“同意持续打压一个股票。我们希望听到新的想法，但是我们认为这与证券组合经理们在纽约一起吃一顿饭没有什么不同的地方，在那里，6 个人聚在一起并说出他们最好的想法。如果那也是犯法的，那么所有的罪犯在监狱中将没有立锥之地”。

费什巴奇兄弟认为，一个空头或者一名投资者最重要的特性是，在别人惊慌失措时，保持善于分析的能力。他们承认，排除有害印象精神治疗法（Dianetics）为他们的经营风格提供了这种特性或者一套应对手段。乔·费什巴奇解释道：

在股票上涨时，我们不会精神错乱。排除有害印象精神治疗法的全部目的就是，消除一个人借以根据基本刺激反应从事证券交易而不加以分析的反应模式。那是其出发点。基金经理们反复犯同样的错误——那是整个反应模式中的一部分。我们设法彻底查明我们所犯的错误。我们提出了一份成功的卖空标准的清单，以及基于成功的和不成功的训练指南。我们通过实践而学会了这种方法，并不是每一个人，仅仅通过实践就能学会它。我们把这归结为排除有害印象精神治疗法。

在世的年纪最大的卖空基金经理[5]

迈克贝尔（McBear）在 1983 年中期他 40 岁时创办了他的基金。在获得斯坦福大学工商管理硕士学位(MBA)后,他从事特情(Special-situations)分析师和研究主管的工作,为富有的个人投资者管理资金。作为在世的年纪最大的卖空基金经理,迈克贝尔开玩笑说,他的年纪给了他比别人更多的对于信用循环的经验。因此,他的有其鲜明特征的卖空理念是基于广泛的信用工作。使他的影响形成的卖空是,在 1984 年他卖空了卡特皮勒履带式拖拉机公司(Caterpillar Tractor,简称 Cat)股票。卡特皮勒公司的财务报告读起来就像是一场灾难。卡特皮勒公司的主要客户是沙特阿拉伯人、石油钻孔机公司、国有采矿公司以及声名狼藉的南美洲国家——一旦红脸,他们立刻全都信用扫地或者资金短缺。尽管事实令人沮丧,华尔街分析师们还是估计每股收益为 4 美元。作为证券组合的必需品种,卡特皮勒公司的股票被战略思想家们广泛地持有并且常常处于显著地位。那年,华尔街的收益预测与实际相比每股相差 9 美元——卡特皮勒公司股票收益为每股亏损 5 美元。迈克贝尔认出了类似的把戏,然后他卖空了钻孔机公司、采矿公司、机械设备公司以及所有与衰退之中的卡特皮勒公司有关联的被下赌注的公司股票。华尔街正预言将会出现周期性转向。"认识卡特皮勒公司,给了我认识当时在经济上存在的由经济结构所引起的问题的洞察力。受到通货膨胀驱动的行业有着巨大的生产量,而华尔街感到这些问题是周期性的,不是结构性的,他们并且预期在 1983 年底或者 1984 年会有一个转机。但是经济却错过了一个周期。"

在那些他认为应该成为信用循环转机的事物中,迈克贝尔特别拿手的是房地产、银行和杠杆收购(LBO)现象。他首先卖空了新英格兰银行,接着,如果有公司用杠杆撬起股价并大量买进,他就注意这家公司。他说,残余股票(Stub Stocks)哈考特·布莱斯·贾瓦纳维奇公司(Harcourt Brace Jovanovich)股票、美国石膏公司(U. S. Gypsum)股票以及卡特公司(Carter)股票、霍莱公司(Hawley)股票、黑尔公司(Hale)股票不是从第一天开始就完成的交易,是他的基金中的大规模组合空头头寸。

埃姆斯公司(Ames)是迈克贝尔及其同事杰作的一个好的范例。他们起先对埃姆斯公司感兴趣,是在该公司于 1988 年收购泽尔公司(Zayre)并把大量的债务增加到资产负债表中去之时。因为收购是在账面价值以下成交的,而泽尔公司盈利状况令人困窘,所以,华尔街简单地把两家公司的收入加在一起,把埃姆斯公司的最大利润运用于计算结果,减去新的利润,得出了每股收益为 1.40

美元至1.45美元的结果。在埃姆斯公司收购泽尔公司时，埃姆斯公司的1987会计年度销售额为21亿美元，营业毛利率为2.2%。资产负债表是无瑕疵的。泽尔公司的销售额为29亿美元，而收购价格为7.78亿美元。跌价零售环境处在美国沃尔玛连锁百货公司(Walmart)挑衅性的定价和扩张计划的压力之下。因此，迈克贝尔感到，利润历史记录是了解公司经营状况的关键。"当分析师们能够说出并且说出了他们想说的任何事情时，你在事实真相被正式宣告之前就获得了了解股票的窗口。机构喜欢听而信之，因为它们在牛市中已经待了很长时间。埃姆斯公司分析师可能会说，泽尔公司将会带来好结果，但是结账的时间迟早会到来。"因此，迈克贝尔和他的同事开始追踪观察埃姆斯公司各个时期的毛利状况，对毛利率达到4.8%峰值的1985年之后的毛利状况，一个季度一个季度地查。华尔街当时使用的是3%的数据并且暗示这一数据是保守的。迈克贝尔的同事表示："正是这种肆无忌惮的乐观情绪，使得这个股票在1989年10月的可转换证券交易中达到了每股18美元的最高价。"

1989年的各个季度报告印证了负债对于公司的毛利记录不可长期使用的理论。埃姆斯公司每个季度都赔钱，并且指责泽尔公司。除了戈德曼(Goldman)的萨克斯(Sachs)分析师外，华尔街依旧对经营和财务杠杆充满兴致。此外，埃姆斯公司紧接着就耗费了大量的资金用于整修泽尔公司破旧的店铺、关闭重叠的店铺以及清退投资者等方面。所有的折旧和摊销看来都将转到必需的资本支出上，这否决了华尔街分析师的现金流量推测。泽尔公司的顾客们也对大量的促销商品习以为常，埃姆斯公司的策略是一贯的低价策略；所以泽尔公司的正常收入基础不复存在。墨菲法则(Murphy's Law)在空头的促成下起作用了。期待中的1989年圣诞节销售额未曾实现，圣诞节之后，卖主也没有获得收入，公司则在1989年4月提出破产申请，成了收购狂热的牺牲品。

迈克贝尔明白收购泽尔公司的后果及其对埃姆斯公司股票的潜在冲击，以及随之而来的动态问题和这些问题如何发展。"问题的逐步形成花了5年时间，问题的解决要花3个多月时间。"

迈克贝尔相对于其同侪来说保持低姿态，因为他通过考察公司收集到了重要的信息。他感到华尔街分析师们是洞察公司的一个拙劣的渠道，因为他们总是把他们认为相关的事实筛选出来。一个提出颇有创见的问题的好听众能够获得关于商情趋势的关键性事实。他运用了克罗斯(Cross)和特雷克(Trecker)公司的例子：在华尔街仍然预测公司每股收益为 4 美元时，该公司使得分析师们一度把每股收益估计为 1.2 美元。

迈克贝尔藐视并严厉批评那些引领他们的客户陷入非常危险的收购之中的华尔街投资银行家。他感到，卖空的部分满足感是与华尔街对着干。公司管理层很少成为靶子，除非存在欺诈行为。一般说来，正是华尔街操纵了股票价格的上涨。“许多公司管理人员是零星股票交易者，”他解说道，“他们处于投资银行家无情的压力之下，他们被成群地赶到错误之中。像机构基金经理们一样，他们做着与别的任何人所做同样的事情。倘若时兴购买石油公司股票或者收购，那么他们全都会去做。”他认为华尔街的研究一直是糟糕的，但是如今更为糟糕，因为投资银行家们控制着其进程。他暗示，投资银行家们对社会有着与药品经销商们大致相同的价值。他认为，1989 年夏季，在信用循环由于投资银行家们能够说任何事情而分析师们总是沾沾自喜地重复他们的话而达到最高峰时，这一点表现得更为明显。在 1983 年以前，概念股（高倍数、高成长股票）很抢手；并且，在某种程度上，你能够明白股票定价的基本原理，即使你并不赞同它。“但是 1989 年夏季不是炒作概念股的市场——其数据根本不合乎情理。投资银行家们说 1 加 1 等于 3，而招股说明书则以书面形式把它记下来。这是极端言过其实的循环的极限，是一个真正的投机市场。”

华尔街的环境为空头们赚钱创造了足够的下跌空间。“市场是无效率的，”迈克贝尔说，“因为存在购买股票的偏见。只要有 6 位职业空头，就会有 12 000 名投资顾问，对于每一个卖出就会有 100 个买进报告。因此，股票价格就有一个自然的上升倾向性。在牛市中尤其如此。通常是其他某些人赚了钱。像得克萨斯航空公司，它的投资者就损失了很多。结果怎么样呢？它变成了大量的佣金。从短期看，它给空头们造成了痛苦，但也创造了许多机会。”

吉姆·查纳斯：解决财务难题的高手[6]

凯尼科斯联合有限公司（Kynikos Associates Ltd.）的詹姆士·S. 查纳斯（James S. Chanos）在早期出了洋相：在他 24 岁刚从耶鲁大学（Yale）毕业后担任吉尔福德证券公司（Gilford Securities）分析师时，他申请鲍德温联合公司（Baldwin United）破产。他注定要失败，其结果是，也正如其年龄所示，他得了一个“年轻人”的绰号。1983 年，他换了个工作，调到德意志银行资本公司（Deutsche

Bank Capital Corporation),专门研究销售推介和定价过高的证券。1985 年,他一辞去这个工作就开始组建他自己的卖空基金并马上管理了 2 亿美元左右的资金。

查纳斯的专长是解决复杂的财务难题。他卖空那些极有可能破产的资本总额巨大的金融公司。他的平均持有期间为 9 个月,但他持有期间最长的是综合资源公司(Integrated Resources),超过了 5 年。在他的证券组合中,中等证券市场资本总额的股票达 9 亿美元。由于规模限制,他不卖空那些流通盘小的有欺诈行为的公司股票。与他的一些竞争对手相比,他从来没有遇到过补偿购入问题,因为他卖空的是资本总额巨大的公司股票。查纳斯保持大约 30 个股票的集中的证券组合,其中 10 个头寸占其证券组合的 50%以上。

他通常喜欢卖空那些存在长期问题的股票,在这些股票上,他可以获得"相当有力的基于公司评价(更像自由市场的积极参与者寻找价格折扣一样)的论据,表明公司资产净值的价值是 0 美元"。他说:"当股票按照其认股权证价格交易时,我们的分析则转移到对认股权证的估价上。如果存在大量的债务,那么认股权证价格可能毫无价值,或者我们可以以 2 美元或 3 美元的价格补进。"

查纳斯不到公司调查,似乎把华尔街用作为公司的使者或讲解员。他是这样评论的:

在对公司的一次性调查中,他们将不会告诉你任何他们还没有告诉过华尔街的事情。而如果他们告诉了一些事情,你或许无论如何不应该听它,因为它大概是非公开的。通过利用公司注册之后第一次发出来的信函(First Call)并分析 5 年的数据,对于公司的情况到底怎样,你可以获得很好的认识。在公司管理人员到场时,我们也出席一些公司介绍活动,这是本部设在纽约的有利条件之一。我们倾向于把精力集中在数字上。我们并不喜欢雇用侦探或者与公司的前雇员交谈。我们认为许多传统的基金经理们有变得懒散的趋势。很容易就会这样。一个普遍的缺点就是依赖公司管理层或者华尔街分析师们。当他们都遭到出其不意的打击时,你就被留下来独自承担非属自己的全部责任。这样看来,与其达到那样的程度,我们宁愿不去依赖他们。

本着分析的态度,查纳斯说他没有做任何与其他经理所为有显著不同的事情,然而,把投入资本收益率作为一个关键的财务指标加以运用,他则是独一无二的。"运用这一点,我们已经能够找到那些本来面目并不是其表面上看起来的那种样子的公司。"他的计算方法是:在支付利息和缴纳税收之前的每股收益除以平均资本总额(其定义是,总负债加上资产净值减去流动负债加上短期债务,或者换一种方法说就是,所有要承担利息的负债加上资产净值加上递延税金和短期负债后所得资本的收益率)。"那个比率将揭示许多被蛀空的公司以及糟糕的业务。这是一个难以蒙混过关的数字。"

金融公司由于具备疯狂的收益操纵潜能,所以对查纳斯来说,它们一直特别值得作为卖空目标。他说,这种潜能也吸引了无耻之徒的参与。查纳斯特别提到,"这些金融公司中的一些公司所固有的杠杆作用是令人难以置信的。当会计账目变得含糊不清时,人们倾向于回避精确的分析,而依赖于公司管理层,并且只是按照表面价值计算每股收益。机会就在那里。"

查纳斯对鲍德温联合公司的分析,说明了他对难题的坚持不懈以及面对来自该公司和同侪两方面的明显敌意时锲而不舍的能力。在 1982 年夏季,鲍德温是拥有一大批华尔街追随者的价格飞涨的股票。抱着对公司收益动量的情绪高涨的感觉,普鲁登舍尔·巴克(Prudential Bache)、普雷斯科特·鲍尔(Prescott Ball)、美林(Merrill Lynch)和史密斯·巴尼(Smith Barney)全都把鲍德温联合公司股票评定为"购买"等级。查纳斯花时间阅读鲍德温公司每年的常规报表、了解税务会计、追踪关联公司财务往来的复杂踪迹,所有这些使其确信该公司股票几乎毫无价值。随着他建议在适当位置卖出,该股票价格先是从 20 美元涨到 50 美元一股,然后由于出现了 10 年中最大的保险公司丑闻而走向了破产。在这时,华尔街分析师们正全神贯注于该公司的收益动量、莫利·汤普生的广告发布和一次收付清保险费递延年金的感觉到的火爆市场。查纳斯煞费苦心地制作现金流量总分析表,而从来不做轻松的子公司移动资产工作。

关于鲍德温联合公司的争论围绕着华尔街的信念展开,华尔街相信汤普生高人一筹的策略能够从其错综复杂的财务策略中创造收益。他让分析师们相信,他的投资计划是新奇的公司套利交易,非常深奥、非常复杂。这群温驯的分析师们把这一信息反刍到买入建议和多头报告之中。每个人都热爱优胜者,他们把自己手中的公司股票像洗纸牌一样移来移去。

在 1982 年夏季,令华尔街兴高采烈的事情之一是 MGIC 投资公司(MGIC Investment Corporation)收购案。美林公司分析师卡罗尔·内弗斯(Carol Neves)为来自 MGIC 公司的"应纳税收入持续来源"而高兴,"所以 BDW(鲍德温联合公司)能充分利用其最成功的产品SPDAs(一次收付清保险费递延年金,英文为Single-premium Deferred Annuities)产生的大量税收抵免。"[7]普雷斯科特·鲍尔和特本公司(Prescott Ball & Turben)的罗伯特·巴克(Robert Back)把这个股票"评级为一个非常强劲的长期购买品种……在每股62美元价位,仅是我们的1983年保守预测每股收益的4倍"。[8]

查纳斯在1982年8月底写了他的第一份报告。这是一份卖出建议,它是在研究了公司的杠杆作用、现金流量、收益能力以及由于费率下降和可能发生的税收立法引起的收入潜在下降等问题的基础上提出的。他陈述了一个异端的意见,认为鲍德温联合公司在其年金业务上是亏本的,其关联公司从MGIC公司购买的资产对保险投资组合来说是一个严重的流动性问题,同样也是一个收益率问题,因为实物资产被出售而去购买了亏本的房地产——现金流量是实际流出,而不是报告的收益。

接着发生了一场吵闹。查纳斯遭到公开的严厉指责,在私下里受到威胁,而公司管理层则对他进行了批判。巴克(Bache)的保罗·麦克凯(Paul Mackay)说买进是因为空头净额超过了100万股,"创造了一个独一无二的交易机会"。[9]而鲍德温联合公司相信,保险资产可以很容易地弥补来自当前短期投资的所有一次收付清保险费递延年金。

1982年12月,在鲍德温联合公司股票价格上涨了1倍之后,查纳斯在另一份报告中仍然坚持不懈。他指出MGIC公司衰退中的基本面,认为这将削弱现金流量和税收优惠的使用。然后他又一次详细地审查了现金流量。

1983年3月,鲍德温联合公司宣布它不能支付90 000万美元的短期债务,随后申请了"第11章"(译者注:处理公司破产的法律,为美国联邦破产法条款代码,该条款允许无力偿付的公司被重组,往往是为偿还债务或创立新的公司实体做准备)。

查纳斯持续不断地从金融公司和复杂的财务报告中寻找思想火花,并且从以下公司的股票价格暴跌中赚了钱:扎伊瑟斯的联合资源公司,加里·德里格斯(Gary Driggs)的美国西部储蓄贷款联合公司(Western Savings and Loan),查尔斯·基廷的美洲大陆公司,弗雷德·卡尔的第一执行者公司,弗兰克·洛伦佐的得克萨斯航空公司,大卫·马利阿迪斯(David Maniatis)的太阳州储蓄贷款联合公司,以及第一汽车旅馆公司(Prime Motor Inns),哈考特·布莱斯·贾维纳维奇公司、瓦利国民银行。

在评论种种卖空问题时，查纳斯嘲笑对所谓存在着的一个空头共谋小集团的非难。与其他卖主的任何交换，和对朋友们谈论好主意没有什么不同。他认为，证券交易委员会对股票价格操纵保持着警惕，并且它毫无疑问地将会主动调查那些压低股票价格的空头团体之中的共谋行为。他解释说，由于存在报升规则，所以卖空导致股票价格下跌的现象是不可能发生的。全国证券交易商协会(NASD)和证券交易委员会都把空头看作是另一个好的信息渠道。

他认为，潜在的养老基金参与卖空是一个隐隐出现的问题，它必将导致卖空业务面临被打散后重新组合的局面，并使得卖空变得更为困难。就他个人而言，查纳斯更喜欢与那些私人客户打交道，他们需要保全资本，他们具有远见并加入投资进程中。查纳斯把他的合伙人的业务经验和他们的合同用作为研究过程的一部分。“与证明一些额外的基本论点正确相比较，这些人对增加财富更感兴趣，”他猜想。

查纳斯认为，他与华尔街之间保持着良好的关系，并且比其他任何空头与华尔街交谈得更多，主要是因为两个理由：第一，他卖空的是华尔街广泛报道的股票；第二，他为华尔街管理资金——主要是在经纪人事务所，也为经纪人事务所管理基金。他把国际性的卖空看作是最大的新机会，并在 1994 年和 1995 年卖空欧洲隧道公司(Eurotunnel)股票中赚取了一大笔钱。尽管财务状况的披露是每半年一次的，但是估价更多地弥补了季度披露的缺乏，因为股票是概念性地定价，而不是分析上定价。从长远的观点看来，时事通讯撰稿人和传统基金经理们管理的卖空基金的迅速扩大不会给查纳斯添麻烦。“很少有人有兴致持有基本空头头寸。如果空头头寸不利于大多数人，他们的第一个反应就是补进，而不是卖出更多的股票。”

缩小的空头名单

进入 1991 年，专用卖空基金在投资领域继续充分地涌现。当“基金的基金”经理们降低卖空风险而养老基金的参与未能实现时，1991 年到 1993 年长时间的牛市把大多数空头新手从卖空领域打了回去。新的一批已经涌现出来，取代了转变了的愤世嫉俗者，然而专用卖空基金经理们再次成为稀缺品种，即便是在成功的 1994 年之后(在专用卖空基金经理们管理下的基金低于 10 亿美元)。干瘪的空头老手们似乎不太关心竞争对手或者它的消失。他们把他们的反向投资者伙伴的态度应用于卖空业务自身——较少的同业者意味着更多的利润；群众通常是错误的。

◆ 注释

[1]Interview with Julian Robertson on 2 May 1990.

[2]Interview with Alex Porter on 24 April 1990.

[3]Interview with Joseph DiMenna on 6 June 1990.

[4]Interviews with Joseph Feshbach on 1 and 14 June 1990.

[5]Interview with "McBear"on 2 May 1990.

[6]Interview with James S. Chanos on 2 May 1990.

[7]Carol P. Neves,"Baldwin United,"Merrill Lynch Pierce Fenner & Smith Securities,research division,16 April 1982,1.

[8]Robert W. Back,"Baldwin-United Corporation,"Prescott Ball & Turben,11 June 1982,4.

[9]Paul A. Mackey,"Baldwin-United Corporation,"Bache Halsey Stuart Shields Incorporated,institutional research,25 August 1982,2.

第二篇

种类与实例

第三章　泡沫股票

完美的卖空候选股票是那种具有大量流通股可供轻易地借入而无须补偿购入、股价高企从而可以获得最大的利润、没有业务或者资产来使风险保持在最低状态以及投资视野着眼于短期的股票。经历了 20 世纪 80 年代和 90 年代大牛市的股市老手可能会记得，完美的卖空可以导致极大的损失。即便是一个没有收入、没有资产的公司，也可以引发人们对未来收益的期望。在这些公司当中，有许多是具有声称的热销新产品储备的科技或者医药制品公司。股东、证券经纪行或者那些持续不断地把股票价格推向更高而不考虑更为重要的财务状况、使股票价格膨胀从而超出未来价值预期的公司执行官们制造了这些假象。有些时候，公司管理层可能认为他们的短命产品和公众对它的泡沫估价有价值，或者，尽管是在 ZZZZ Best 公司那样的情况下，他们也可能骗取公众和证券交易委员会的信任。

肮脏的地毯：ZZZZ Best 公司

费什巴奇兄弟是泡沫公司方面的专家，他们对 ZZZZ Best 公司的侦探工作证实了这一点。ZZZZ Best 公司是一家没有收入的地毯清洁公司。ZZZZ Best 公司，是神童巴里·明科夫(Barry Minkow)的热门成长型公司，在 1987 年春季，该公司的市值达到2亿美元。公司的生意做得很大，并且他们宣布了一项耗资800万美元清洁萨克拉曼多(Sacramento，译者注：美国加州首府)两幢大型建筑物的合同。地毯清洁方面的竞争对手告诉费什巴奇公司的分析师们两项到目前为止标的最大的清洁合同[米高梅电影制片公司格兰德(MGM Grand)和拉斯维加斯希尔顿(Las Vegas Hilton)]价格封顶在350万美元的水平，所以费什巴奇兄弟嗅到了一丝欺诈的味道，开始注意上该公司，然后果断地卖空了其股票。1987年5月底，尽管有虚假广告的传闻，但是该股票价格下跌后又重新上升。到7月，ZZZZ Best公司破产了。1989年3月，惹人注目的明科夫因欺诈罪——没有合同、没有收入和一项洗钱阴谋——被判处25年监禁。此时，费什巴奇兄弟则快乐而更富有地回到家中。

一些职业空头感到这一时期的市场是个人投资者的自然独占领域。因为常常很难借到数量足够大的股票来使得证券组合回报获得显著的增加；比起股票提供给人们的投资回报来说，人们耗费了更多的精力用于努力获得可靠的信息。然而，个人投资者们可以炫耀引人注目的利润，因为他们能够借到足够的股票去影响多样化投资的卖空证券组合。股票常常无效率地甚至荒谬地被过高估价。

哈里尔公司：根本不合乎情理

哈里尔股份有限公司(Harrier，Inc.)是一家新药品公司，它是说明如何符合逻辑地进行卖空分析以及空头们在他们的反向价值分析框架中寻找什么的一个很好的例证。1988年7月，乍看起来，总部设在犹他州(Utah)的哈里尔公司似乎纯粹是过度的吹嘘者——没有资产、没有销售额、没有产品，而股票价格则达每股30美元(拆股之前)。哈里尔公司有着280.8万股已发行股票，这代表着8 400万美元的市场资本总额(或者公开价值)。

1988年3月31日，该公司的10Q提供了资产负债表(表3.1)、损益表(表3.2)和所谓的“未经审计的财务状况变动简明报表”(表3.3)。资产负债表的最上面提供了一些可用以洞察公司的信息——日期是错误的：顶行标明的是1987年而不是1988年。显然，向证券交易委员会提交的这份文件制作得如此随便，以致连日期也没有得到校正。接下来值得注意的地方还是在资产负债表中，就是哈里尔公司在1988年3月31日拥有大约250万美元的资产和1 672 457美元股东权益，其资产是从 1987 年 6 月的 307 892 美元上涨而来。换句话说，市场把账面价值为 170 万美元的股票定价在 8 400 万美元水平上。因此，存在着一个以市场资本总额或公开价值 8 400 万美元价格卖出价值 170 万美元的财产的机会。

表 3.1　　　　哈里尔公司的资产负债表

	1987 年 3 月 31 日	1987 年 6 月 30 日
资产		
流动资产：		
现金	$ 550 510	$ 104 758
应收账款	359 325	—
存货	490 960	29 598
应收利息	9 221	—
可出售证券投资	104 095	—
流动资产合计	1 514 111	134 356
固定资产净值	23 407	—
其他资产：		
产品权利和技术净值	397 330	171 618
其他资产净值	14 311	1 918
来自有关各方的应收票据	35 000	—
来自有关方面的应收款项	10 000	—
定期大额存单	500 000	—
其他资产合计	956 641	173 536
	$ 2 494 159	$ 307 892
负债和股东权益		
流动负债：		
应付账款和应计费用	$ 321 702	$ 15 451
其他负债：		
应付票据	500 000	—
负债总计	821 702	15 451
股东权益：		
优先股	—	—
普通股	2 798	2 109

续表

	1987年3月31日	1987年6月30日
股本溢价	2 669 839	721 963
累积收益(亏损)	(1 000 180)	(431 631)
股东权益合计	1 672 457	292 441
	$2 494 159	$ 307 892

1987年6月30日的资产负债表取自同期经审计的财务报表并经精简。

资料来源:哈里尔股份有限公司,10Q表格(1988年3月31日)。

表3.2 **哈里尔公司损益表**

	截止到3月31日的前3个月		截止到3月31日的前9个月	
	1988年	1987年	1988年	1987年
销售额	$ 489 210	$ —	$ 540 797	$ —
销售成本	352 865	—	380 899	—
毛利	136 345	—	159 898	—
费用:				
专业费用	15 953	767	41 227	31 556
一般费用和管理费用	125 635	4 251	310 636	9 690
摊销和折旧	12 324	72	29 170	216
咨询和管理人员报酬	173 104	107 921	541 288	144 556
营销	2 051	—	50 613	125 000
研究与开发	48 731	—	48 731	—
费用总计	377 798	113 011	1 021 715	310 998
经营收入(亏损)	(241 453)	(113 011)	(861 817)	(310 998)
其他收入(费用):				
利息收入	9 229	36	25 517	4 092
利息费用	(13 096)	—	(13 132)	—
出售收益	—	—	15 523	—
出让许可权利	250 000	—	250 000	—
咨询收入	15 360	—	15 360	—
其他收入(费用)总计	261 493	36	293 268	4 092

续表

	截止到3月31日的前3个月		截止到3月31日的前9个月	
	1988年	1987年	1988年	1987年
扣除备付税款前的收入(亏损)	20 040	(112 975)	(568 549)	(360 906)
备付税款(收益)	—	—	—	(42)
净收入(亏损)	$ 20 040	$(112 975)	$(568 549)	$(306 906)
每股收益(亏损)	$ .01	$ (.06)	$ (.22)	$ (.26)

资料来源:哈里尔股份有限公司,10Q表格(1988年3月31日)。

因而,市场把哈里尔公司潜在的收入流的现值定位在超过8 200万美元(8 400万美元减去170万美元账面价值)。对于空头们来说,下一步是考虑损益表并且看指数式收益增长的种子在抱有雄心大志的哈里尔公司是否显而易见。哈里尔公司的损益表(参见表3.2)显示,与某些收入相对应的是,高比例的一般费用和管理费用以及咨询和管理人员报酬,低水平的研究和开发成本。某些人得到了报酬,尽管他们不是股东。

表3.3　　哈里尔公司财务状况变动报表

	截止到3月31日的前9个月	
	1988年	1987年
产生的营运资金:		
营业产生(使用)的营运资金	$ (539 379)	$ (306 648)
普通股发行筹得资金500 000美元		2 052 500
普通股发行筹得认股权证兑现资金	12 000	—
普通股发行筹得资产	—	994
长期债务发行	500 000	—
产生的营运资金总计	2 025 121	194 346
使用的营运资金:		
股票发行成本	115 935	3 737
创办成本	—	—
产品技术成本	262 343	182 244
专利费	3 225	—
来自有关各方的应收票据	35 000	—
设备添置	25 114	—
来自有关方面的应收款项	10 000	—

续表

	截止到 3 月 31 日的前 9 个月	
	1988 年	1987 年
追加长期定期大额存单	500 000	—
使用的营运资金总计	951 617	185 981
营运资金增加额总计	$ 1 073 504	$ 8 365

资料来源：哈里尔股份有限公司，10Q 表格(1988 年 3 月 31 日)。

哈里尔公司财务报告中的重要线索是其财务状况变动的报表(参见表 3.3)。其中的数据在严格的意义上说，根本不合乎情理。以前从来没有看到过公开提交的财务报告中的数据串不起来的情况。该公司产生的营运资金额 1988 年总计应当是(27 379 美元)，而不是 2 025 121 美元(仅仅是一个小错误，大约等于它们的资产规模)，而 1987 年应当是 1 746 846 美元，而不是 194 346 美元。即使是在 1988 年，人人都有计算机、总括表、计算器、会计师和簿记员，然而这些数字仍然对不上。

招股说明书：公开发行股票

在确认了惹人注目的过高估价之后，卖空研究的下一步是，循迹调查以往的财务文件，寻找支持或者否认有关结论的证据。首先，从仔细阅读哈里尔公司首次公开发行股票的招股说明书着手，你会读到一段与查尔斯·狄更斯(Charles Dickens)小说中的陪衬情节一样引人注目的历史记录。证券交易委员会规定的招股说明书是空头们详细而深入了解公司信息的特别喜爱的资料之一；在哈里尔公司那样的情形下，它的存在证明了股东们偏爱被领向盲目的亏本出售证券却面带毫无根据的希望微笑。

哈里尔公司成立于 1985 年 10 月 8 日，当时一群人被默林·费希(Merlin Fish)召集在一起，支付了 21 500 美元购买了一个委任企业同盟(译者注：即公开出售其股票，但不明确说明投资者的钱将如何被使用的一个起始阶段的公司)的股票。公司的原始所有人是默林的前加利福尼亚(California)客户、南卡罗来纳州查尔斯顿市(Charleston，South Carolina)的房地产开发商、拥有位于南卡罗来纳州一家建筑公司的默林的兄弟，以及一家家具公司制造商的来自犹他州的代表，该代表借给他们显然是其住宅的一部分的 200 平方英尺房子作为公司的办公室。

1986年5月,哈里尔公司进行了它的股票首次公开发售,以每股0.01美元的价格发行2 500万股。招股说明书在实际前景方面是苍白无力的;人们在其中任何地方都找不到后来高企的价格水平的预兆。募集资金用于"未指定用途"。[1]没有明确的可供投资的业务,管理层也没有时间、才略或者经验来分析如此的机会。在募集资金之中,170 000美元将可用来投资。资金可能将不够而竞争则很激烈。公司越过了1986年2月犹他州证券部门准则11.1的约束,该准则禁止"空白支票"(Blank Check)发行,即公开发行没有明确营业目的而存在的公司股票。新股东提供了占资本总额92.08%的资金,获得的股份则占公司总股本的69.93%。证券包销商获得了新资金的19%。

新产品焕发新生命

1986年12月,在其走向体面的途中,哈里尔公司按50∶1的比例合并股份。1987年2月,新的管理人员和重要股东进入公司董事会,把这个空壳公司推进到前所未有的高度。两位来自瑞士X光器材制造商的执行官哲格·克尔莱(Jurg Kehrli)和阿曼多·阿尔里奇(Armando Ulrich)试图把他们的克尔莱AG公司并入哈里尔公司。这两家公司都失望地发现,瑞士公司的财务报告不符合美国的财务报告标准。

作为最后的手段,克尔莱和阿尔里奇把其公司一揽子[包括出售X光器材(各种样式的X光器材中的一种)的权利、对生物仪器灯(Bioptron Lamp)的权利以及对匈牙利疗程的权利]置换为994 000股哈里尔公司股票,或者说占该公司已发行股票58.3%的股票。哈里尔公司确信它已经获得了颇有价值的销售权利、重要的技术以及两位专家的技能,能够帮助公司经营仍未确定产品和战略的委任企业同盟。

瑞士的这家公司带来了三项新技术。第一项是匈牙利偏光灯,它看来对细胞膜有效果。其效果是生物仪器灯的生物刺激性的效果,据说它可以改善对烧伤、其他表面创伤以及也许对皱纹的康复进程。它看起来像是一个用手握着的头发干燥器,"刺激细胞复活而不使皮肤或者身体感到紧张"。[2]

第二项技术是生物动力技术,是从苏黎世的沃尔特·奥特医生(Dr. Walter Ott)那里获得的。生物动力技术有许多潜在的产品应用,包括过饱和氧水(氧含量达普通水10倍的水)和柴油机清洁器。

麝香草化合物，是“一种特许专卖多肽分馏物，用于增强身体的免疫疗法的反映以抵抗某些类型的癌症”，这是瑞士的公司带来的第三项技术，也是三项技术中开发起来费用最为昂贵的一项技术。它将需要大量的资金，大概来自制药公司的合资经营。[3]在花费了 125 000 美元的额外费用于克尔莱 X 光器材营销计划后，哈里尔公司放弃了该产品，而克尔莱返还给哈里尔公司 17 000 美元。克尔莱和阿尔里奇继续留在哈里尔公司，他们的器材没有了，但显然他们的皮夹子装满了。

截止到 1987 年 6 月 30 日的该公司 10K 是一份极好的文件，它揭示了更多关于新产品权利和进程的细节。关于生物动力技术，10K 是这样陈述的：“这一理论是建立在以下发现的基础上的，即在运用离心运动产生的向心力把能量聚集在轴上并利用那种能量达成可能有商业用途的某种现象（原文如此）方面的发现。”[4]哼？不管那是什么，都将包括生物动力的水。

克尔莱和阿尔里奇担任哈里尔公司顾问的每月薪水为 27 000 美元，同时取得瑞士公司房产每年的租金 5 000 美元，一年总收入为 329 000 美元。其中还不包括免交的租金。与此同时，哈里尔公司股票价格继续向前冲刺，在 1987 年 6 月达到 7 美元的高度，一个季度后的 9 月达到 15 美元。这是一场观看内部人挣得的报酬是否比股东在价格上涨上赚得的钱更多的比赛（这场比赛不久就见了分晓）。

截止到 1987 年 8 月，哈里尔公司已经集中在生物仪器灯项目上，签署了他们的第一份协议，并以每股 2.50 美元的价格向一家利比里亚人的公司出售了 400 000 股追加股份。首份生物仪器灯协议以极尽炫耀的方式宣布，不久又被多次重复：瑞士的一家公司在三个国家拥有独家销售权，并且签署了首批购买订单，其金额为第一年 240 万美元，第二年 280 万美元，此后为每季度 80 万美元。

1987 年 9 月，哈里尔公司向一位新的瑞士投资者以每股 3 美元价格出售了 200 000 股股票。截止到 1988 年 3 月 31 日的 10Q 公布，哈里尔公司已发行股票增加到 2 808 000 股。3 月份同样带来了来自斯堪的纳维亚几个国家的另一个大的合同，合同约定 1988 年最少购买 500 万美元，在 3 年期间最少购买 600 万美元。

如果把先前宣布的合同加在一起，1987 年的收入应当至少达到 240 万美元，1988 年则至少达到 780 万美元。

对我们的朋友们的一点儿帮助

由于哈里尔公司是一家被成功地高位估价的公司，它就开始帮助不那么幸运的朋友们。1988 年 3 月的 10Q 表明，哈里尔公司不仅给公司官员们和公司董事们支付了 448 000 美元的薪酬，而且借给其投资银行家的几个客户 35 000 美元并且购买了另一个投资银行家客户手中的价值 10 000 美元的股票。

对哈里尔公司最热烈的推荐来自它的投资银行家默林集团(Merlin Group)的 32 页的报告。该公司的任务报告这样说道："公司的目标是生产具有环境品质和健康关怀的产品，这些产品将迎接我们所处的当今时代减少人类遭受疾病和污染的痛苦的挑战。"[5] 生物仪器灯最初被吹嘘为有着 52 500 万患有溃疡、烧伤、精神紧张性头痛的消费者的遍及全世界的潜在市场，后来又被吹嘘为可用于运动医学、整形外科、皮肤病学、神经病学、妇科医学以及牙科——显然是自从发现阿司匹林以来用途最广的医学发现。过饱和氧水和柴油机清洁器同样被相当详细地论述为具有广泛用途的产品，可用于拯救世界，读者可以自己去猜想。

局部死亡

1988 年 8 月 8 日，《巴伦——道·琼斯商业和金融周刊》的艾伦·亚伯森注意到哈里尔公司并且评论说，哈里尔公司股票从 7 月份公司第一次拆股之后的每股 22 美元的高价跌下来(参见图 3.1)，即便是现在的每股 15 美元，价格看起来仍然有些过高。他注意到与公司大师结成的联盟——作为其中之一的是被称作"胡言乱语的人"的亨利·洛林(Henry Lorin)。亚伯森也对两项尖端产品生物仪器灯和柴油机清洁器提出了某种怀疑。他提出，这种灯发出的光是治疗烧伤的彩色光谱的非正常末端。他说，柴油机清洁器将会要求在卡车上增加另一个油箱，其体积相当于现有燃料水槽的体积。[6]

次日，哈里尔公司新闻发言人发表了到那天为止他们最好的新闻稿——哈里尔公司在日本的销售协议。[7] 乘着日本热的波浪，公司签订了一项 75 万美元的合同。股票没能像平常那样反弹，但是股票分析人士没有人指望该新闻稿能提供实际收益或者与之有关的信息。

与此同时，哈里尔公司给了克尔莱和阿尔里奇顾问工作组 600 000 多股股票,以购买两种新的复合剂的权利,这两种复合剂据信可以增强免疫系统从而使肿瘤缩小。哈里尔公司也以 1 050 000 美元的价格向欧洲的同业者出售了 157 500 股股票。

在亚伯森专栏的唤醒之中,哈里尔公司的股票交易价格从 15 美元跌到 10 美元,内部人还在继续抛售。

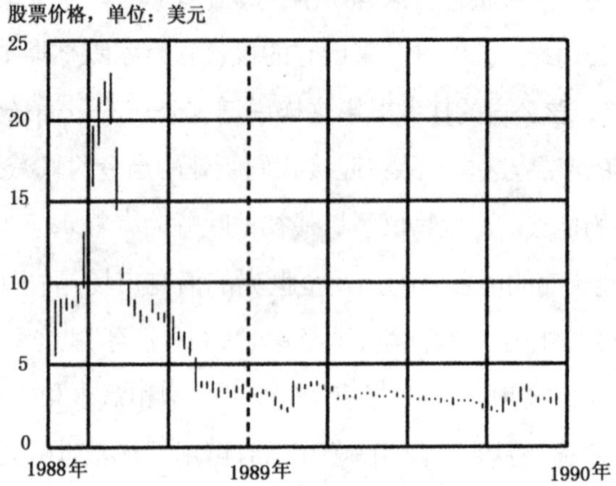

图 3.1　哈里尔股份有限公司 1988 年 5 月 1 日至 1989 年 12 月 31 日股价变动图

在 1988 年 10 月,在 9 月份 10Q 发表之前,股票价格仍然在 7 美元左右。哈里尔公司还在继续增加它的股票证券组合并披露了与其 530 万美元的总资产不相称的 555 000 美元可销售证券。应收账款是资产负债表中的另一个重要支柱,达 180 万美元,从 6 月的 42 000 美元上升而来。股票不回头地朝着每股 3 美元的方向迈进,在那儿停下来等待哈里尔团队的下一次大的销售攻势。

很快就到了一年之后的 1989 年 10K 公布的时候,10K 表明公司销售额略低于早先使人振奋的新闻稿的预期:1988 会计年度的收入为 582 825 美元;1989 会计年度的收入为 216.4 万美元。早先公布的合同总计有 780 万美元被预先考虑在 1988 年的销售额中。一些销售合同由于未能履行已经被终止。生物仪器灯那时把目标定在痤疮治疗上,而不是用于烧伤,以及也许不是用于污水的生物净化。证券交易委员会已经就一项"在质询之中的问题"要求公司的会计师们提供资料,而股票仍在零星交易。

哈里尔公司闹剧的主要教训是:必须始终认真对待一家公司,即使它的财务报告是令人捧腹大笑并充斥着宣传叫嚣的胡言乱语。

次等衍生物：梅德斯通公司

远离那些没有产品的公司的一个手段是远离在其产品上附有引人注目的债权的那些公司，这些债权是投资银行家的或者为了获得企图的市场份额的公司的。梅德斯通国际股份有限公司，一家制造肾结石非扩散粉碎设备的碎石术公司，就是这样的一家企业。此外，梅德斯通公司的招股说明书是必要的文件。它提醒潜在的投资者或者非投资者注意以下充满风险的产品差异：

- 该产品不是专利产品。
- 竞争对手是有着非常牢固基础的大型跨国公司。
- 毛利润率为60%——或许是。（管理层说，收入和费用在以前的年份中事实上是不相称的。）

招股说明书提出了惯例性的告诫：有限营业历史记录、资本净值赤字、营运资金缺乏、与两位主要执行官的依存关系、无代表性的收益历史记录、单一产品公司。股票发行所募集的部分资金（从募集资金总额1 130万美元中拿出140万美元）转到高级主管人员手里以补偿其优先利益（股票还不够?）。

在1988年初夏季节，股票价格定在13美元并马上以19美元的价格交易，接着涨到了20美元的高度，成了一个极好的“医生股票”（Doctor Stock）：作为敢作敢为的零售代理人，医生们被认为是新药或者医药制品公司的边际吸食者（Marginal Suckers）。医生们把股票推销给同辈和朋友，狂热地抬高市场价值，如果该产品与他们的专门知识领域不太相关，则尤其如此。梅德斯通公司股票由于这种热情洋溢的冲击，在8月上涨到42美元左右的最高点（参见图3.2）。

正如通常所做的那样，梅德斯通公司招股说明书同样提到，内部人未经投资银行家认可，在从6月2日的股票发行日起的6个月内不得出售所持股票。当重要内部人、创始人和总裁理查德·彭菲尔（Richard Penfil）在12月份截止日期失效之前的9月份就卖出了100 000股股票，而董事长、创始人伊罗尔·佩恩（Errol Payne）辞职时，梅德斯通公司就成了一个潜在的空头头寸。毕竟，未获允许就先卖出股票的内部人们应当比华尔街更明白公司产品销售的潜力。

竞争对手们提供了比较

另一个有着类似业务（泌尿激光系统）的公司，坎德拉激光公司（Candela La-

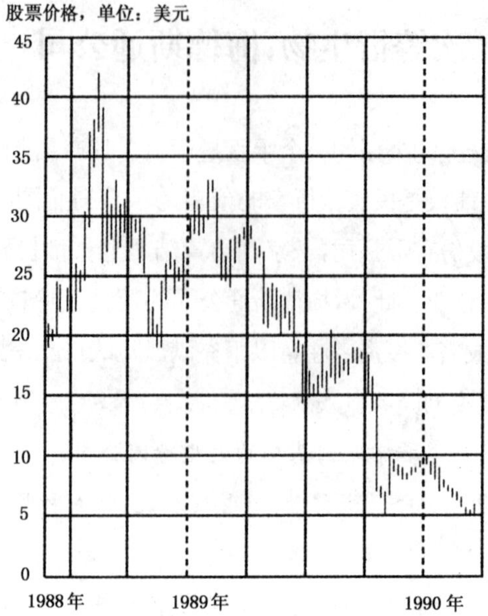

图 3.2　梅德斯通国际股份有限公司 1988 年 6 月 1 日至 1990 年 3 月 31 日股价变动图

ser Corporation)在梅德斯通公司首次公开发行(IPO)之后,试图在 10 月份第二次发行股票。与类似的公司比较招股说明书和营业计划是一项有益的训练,尤其是对于洞察公司估价来说。在发行由于一项证券交易委员会关于公司收入的质询而停止时,坎德拉公司的故事变得特别有趣:看来公司在何时把大量机器的销售额登记入账方面太盛气凌人了。

表 3.4　　梅德斯通国际股份有限公司空头净额

1988 年	卖空股份数量	1989 年	卖空股份数量
6 月	7 260	1 月	356 350
7 月	109 439	2 月	343 040
8 月	141 891	3 月	445 932
9 月	236 111	4 月	430 828
10 月	264 663	5 月	494 792
11 月	252 968	6 月	556 891
12 月	339 170	7 月	648 614
		8 月	726 047
		9 月	698 106
		10 月	685 504

续表

1988 年	卖空股份数量	1989 年	卖空股份数量
		11 月	787 060
		12 月	754 556

在证券交易委员会质疑之前，坎德拉公司正以每股 12.75 美元出售第二次发行前的 300 万股已发行股票，或者说其市场价值达 3 825 万美元。坎德拉公司有 149 位雇员，1 支推销队伍，几种产品，4 项专利和 1 份营业历史记录。他们的肾休克疗法是可与肾结石碎石术相互替代的办法，有些人感觉这种疗法比梅德斯通公司和道尼尔公司（Dornier）——最大的参与者——的治疗设备对周围软组织的伤害要小。

当时，梅德斯通公司股票交易价格为 29 美元，已发行股份 450 万股，市场资本总额 13 000 万美元。在 5 个月之前股票发行的时候，梅德斯通公司有一种产品（出售了 9 台），没有专利，33 名雇员，但没有提及一支推销力量。

截止到 1988 年 9 月的季度是增长强劲的：与特别信用之前的 0.18 美元相比较，每股收益达 0.52 美元，仅有 5%是来自股票发行所得资金利息，销售额增加了 1 倍。

热心的支持者

与梅德斯通公司有关的过分的吹捧特别地来自一个经纪人分析师，他预测 1989 年的每股收益将从 1987 年的 0.33 美元提高到 4.40 美元。随着零售客户热心地跟着参加到这个可以获胜的肾脏游戏，这一预测推动股票价格上涨得更高。股价只是今年每股收益的 6 倍！分析师说，随着团体交易的加入，股票价格将达到每股收益的 15～20 倍。现在买进！分享这唯一的两用设备，既对肾结石有疗效，又对胆囊结石有疗效（他感觉，胆囊结石市场是一个成长引擎）。[8]

1988 年 12 月，与通用电气（GE）医疗系列制品公司（General Electric Medical Systems）签订的一项合同被很热闹地宣布了。通用电气公司将在欧洲和中东地区出售梅德斯通的设备，提供零件、安装和维修。

1988 年 12 月公布的 10K 提出了两个有趣的观点。对一位个人股东盖恩斯·W. 哈蒙德博士（Dr. Gaines W. Hammond）和他的关联公司的销售额占梅德斯通公司 1987 年和 1988 年收入的 13%。首次公开发行文件显示，他是梅德斯通公司产品的热心支持者。他在 1984 年 11 月借给公司 75 000 美元。与 1987 年他首次购买梅德斯通公司设备有关的是,他“得到了到 1989 年 1 月为止均可行使的优先购买权,以及在南卡罗来纳州斯巴达堡市(Spartanburg)100 英里范围内购买和安装用于治疗肾结石的任何装置的权力……”[9] 他还有权以梅德斯通公司向第三方购买者索取价格 80%的价格购买另一种设备。1985 年他从梅德斯通公司收到了 86 500 美元的咨询费,在股票发行结束时又获得了另外的 123 000 美元。这是一种紧密的关系。

在遭受了截止到 1989 年 6 月的那个季度负收益意外的打击之后(与截止到 1988 年 6 月的季度每股收益 0.59 美元相反的是该季度每股亏损 0.04 美元),由于偏激的分析师对报表的再三的痛击,股票价格下跌然后稳定在 15 美元以上。10Q 揭示了令人忧虑的存货水平——550 万美元,1988 年 6 月与之相对的数字是 385 000 美元。销售额也下降了,对一个热门的新公司来说,比没有收益更糟糕的是存在许多问题。销售费用大幅度上升,无疑地增加了销售成本的负担。

1989 年 8 月,理查德·彭菲尔辞职了,而公司报告说是因为他“不同意及时地提交有关控制用于公司冲击波碎石器中的 X 光成像系统所需报告”。[10] 股票价格一动也不动。

1989 年 10 月,梅德斯通公司未能得到食品及药物管理局(FDA)对其胆囊结石震碎疗法的批准,紧接着股票价格跳水,从 16 美元一路暴跌到 6 美元,尽管尚未打开的日本市场对肾结石粉碎有很大的需求。第三季度报告是又一个令人失望的报告——每股亏损 0.34 美元,这是在提交给食品及药物管理局的纠正行动方案悬而未决的情况下停止了发货的结果。

1989 年收益为每股亏损 0.45 美元,收入为 1 360 万美元,比 1988 年的 2 320 万美元减少近一半。1990 年 4 月另一位公司总裁走马上任,这是两年内公司的第三位总裁。到 1990 年 4 月,公司市场价值是较为现实的 2 000 万美元。

对于梅德斯通公司的财务分析是常识性的。公司股票价格相对于类似的公司来说被显著地高估了。每台设备售价为 100 万美元,你必须卖出多少台设备才能使得公司股票的这种估价符合实际,而面对一个在该领域拥有专利产品和最为牢固的基础、已销售了 250 台设备的经验丰富的德国道尼尔公司这个竞争对手,你又能卖出多少台设备呢?公司收入的一部分被指望从设备维修和出售一次性使用的零部件中获得。然而，在存在可信赖的替代品的情况下，又有多少家医院愿意购买一台必须由一家仅仅销售了 9 台设备的公司来维修的、价格为 100 万美元的设备呢？

可以获胜的游戏肯定是肾对敲（否则也许是肾暴跌）：卖空梅德斯通公司股票，同时做多坎德拉激光公司股票，其交易价格在第二次发行被停止之后为 4 美元的低价，而这时梅德斯通公司股票的价格仍然被定在最高档。人们从梅德斯通公司可以得到怎样的教训呢？这就是，考虑卖空任何在招股说明书中有着绘声绘色的描述部分的股票，特别是在热心的分析师鼓动急切的个人投资者加入股票购买的狂潮之中时。

关于招股说明书更多的内容

大多数泡沫十足的股票在新发行招股说明书的第 1 页上就可以被发现。阅读首次公开发行文件是一个快速而有利的训练，既可以适合空头寻找愚蠢的定价，又可以适合成长型股票投资者注意避免灾难。20 世纪 90 年代的生物技术和高科技股票新发行市场对于非科学家来说，要寻找其中真正的失败者是难以办到的事情；比较而言，那些生产消费品的公司和糟糕的营业计划更容易分析。克利尼科普公司（Clinicorp）和幸福专使公司（Happiness Express）就是这样的两家公司。

克利尼科普股份有限公司

招股说明书中最重要的一个部分就是叫作“投资需要考虑的事项”的风险因素部分。在这一部分中，公司往往会告诉你为什么它可能失败。克利尼科普股份有限公司，一家 1992 年 1 月首次公开发行候选公司，有一组特别具吸引力的公布事项。克利尼科普公司[其股票简称“BACK”（巴克）]是一家没有经营历史记录、没有资产的脊椎指压治疗法经营公司。克利尼科普公司当时正在收购 PMA 公司连同它的创始人彼得 · G. 弗尔南德兹博士（Dr. Peter G. Fernandez）的服务。“PMA 公司，”招股说明书披露说，“在其企业经营和财务状况方面已经遭遇到了实质性的衰退……并且人们预期这种衰退在可预知的未来还将持续下去。”[11]巴克公司接着告诉读者，该公司存在悬而未决的诉讼，该诉讼是“关于酬金分润(Fee-splitting)、特许经销和资助销售者的销售计划……包括欺诈、欺诈性的商业手法和不履行受托人义务的指控”。[12] 弗尔南德兹博士也作为被告被指控。

而那只是作为开头的部分。风险列表继续列举了 14 项风险,共 3 页,包括一项借款给初始脊椎指压治疗者们作为营运资本和用于器材购买、借款给没有经验的承购人的财务计划。招股说明书告诉读者该企业充满风险——先前没有成功的历史记录、存在不利的商情趋势以及诉讼。

股票交易价格定在每股 6.50 美元,并且幸运地从一开始就不容易借到。尽管首次公开发行文件中有可怕的语言,但是由于雷·德克斯(Ray Dirks)和他的“挫败空头者俱乐部”(ShortBuster Club)的帮助,巴克公司股票价格还是上涨了——先是涨到十几美元,后来又涨到二十几美元。那些在一旁观察的幸运的空头们获得了报答,股票在二十几美元的价格上变成了可以借到的股票,其交易价格涨到了 26 美元,然后被一拆为三。公布脊椎指压治疗法全国连锁领域进行的收购的新闻稿经常性出现。经过了将近一年的时间,股票价格回到了坑底的 2 美元。公司随后及时地推翻了拆股方案并对公司进行重组。

幸福专使股份有限公司

对于空头们寻找完美的空头头寸来说,复杂程度更高的是具有收入的公司——其收入来自已经最为流行的时尚产品。幸福专使公司是在时尚玩具领域下跌最快的公司之一;生产圆白菜地洋娃娃(Cabbage Patch Dolls)的克莱科公司(Coleco,参见第四章)和生产会说话的特迪·拉克斯平(Teddy Ruxpin)玩具熊的神童世界公司(Worlds of Wonder),由于第二个产品带来了第二次生命都熬了更长时间才死去。为了持有这些股票,购买者必须假定股票能够在时尚顶峰之前卖出,或者必须设想公司将有一个持续不断同样成功的产品流。换句话说,出售股票者或者空头们必须敢断定拐点就在这儿并且认为其后的各季度的收入将逐渐减少,最后到达悬崖绝壁。

幸福专使股份有限公司在 1995 年 1 月第二次发行的招股说明书是泡沫收集者们特别喜欢的东西。不仅股票的简称“幸福”(HAPY)对乖戾的、爱冷嘲热讽的空头们具有吸引力,而且公司制造一种叫作“吹泡泡者”(Bubblator)的吹泡枪也具有同样的吸引力。风险因素部分使得该招股说明书值得一读。就在风险因素部分的第 1 页上，幸福公司透露，82%的销售来自“强大吗啡电动巡逻骑兵队”(Mighty Morphin Power Rangers)——其中 56%的销售单独地来自“电动巡逻骑兵队”的音响效果手套。而“电动巡逻骑兵队”并不是在 1995 年 1 月才处于成长性上升的起点：了解 5 岁男孩的任何人都知道，到 1994 年 12 月 26 日，5 岁男孩懂得并已经密切地熟悉了“电动巡逻骑兵队”，全身都穿戴了“电动巡逻骑兵队”装备。

因此，销售率让读者很快地翻到营业说明部分，了解公司在生产“电动巡逻骑兵队”手套之前做了些什么。在早先的 3 个会计年度，带有人物形象许可的照明产品分别占公司销售额的 68%、51%和 58%。为了增加戏剧性效果，风险部分声明，其中的一些许可是非专有的。

对财务报告的一次突击性检查显示，现金消耗(显著地需要最大限度的资金)是相当大的(在以前的 9 个月中耗费了 1 000 万美元)，同时伴有存货的大量累积。存货数量特别令人感兴趣，因为产品是一种小孩的畅销玩具，并且存货日期是 1994 年 12 月 31 日。

另外两份详细资料披露了实情：尽管有巨大的现金消耗，内部人在交易中正出售他们股票中的一半；而公司正陷入最少要支付 200 万美元未来特许权使用费和总计 90 万美元公司主管人员年薪的窘况。换句话说，在时尚慢慢地落伍时，“幸福”公司没有能够停止开销。(有关这一有趣现象的更多的内容，参见第四章的记分牌公司。)

表 3.5　　幸福专使股份有限公司空头净额

1995 年	卖空股份数量
1 月	152 006
2 月	449 490
3 月	752 000
4 月	805 541
5 月	900 600
6 月	1 033 421
7 月	940 729
8 月	887 644
9 月	522 402

续表

1995 年	卖空股份数量
10 月	490 547
11 月	462 007
12 月	454 868

资料来源：布隆伯格金融市场。

然而，价格并不标志着安全而可靠的空头头寸，经常可以在投资缩减的成长型股票中发现这种现象。截止到 1995 年 3 月的会计年度的每股收益预期为 1.10 美元，比前一年上升了几乎 50%，同时预期 1996 会计年度每股收益将再上升至少 50%。这就意味着股票将以不到未来每股收益 9 倍的价格出售。

"幸福"公司出色地完成了 1995 年 3 月的会计年度指标——在它消耗了另外的 450 万美元现金、带来存货大量增长的同时，它作了收支概算。这是一家罕见的公司，发行后一个季度，它就让投资银行家们空手而去(第五章的媒体视频公司是个例外)，所以空头们并不感到奇怪或者甚至感到难以控制。除了在 3 月份曾经短暂下跌到 9 美元(参见图 3.3)外，股票价格一直徘徊在 12～14 美元的水平上。

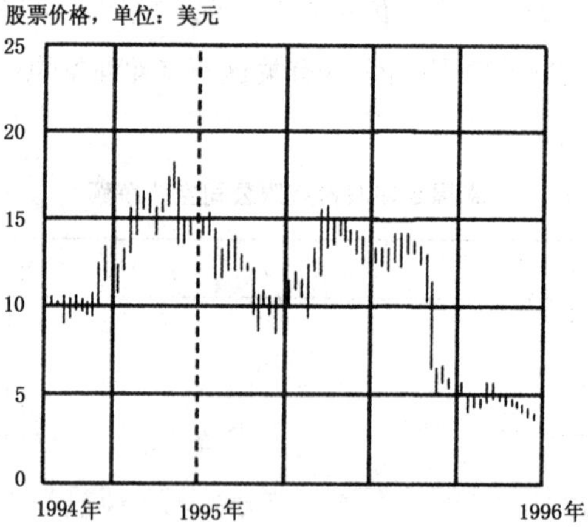

图 3.3　幸福专使股份有限公司 1994 年 8 月 1 日至 1996 年 12 月 31 日股价变动图

截止到 6 月份的季度报告情况良好：销售额上升了 139%，净收入随着存货的再次上升而上升了 150%，现金流量仍然是负值，经营资金正在消失(保险箱中只剩下 490 万美元)。多头们说，股票是一份与公司引人注目的成长率达成的合约。

最后，在 1995 年 9 月，错误出现了。公司管理层宣布，第二季度的每股收益将达不到华尔街的期望值，接着股票交易价格跌到 5 美元。在后来的几个季度中，公司管理层调低了无法收取的应收款项的价值并清算了不具备下一个可见的新时尚迹象的废弃库存。

卖空泡沫股票是最完美、最轻松的卖空方式，它使人们对更危险的牛市游戏（高倍数成长型股票）更加感兴趣。卖空哈里尔公司和克利尼科普公司、梅德斯通公司和幸福专使公司的简单技巧，为空头们跟踪更高水平的令人十分向往、沉迷于其中的时尚产品公司的股票提供了训练。

◆ **注释**

[1]Harrier, Inc., Prospectus, 22 May 1986, 3.

[2]The Merlin Group, "Harrier Inc.," May 1988, 11.

[3]Ibid., 6.

[4]Harrier, Inc., Form 10K, 30 June 1987, 4.

[5]The Merlin Group, 7.

[6]Alan Abelson, "Up and Down Wall Street," *Barron's*, 8 August 1988, 91－92.

[7]Harrier, Inc., press release, 9 August 1988.

[8]David H. Talbot, "Medstone International, Inc.," Arnhold & S. Bleichroeder, Inc., 21 December 1988, 1.

[9]Medstone International, Inc., Prospectus, 2 June 1988, 28.

[10]Medstone International, Inc., press release, 15 August 1989, 1.

[11]Clinicorp, Inc., Prospectus, 13 January 1992, 6.

[12]Ibid.

第四章　高倍数成长型股票：高风险，低回报

有时，华尔街的宠儿（成长型股票）看上去非常像它们的更为粗陋的兄弟姐妹泡沫公司的上升和过高估价。每一次牛市都有其新的概念，都有其高倍数成长型股票。最简单的形式来自拥有时尚产品的公司，这种时尚产品被理解为有很长的生命，例如，克莱科公司和记分牌公司。程度更高的财务复杂性来自那些出售商品或者提供服务以满足新感觉到的需求的公司概念股或者题材股，例如，吉姆·比尔德纳（J. Bildners）与其雅皮士食品杂货商店、吉菲润滑油公司（Jiffy Lube）与急剧的石油价格变化。在20世纪60年代，它们被称为“一锤定音股”（One-decision Stocks）：投资者一旦购买了它们就永远不会卖出它们，因此，只有一次决策，那就是去买。

通过以一种挑剔的眼光审视营业计划，投资者就能够确定在众多的革新者中哪些可能取得成功，然后就能够利用经纪人的歇斯底里症和狂热的价格暴涨去卖出股票。出乎意料的事情总是伴随着空头们：新业务统计表明失败率远远超过了成功率。然而，华尔街游戏更为复杂一些。华尔街把初步的荣誉授予公司，仅仅因为那些公司试图雇请或者已经雇请了合适的投资银行家或者公共关系代理人。而那就是造成卖空概念股成为令人扫兴、让人出一手冷汗、指关节没有血色的一项艰苦工作的因素。

从卖空的观点看,对概念股最重要的决策是:做这项工作——预期的回报是否抵得上股东所冒的风险?第二个问题是:新公司需要多长时间将把钱用光?空头们几乎总是能正确地判断出公司经营是不是正在衰退。然而在转让的时机选择上,他们却很少是正确的。在公司财务状况几乎处于致命的状态下很久以后,通常还是有人愿意购买股票、借出资金、提供短期银行债务。把空头们最好的推测再延长两年,你就只能等待两年多。

电脑和圆白菜地洋娃娃:克莱科公司

在空头的历史书中,克莱科制造业股份有限公司(Coleco Industries)作为一个有极大的卖空时机选择的概念股,毫无疑问应该得到优秀奖。作为 20 世纪 80 年代早期具有巨大发展潜力的候选公司之一,随着华尔街热衷于把所有的赌注都放在家用电脑上,克莱科公司被推到明星股票的高度。从 1982 年中期到 1983 年,在一种新概念的刺激下,该公司股票从 19 美元迅速上升到 65 美元(参见图 4.1)。人们指望克莱科公司的亚当牌家用电脑(Adam Home Computer)价格足够便宜(在 600 美元以下)、技术足够先进,可用于玩游戏、生成纳税申报单以及把处方编入索引中。人们预期这种电脑将在 1983 年圣诞节前上架。

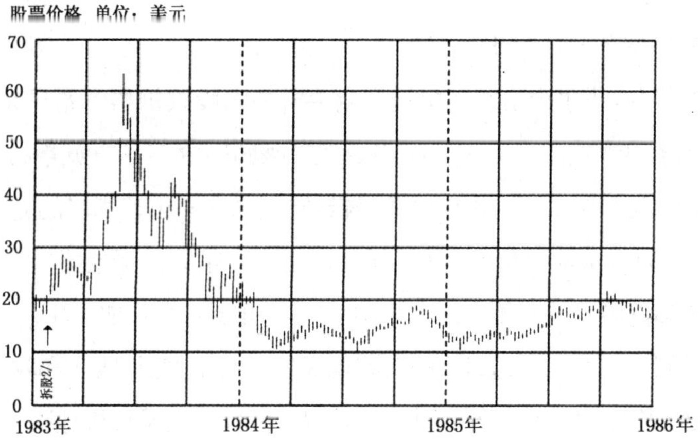

图 4.1 克莱科制造业股份有限公司 1983 年 1 月 1 日至 1986 年 12 月 31 日股价变动图

表 4.1 克莱科制造业股份有限公司空头净额

1983 年	卖空股份数量	1984 年	卖空股份数量
1 月	1 741 036	1 月	3 598 841
2 月	1 460 471	2 月	3 584 248
3 月	1 398 726	3 月	4 127 356
4 月	1 532 915	4 月	3 905 876
5 月	1 530 501	5 月	3 576 761
6 月	1 452 382	6 月	3 202 331
7 月	1 354 070	7 月	3 306 811
8 月	1 237 390	8 月	3 077 093
9 月	1 432 407	9 月	3 244 636
10 月	2 106 349	10 月	3 103 026
11 月	2 506 448	11 月	2 763 176
12 月	3 791 721	12 月	2 385 537

在大肆炫耀之中，亚当牌家用电脑揭开了面纱，其宣扬的程度甚至连热心于夸张法的华尔街也感到惊愕。1983 年 6 月，在芝加哥消费电子设备商品展览馆的一间熏黑了的小房间里，亚当牌家用电脑被放置在其样机的荣光之中。到了 9 月，这种电脑必须从生产流水线上滚滚而来以满足圣诞节的预期需求——最早的交货日期是 8 月 31 日。

没过多久，华尔街爆发了争论。克莱科公司股票价格开始呈螺旋形波动。关于公司正出现延期交货、产品问题、预定计划失灵的流言开始散布开来。分析师也开始谈论粗糙的第二季度财务报告：像气球一样迅速膨胀的克莱科景象公司(Coleco Vision)前一年的计算机游戏控制台的存货、一次性收入、古怪的资产分类，等等，在随后的夏季后期期间，股票价格开始一个劲地下跌。

克莱科公司企图通过每日的新闻稿提供其对于产品、收入和收益的再次保证，使诋毁者无言以对。股票价格先是止跌回稳，然后又缓慢地跌了回去。在 8 月底，公司正面的新闻没有引起注意：克莱科公司发布一项通告，声称交货时间将拖延到 9 月中旬。后来，公司把 9 月 6 日的展览搞得一团糟。为了安抚投资界，公司决定主办一次机构投资者和分析师到工厂实地考察的活动。这种做法看起来倒像是焊接电路板有些过时的方法，空头们对此根本没有留下深刻的印象。果真，以寄售方式卖出的电脑后来因为瑕疵而被退货。

于是，交货日期又向后推到10月中旬，而且可供交货的单位数量也成问题。供应商公开地谈论被取消的对生产投入品的订单。公司截止到9月30日的10Q也显示，原料的累积超过了产成品或者在产品——生产线不可能始终如一地吐出亚当牌家用电脑。

但是，在1983年秋天，克莱科公司的死亡并未发生。尽管空头们是正确的并且很快就欢欣鼓舞，然而，不知道是哪里来的一种时尚，圆白菜地洋娃娃使得公司和其股票价格暂时得以"紧急跳伞"。公司的死亡仅仅是推迟了而已。1984年，克莱科公司的管理班子大幅提高了他们的新畅销产品的产量，但是这种时尚到1986年就不流行了。1988年，由于现金流量不能承受新产品乐观主义持续的侵蚀，公司做出了让步，破产了。空头们是正确的，然而那是在他们充满自信地做出预测的几年之后。

记录棒球比赛的得分

记分牌股份有限公司是另一家生产时尚产品的公司，这家公司在1991年、1992年、1993年和1994年严重摧残了许多空头的神经，摧毁了他们的资本净值。"BSBL"是该公司的简称，从而它的绰号就叫作"棒球"。公司重新包装棒球纸牌和有关运动的纪念品，并主要通过家庭购物频道出售其商品。

表4.2　　记分牌股份有限公司空头净额

1991年	卖空股份数量	1992年	卖空股份数量	1993年	卖空股份数量	1994年	卖空股份数量
1月	13 455	1月	852 938	1月	2 133 380	1月	1 974 823
2月	51 846	2月	823 906	2月	2 227 082	2月	1 973 201
3月	70 413	3月	757 188	3月	2 318 138	3月	2 037 700
4月	213 561	4月	795 520	4月	2 279 490	4月	2 217 950
5月	374 439	5月	1 415 524	5月	2 610 520	5月	2 285 220
6月	346 755	6月	1 821 030	6月	2 610 808	6月	2 483 730
7月	1 491 480	7月	1 809 270	7月	2 573 276	7月	2 845 857
8月	2 473 305	8月	2 183 910	8月	1 287 713	8月	2 551 590
9月	2 652 450	9月	2 156 978	9月	2 643 116	9月	2 348 795
10月	2 638 395	10月	2 067 078	10月	2 291 188	10月	1 742 734

续表

1991年	卖空股份数量	1992年	卖空股份数量	1993年	卖空股份数量	1994年	卖空股份数量
11月	1 476 747	11月	1 940 668	11月	2 185 658	11月	1 569 832
12月	1 306 196	12月	2 006 130	12月	2 080 206	12月	1 140 893

资料来源:布隆伯格金融市场。

最初引起分析师们注意的是公司的第二次股票招股说明书。这是在1991年夏季,是在空头们被动量投资者(Momentum Investor)们打败得晕头转向之前,当时他们仍然认为卖空是令人愉快的和有利可图的。这份文件读起来像一部肥皂剧——威利·梅斯(Willie Mays)已经"就一项声称违反亲笔签名的协议的行为对公司提起仲裁……"[1]而公司的一位官员则就人身攻击向梅斯提出民事赔偿的要求。公司负责人,一个叫作戈尔丁(Goldin)的家伙,一直担任一家公司的董事长,而这家公司已经在1990年3月由于一项针对戈尔丁个人的缺席判决而申请破产。他的儿子兼执行副总裁受到缓刑和3年考验期的处罚,因为在他还是一个学生的时候,他就擅自使用信用卡账号得以免费进入电脑。33%的收入是通过其女婿拥有的一家公司登记入账的。

财务报告有点令人费解:存货上升超过了销售成本;预付费用和许可合同使人联想到,资产负债表中可能有一些废话。真有趣,空头们这样认为。

后来,保诚公司(Prudential)取消了交易,换句话说,取消了股票发行,而空头们认为他们可以一口喝干。他们一点也不知道,棒球纸牌在以后的几年中都将支配着他们的生活。

在这一次卖空热情初步爆发的3个月后,该公司股票变成了一个具有突出的收益成长性和许多动量的热门股;它涨到了原来价格的5倍,并且在每周的《巴伦——道·琼斯商业和金融周刊》上作为某人的特别喜欢的成长股而被提及。在6个月里,它的交易价格从7.5美元涨到39.00美元。一个有趣的棒球小泡泡变成了吞噬了你的有价证券组合的股票。

4月,公司的10K出来了,空头们感到太残酷无情了,以至于不能快速浏览它。在他们这样做了时,他们看到了一个极品,其主题可能是最近两年来采用的绝无仅有的一个题目。在资产负债表上,应收账款上升了142%,销售额上升了76%!由于某种原因,棒球公司并没有收到钞票。产成品存货上升了82%,同时产品成本上升了60%。纸牌系列并没有像预期的那样卖得十分快速。预付款上升了144%——与940万美元的税前收入相对照，预付款为160万美元。现金流量为正数的唯一理由是因为流动负债的增加。这所有的一切都揭露了经营计划的虚假性——按理说，这份应当已经是摇钱树生意的经营计划事实上却不是这么一回事。请记住，他们包装了纸牌然后通过家庭购物网络出售。发出去的货物应当与收进来的货款保持一致，所以利润在每个季度的现金上显露出来。冗长的10K中还有另外两个要点：19%的销售额是通过戈尔丁的女婿交给家庭购物网络实现的，而16%的销售额是交给QVC寄售实现的。换句话说，35%的收入是令人怀疑的，并且，随着应收款项的大量增加，销售额可能由于退回商品而全部复原。

在第一季度每股收益公布之时，空头们是轻松愉快的。预付款继续地上升到差不多300万美元左右，在税前收入210万美元之上。股票交易价格从39美元跌到11.75美元(1993年10月拆股之前)，空头们自信地补充说，那是以后几年中的价格低点。

这恰恰发生在电话会议现象还刚开始的时候。以后将成为能够分清空头与多头差别的尖端的电子系统精心制作的程序的东西，当时依然是一个推销项目。大约在那时，空头们同意在“棒球”公司电话会议上不提问题；后来，在1993年末，他们又开始大声叫嚷了。最终结果是，1994年8月唯一的声音是一个孤独的空头发出的，他或许是留下来的唯一精力充沛的购买者，也许根本就是电话会议上的唯一的人。这第一个电话相当外行。

“棒球”多头在电话会议上提出了三条建议：改变公司简称、在证券交易所注册挂牌、聘请新的分析师。公司把在衰退中的棒球纸牌销售额和在家庭购物网络上的不高的销售额方面的亏空归咎于疏远的关系。由于款式的季节性变化，第二季度也将是有点艰难的，但是公司指望在下半年的增长使得全年的收益从每股1.75美元提高到每股1.90美元，销售额达到8 000万美元左右。棒球公司管理层在早期养成了告诉投资者将有什么样的收益的习惯。其具有代表性的习惯是告诉那些会讲述给华尔街听的分析师们，然而，既然这样，保罗·戈尔丁就不必跟中间人浪费时间。

截止到1992年7月的季度事实上更低，每股收益和收入都下降了，然而每个人事先都得到过警告，股票价格在下半年将重获繁荣的预期下开始上升。到11月，股票价格上升到26美元(拆股之前)，收入增长量上升了36%，每股收益上升了同样的幅度。当10Q终于提交、资产负债表出来的时候，股票价格快速下跌到18美元（拆股之前）。记分牌公司公布了一份新闻稿的真正的主人："董事长、总裁兼首席执行官保罗·戈尔丁说，受目前空头散布的消极传闻影响，公司的股票价格很可能下跌。戈尔丁特别提到，看起来空头们正声称最近提交的截止到10月份的第三季度10Q显示了低水平的现金头寸和高水平存货。然而，戈尔丁说那是完全不符合事实的。"[2]不符合事实吗？在8月份摩根士丹利（Morgan Stanley）完成了一项750万美元的可转换证券的不公开销售之后，公司现金为17 000美元。在应收账款上升130%和预付款上升到720万美元的同时，产成品存货大幅上升了127%。而这一段时间的收入和产品成本是下跌的。戈尔丁也乘此机会胡扯了他最近提出的每股1.75美元的盈利预测，说这一盈利预测取决于在该季度剩下的几个星期中通过有线电视完成的销售额。

1993年年初，《福布斯》（*Forbes*）杂志和《华尔街日报》（*Wall Street Journal*）都宣布了棒球纸牌收集时尚的消失。随着纸牌价格被砍掉一半，二级市场公司的股票价格出现了暴跌。

在年终报告终于公布时，由于每股收益只有1.52美元而销售额只有7 500万美元，公司股票交易价格下跌到14美元（拆股之前）。公司的财务报告中是更多相同的东西——现金消耗、高额应收账款和存货，无形资产和其他资产项目同样地增加了。在这一年期间，棒球公司已经使其混合业务远离出售前预先包装的纸牌贸易，而转移到更多的有关运动和娱乐的纪念品上，所以这种增加的"无形资产和其他资产"项目是引人注目的。公司10K的脚注揭示了无形资产和其他资产的构成，例如，许可证协议。所以，存货和无形资产是隐藏成本的极好的地方，对于这些成本，公司管理层可能不希望在损益表上作为开支勾销从而减少当前几个季度的收益。大多数公司在如何将成本与单位联系起来方面有合理数量的可允许误差——他们是希望出售10 000只还是100只埃尔维斯·普雷斯利（Elvis Presley）盘子，影响到他们把那些单位的权利和许可费用列为开支的方式，就像书籍出版一样。在这些资产负债表项目暴涨时，至关重要的是，资产将永远不会被变卖，也就是10 000只盘子将不会被出售。管理层在年终电话会议上就知道，乔·迪马吉奥（Joe Dimaggio）亲笔签名的存货在电视促销之前正逐步增加。

对疲倦的空头们来说，1993年剩下来的时间犹如一场噩梦。棒球公司重新开始在家庭购物网络上销售，增加了在QVC上的时间，并答应扩大利润、逐步提高成长性。该股票遭到日益增多的相当数量的分析师们的严厉批评,这些分析师们感到这是一项业务,而不是一种业余消遣。雷·德克斯把该股票名称纳入他的“挫败空头者俱乐部”列举的精品股票之中。分析师们预期公司收入为9 500万美元、每股收益1.95~2.00美元(拆股之前)。大多数分析师们说起数额巨大的空头净额时,都把它看作是行情看涨的一个指示器,看作是在下一个持续很长时间的、有幸吸引日益减少的空头骨干分子注意的任何股票的牛市中不断扩大的鼓点声。高额空头净额成为购买股票然后等待那些对自己下错了赌注而感到后悔的空头们抢购的足够理由。公司管理层宣布在11月份拆股,接着股票价格涨到了最高点,拆股后的价格将近20美元(参见图4.2),或者说,离以前的高点只有一发之差,这个高点处在1992年空头们曾经认为他们已经被击退的位置。

记分牌公司的财务报告显示,在1994会计年度,公司在收入和每股收益方面有了强劲的增长,收入高于上一年,达10 900万美元,每股收益略低于分析师们的推测,为0.95美元(相当于拆股之前的1.90美元)。由于负债连同应收账款和预付款一起不断地增加,营业所得现金流量继续保持负值。

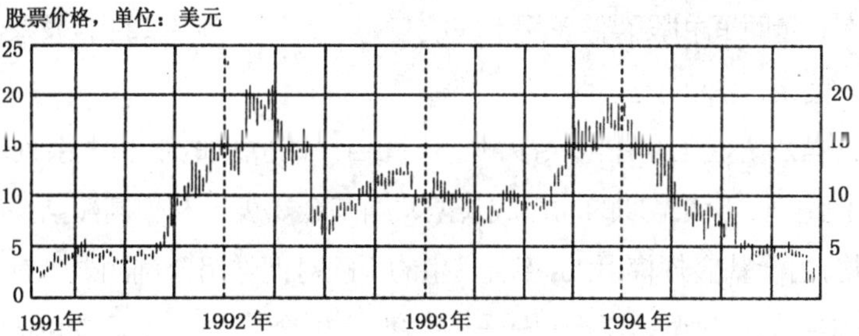

图4.2 记分牌股份有限公司1991年1月1日至1994年12月31日股价变动图

1994年4月7日,机会来了。那天,棒球公司管理层召开了一次电话会议并且宣布一项附随费用为每股0.33美元的重组计划和第一季度的营业损失。他们也讲到了存货(15%是陈旧的纪念品,包括乔·迪马吉奥亲笔签名的商品)。现金流量是负值,他们是知道的,然而他们承诺实现正的营业所得现金流量。在被问及他们希望如何去做那件事时,公司管理层没有拿出有关存货周转率目标或者应收账款收取目标方面的明确的计划,而这两个方面是营业所得现金流量的两个必要的组成部分。

5 月底,保罗·戈尔丁死了,他的儿子肯(Ken)接任后宣布了第一季度的灾难——与产成品存货 1 900 万美元相对,销售额为 1 100 万美元,产成品存货又上升了 32%。看起来似乎乔·迪马吉奥正继续不断地在那些棒球上签名;事实上,公司说,存货的最大组成部分正是迪马吉奥商品,并且合同一直在下降。公司的资产负债表是一场灾难:263 000 美元的现金,1 800 万美元的短期银行借款;在这一季度,现金消耗就接近 600 万美元;应收账款、预付款和无形资产都很大。空头们认为公司长期以来的资本化费用正得到报应。股票交易价格跌到了 6 美元。

随着银行借款和现金消耗开始产生影响从而遏制公司的发展,空头们继续注意着公司的财务状况。在 1994 年 7 月 14 日,记分牌公司宣布了与哈尔马克纸牌公司(Hallmark Cards)达成的一项协议,包括谢克里·奥尼尔(Shaquille O'Neal)宴会器皿和以缎带做的包装,这些的确是为取代过去的热门时尚而设计的产品。

1994 年 9 月,棒球公司终于着手解决造成 580 万美元资产账面减值的存货问题和另一项重组费用,并通知银行其无法履行责任。这次电话会议是一次出奇宁静的会议,会上有一个重要的轧空头的讲话。空头们似乎是唯一的关心购买并且有大量时间和股票储备用于完成交易的人们。到了 12 月,股票价格跌到了 2.625 美元,空头们已经赚了一些钱。

记分牌公司是让你在空头净额上巩固自己的立场的很长一系列股票的开端。20 世纪 90 年代早期的动量成长型共同基金热衷于利用高额空头净额抬高股票价格;由于基金规模巨大,接着发生的下跌对证券组合利润很少有影响。另一方面,空头们很勉强地学会退避一旁并抓住机会。一些公司,如棒球公司,就在快要最终破产之前也没有明显的指标。分析师不得不依据的一切是相当有把握地知道资产负债表上填满了无形资产,以避开损益表上适当的扣除,在简单的包装产品上现金流量从来不是正数。那种知识以及卖空时尚股票的坏习惯足以使空头净额在棒球公司的许多年中一直保持在创纪录的高度。

食品杂货店里的大理石和黄铜:
吉姆·比尔德纳父子股份有限公司

吉姆·比尔德纳公司是一家迎合高层次消费者的雅皮士食品杂货连锁店,

它在1986年秋天公开发售股票。它在波士顿拥有成功的商店——供应各种各样的黄铜、大理石、平面显示器以及可供打包的美酒佳肴。首次公开发行招股说明书声明，公司的使命是"服务于有时间意识的拥有高水平税后收入的消费者"[3]，换句话说，是为投资银行家们提供优质服务和送货上门的大型7-11公司。商店以进口瓷砖、大理石、欧洲冷藏容器、古典装置、红木镶板以及从录像带出租到法国布里(Brie)白乳酪到帮宝适绵纸尿布(Pampers)等一切可供出售的东西。正是招股说明书和其中的关于精美昂贵的食品杂货生意的信息提示了空头们。吉姆·比尔德纳公司的异常出轨的行为告诉空头们，任何人都可以在一小段时间内因为任何经营计划获得财富。这是迟早会到来的经销热的简单版本。

吉姆·比尔德纳公司股票发行一开始就不顺利，股票发行按照13～16美元的发行计划价格区间的底线13美元的价格进行，发行数量从1 875 000股减到1 450 000股。

招股说明书告诉读者，公司预测，用于雄心勃勃的扩张计划的那笔资金将足够1987年全年使用。它警告说，商店的延期开张可能造成"对于……预期的运营结果的实质性的不利影响"[4]。招股说明书的日期是1986年9月；根据战略计划，到1987年底，11家商店将运营，24家商店计划开张。商店开张成本为350 000～1 800 000美元，根据《价值信息投资评论》(*The Value Line Investment Survey*)统计，该行业1986年净利润率为1.38%。[5]

招股说明书还在风险部分谈到"公司经营成功的增长将取决于管理技能的持续发展"，公司现在的团队从来没有负责过大规模经营。[6]詹姆士·比尔德纳32岁，高级财务副总裁29岁，其他各类公司官员的年龄在32～42岁的范围内。

在访问亚特兰大的一家商店期间，表明销售计划已经出差错的第一个指标被观察到了。坐落于亚特兰大市区的这家比尔德纳公司的百货商店，靠近进口奶酪和葡萄酒陈列品的地方有一个以卷心莴苣为特色的产品柜台，其顾客的档次显然低于雅皮士水平。

对计划中的开办商店的新地段的检查，说明比尔德纳公司的战略市场拓展团队成了商场租用代理商的牺牲品(尽管没有证据表明比尔德纳公司的计划编制职员不是心甘情愿的和百依百顺的笨蛋)。特别是在伯明翰和亚特兰大，比尔德纳公司轻率地选定了不适用的开办商店的地段。在每个人都必须开车前往的市镇,没有哪个人愿意在下班后开车前往那里的购物商场,为了购买价格昂贵的供打包的酒菜而挤进拥挤的停车场,然后在交通高峰时间回去在家中吃饭。可直接从街上开车进入购物的商场也许在波士顿市区可以运转,但是美国南方地区肯塔基州的交通很拥挤。另外,为那些地段所选定的购物商场未必是在高收入地区。

一些小问题

接下来的财务线索随着1987年1月25日10K的公布而出现了。在春季末该文件公布时,股票价格为11～13美元,那是在以13美元的价格发行后又以9～14.75美元的价格交易之后(参见图4.3)。10K揭示了三个重要的情况:

1. 收益质量不佳。
2. 建筑施工延期损害了扩张计划的实施。
3. 现金消耗比预期的更快。

对空头们来说,收益质量是一个主要问题。公司总是反复地设法把营业外收益包括在"收益"之中,以造成一种成长和财务状况良好的假象。这种欺骗手段要求分析师阅读10Q中的注脚和管理层对收益的详述。有些时候在极端的案例中(参见第十章中的克雷齐·埃迪公司),在季度报告和新闻稿中的措辞与10Q中的措辞比较起来有着引人注目的不同之处。[7]

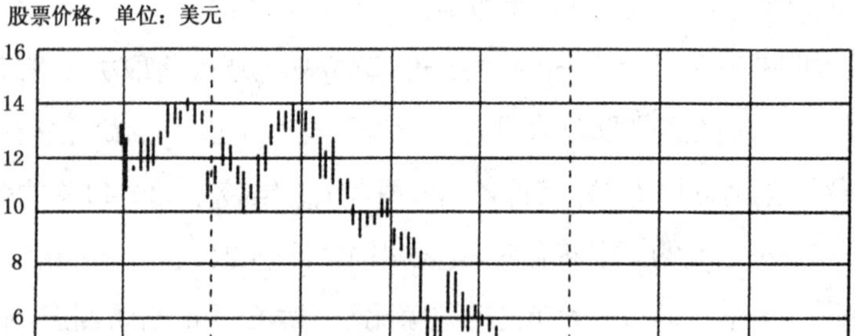

图4.3 吉姆·比尔德纳父子股份有限公司1986年7月1日至1988年9月30日股价变动图

收益质量问题被华尔街关注收益的电子程序纸带搞得更加严重。作为一种特色,大多数机构参与者和所有的经纪人都拥有显示新闻报道信号的设备。每个人都在事先对可能的消息发布时间做好了准备并预期每股季度收益。当每股收益的数字达到了纸带的目标值时,就立即做出反应。如果公司受到许多证券经纪行的注意,那么如果每股收益的数字高于目标值,股票价格就上涨;如果每股收益的数字低于目标值,股票价格就下跌。而有时经纪人分析师们要花费几个小时或者几天时间才能从公司获得足够的细节来评论收益质量和真实的利润。公司也许对收益构成的细节愿意提供帮助并且是坦率的,但是人们必须直到 10Q 或者 10K 公布时才能合法地看上一眼。随着传真机的出现,中意的分析师们可能在大众之前获得传真文件。如果收益报告是一份确实复杂的东西,华尔街分析师们可能直到股票价格提醒他们对困难保持警惕时才能理解其含义。

表 4.3　　吉姆·比尔德纳父子股份公司损益表

	会计年度截止期间	
	1987 年 1 月 25 日	1986 年 1 月 26 日
销售净额	$ 31 289 870	$ 11 353 935
销售成本	16 444 744	6 263 031
毛利	14 845 096	5 090 904
商店营业费用	11 489 306	3 714 442
销售费用、一般费用和管理费用	2 639 276	984 275
其他费用净值	34 781	280 339
扣除所得税和特别信用前的收益(亏损)	681 733	111 848
备付所得税额	152 000	—
扣除特别信用前的收益(亏损)	529 733	111 848
特别信用——计入后期净营业亏损的利用	87 000	—
净收益(亏损)	$ 616 733	$ 111 848
每股账目:		
扣除特别信用前的每股收益(亏损)	$ 0.11	$ 0.03
每股特别信用	0.02	—
每股收益(亏损)	$ 0.13	$ 0.03
普通股和约当普通股加权平均数值	4 877 057	3 310 585

资料来源:吉姆·比尔德纳父子股份有限公司,10K 表格,1987 年 1 月 25 日。

表 4.4　吉姆·比尔德纳父子股份有限公司出售曲奇饼商店获利的披露事项

	会计年度截止期间	
	1987 年 1 月 25 日	1986 年 1 月 26 日
利息费用	$ 445 614	$ 297 406
利息收入	(111 036)	(17 067)
其他收入	(299 797)	—
	$ 34 781	$ 280 339

资料来源：吉姆·比尔德纳父子股份有限公司，10K 表格，1987 年 1 月 25 日。

在比尔德纳公司的案例中，损益表（参见表 4.3）表明，扣除所得税和特别信用前的收益为 681 733 美元，与前一年的 111 848 美元相比增加了许多——对一家新公司来说是相当好的增长。较仔细地观察费用栏目则显示出，“其他费用净值”与之不相称：与前一年的 280 339 美元相比较，仅为 34 781 美元。注释 K（参见表 4.4），即损益表的脚注，显示利息费用为 445 614 美元，利息收入为（111 036 美元），其他收入为（299 797 美元），难以解释的净值为 34 781 美元。这样看来，“其他”是什么呢？

搜索下落不明的“其他”的下一步是对利润的口头解释：“与 1986 会计年度的 2.5%比较起来，在 1987 会计年度，其他费用占销售额的百分比是 0.1%，包括在 1987 会计年度的第四季度出售公司的一家曲奇饼和冰激凌商店的获利 299 000 美元。”[8]换句话说，这就意味着公司把资本利得登记为负的费用。由于年收益为 529 733 美元，营业收益质量受到危害。更为常规的和信息量更大的分析应当是揭示独立于营业利润的、来自作为非常项目利得的利润。所以，在 31 289 870 美元销售额上的营业利润事实上是 382 733 美元，或者是与 2.2%的利润相对应的 1.2%的收入（销售额的税收处理忽略不计）。

接下去，财务报告表明，公司已经“在新的地段遭遇了建筑、设计和许可延期问题”，并且已经把 7 家商店的开张推迟到下一个会计年度。[9]公司第一次警告说，它已经在纽约市商店地段上进行了大量的投资，该投资没有成功的保证。公司同时还谈道，当地的协会威胁说纽约市有难以解决的问题。

对纽约市商店的检查显示，位于费尔韦（Fairway）和扎伯（Zabar）附近地段上的、在价格和质量两个方面最受纽约市顾客喜欢的两家商店，在产品上有一定的重叠。战略计划未能考虑到来自街对面的巨大的竞争威胁。招股说明书特别提到：“公司没有意识到任何竞争对手。”[10]华尔街的大多数分析师们不做广泛的实地检查以确定公司计划执行的精确度。在他们这样做的时候,他们参加的通常是公司赞助的到示范地段或者纽约市的一处地段的考察;有目的的财务侦探们凭借其眼力就能够很容易地收集到大量的相关信息。商店检查发挥了作用。你所看到的情况可能揭示了计划活动上的变化或者战略上的弱点。

公司的 10K 也提到:"为了扩张,公司需要筹措比原先预料到的更多的资金。"[11]公司的资本将得到增加,因为一项增加银行循环信用的协议的达成,因为一次新的发行——可转换附属债券在欧洲发行获得 2 500 万美元,这确实能够帮助比尔德纳公司渡过 1988 年 1 月 31 日的难关。在牛市中,海外可转换证券经常可用以洞察美国对特定证券的嗜好;比尔德纳公司正在失去利用传统股份有限公司财务漏洞获取金钱的渠道。由于债务负担的增加,利润也同样增加,只是在相反的方向上。

与此同时,在资产负债表上,另外一个危险信号出现了:预付费用和其他资产增加了,间接表明了比尔德纳公司没有从商店的快速开张项目中收取费用。损益表的注释 C(参见表 4.5)证明了前期营业费用被迅速地资本化了,包括像财务计划编制建议这样漂亮的东西。显然,虽然有必要,但是如果所提出建议的前景是易于评估的,那么顾问们的选择并不使得 3 年期间开销成本变得容易。詹姆士·比尔德纳总裁在年报中的信函是乐观的、自信的、天真的:"在过去的 3 年期间,我们已经成功地勾画出一个新市场的轮廓——特色食品零售——而如今我们在那个瞄准机会的市场上处于接近领先的地位。即将到来的一年将是我们公司通过所有员工的创新、活力和奉献建立和巩固那种领先地位的时间。"[12]

表 4.5　　古姆·比尔德纳父了股份有限公司的预付费用及前期营业费用

预付费用	会计年度截止期间	
	1987 年 1 月 25 日	1986 年 1 月 26 日
商店开张前期费用	$1 516 880	$121 533
递延销售开发成本	205 307	—
包装和供应	417 900	66 350
其他	177 773	49 513
预付费用和其他流动资产	$2 317 860	$237 396

开张前期费用涉及初期的直接的商店营业费用,诸如由开张之前的单独的商店引起的租金、创办、劳动、设备等方面的费用;同样包括对那些将在新的地段充当职员的雇员进行培训的费用。

递延销售开发成本专门涉及特定的未来销售活动，是摊提净值，并且包括预付广告承付款项费用、未来推销活动、广告的时间和空间以及通过广播和电视销售产品的成本。公司的策略是在特定销售活动的剩余期间内分期摊销这些成本；1987 年 1 月 25 日的未结清余额预期将到公司的 1988 会计年度的第二季度得到完全摊销。

预付费用	会计年度截止期间	
	1987 年 1 月 25 日	1986 年 1 月 26 日
前期营业费用（包括在其他资产之中）	$ 1 586 583	$ 457 975

前期营业费用是由公司在创立、发展以及对在地理区附近的一家新商店或者多家商店地段的谈判租用方面引起的那些费用。这些成本主要由以下费用组成：合法的、外部顾问们（包括市场和布局研究组织）的报酬、财务计划建议费用、差旅费、地区招聘费用、管理人员薪水以及与这些活动有关的企业一般管理费用。前期营业费用，包括那些涉及长期租用协议的费用，在 3 年内采取分期等额偿还的方式摊销（译者注：即直线法摊销）。截止到 1987 年 1 月 25 日的会计年度的固定资产增置和摊销分别达到大约 1 485 000 美元和 357 000 美元。

资料来源：吉姆·比尔德纳父子股份有限公司，10K 表格，1987 年 1 月 25 日。

蟑螂：坏的方面不止一个

1987 年 4 月的 10Q 延续了衰退状态。现金减少，预付费用增加，负债上升，净收入只占收入的 0.3%，即使没有承担仍未发行的可转换证券的利息费用。商店检查揭示出，亚特兰大的那些商店完全是空的；而非正式的顾客调查表明，购货者是不满意的，即使是在比较好的地段。切下的肉块是不规则的，而美食必需品则经常没有供应。店员们是不在行的。直到吉姆·比尔德纳公司使之恢复了正常，目标市场才有时间或者兴趣反复地尝试。

比尔德纳公司以减缓其扩张计划的实施来对现金约束和公司在纽约市存在的问题做出反应。分析师们似乎满意了：不管收益增长是否会更慢，这一变化将给予公司时间恢复管理。“当公司推行在某种程度上较不迅速的发展战略时，新的方向降低了主要收益中断的风险，”基德·皮博迪公司的分析师如是说。[13]公司股票贬值到 11 美元。“假定预计公司 5 年正常化增长率为 40%，在接下来的两年里，每股收益将分别增加 208% 和 88%，我们相信这些股票将为风险取向的投资者提供相当可观的价值。”[14]换句话说，虽然墙倒下了，但“估定的价值是吸引人的”。

1987年中期，吉姆·比尔德纳公司的管理团队从本部在亚特兰大的财富公司雇请了联合经理帮助经营该成长型公司，他们齐心协力想一举扭转事态。但是这太迟了，以致不能解决有漏洞的财务状况。

到了秋天，比尔德纳公司承认了失败，扩张计划减到了23家新商店，而不是原先计划的50家。公司连续两个季度出现亏损，计划关闭伯明翰（Birmingham）商店并出售更多的资产以增加现金。由红木和黄铜构成的旧食品杂货店固定财产的转卖市价略低于其生产成本。

1987年12月，比尔德纳公司宣布关闭公司在纽约的商店。纽约人从来没有对豪华的室内布景和高价热心过；安置职工、罢工、建筑延期和地段加在一起导致了很少的销售额和更大的亏损。

后来，在1988年7月12日那天，吉姆·比尔德纳根据《联邦破产法》“第11章”申请破产，当时公司负债4 500万美元，只剩下7家商店。

从吉姆·比尔德纳公司得到的教训有三条，每一条都适用于炙手可热的首次公开发行市场：

1. 像商人那样仔细阅读首次公开发行文件。这笔生意行得通吗？价格能高到足以维持在耀眼的商店室内布景方面的基本建设投资需要吗？必要的扩张能获得资金保证吗？

2. 留意潜在的失败信号，尤其是在公司给了你一个判断的基本点时。在吉姆·比尔德纳公司管理层没有达到战略计划目标的第一个财务信号在媒体上出现时，股票价格仍然处在高位，每股11～13美元。

3. 不要被新的和意外的现金注入分散了注意力。这里面通常存在很大的财务欺诈。在你认为显而易见的是公司经营计划已经失败而公司对现金的胃口呈几何级数增加之后，华尔街可能还会找到至少一个或许两个受骗者注入大量的现金以求得远远低于他们将承受风险的预期投资收益率。

借款给特许经销代理商们：吉菲润滑油公司

吉菲润滑油公司是一家润滑油快速更换的特许经销公司，是一个成长型股票，由于华尔街在给该气球打气方面提供了大力支持，该公司成为一个卖空候选对象。在20世纪90年代,它为那些反对餐馆时尚的空头们提供了一套典型的特许经销财务报告的一项绝妙的特许经销训练。吉菲润滑油公司的故事是把所有的戏剧性和多样性熔于一炉的由多部分组成的、为电视制作的会计传奇。华尔街喜欢吉菲润滑油公司。吉菲润滑油公司的故事容易讲述、容易宣传。美国人有较少的时间,美国人需要润滑油更换,当地经营全部业务的加油站正在消失:购买吉菲润滑油公司股票吧,它解决了问题。

吉菲润滑油公司的哲学是设计拙劣营业计划的一个很好的例子:公司断定特许经销的惊人的成长率将击溃所有的竞争对手,使公司在该领域处于控制地位并因此使公司能操纵定价,并在最终给公司提供持续的高投资收益率。

母公司收取地理区特许经销权的开发费和开张商店的特许费。然后,它向特许经销代理商出售润滑油和零件并对吉菲润滑油公司专有技术特权收入提成。所有这一切都是特许经销的常规程序。由母公司承担多数特许经销代理商的全部风险则是不正常的。吉菲润滑油公司撤销了作为特许经销代理商开办费用的票据(债务),他们还赊账供应库存润滑油和零件。最后,资产负债表不平衡了,这非常像叠罗汉中当多余的一个人被叠加上去时出现的情况。对于在结局出来很久以前就预见到公司终结的空头们来说,成功耗费了他们几年的时光,让他们忍受了极大的痛苦。

开　场

1986年12月《巴伦——道·琼斯商业和金融周刊》上刊载的一篇文章介绍了吉菲润滑油公司。作者罗伯特·巴克(Robert Barker)提出了一些令人信服的观点:

- “财力不是值得大书特书的事情。”
- 竞争正在加剧。
- 股票正以下一年每股收益40倍的价格出售。
- 收入中有很多来自临时项目。[15]

在巴克的文章发表后不久,有人写信给《华尔街周刊》(*Wall Street Week*),询问在快速更换润滑油类公司股票上的操作。专门小组回答说吉菲润滑油公司是一个选择。该公司股票价格开始了其主要的上升波段,在6个星期内从18美元上涨到30美元(拆股之前)。

购入股票的公众很快就对华尔街对于吉菲润滑油公司的幻想更加起劲。他们可以在他们郊外的住宅附近的公路上看到它。他们能够理解这个概念。它使他们想起了麦当劳(McDonald's)，而新闻界则很快就利用这个得到特别宠幸的特许授予人股票作为产品销售比较——麦当劳经销汉堡包，吉菲润滑油公司经营润滑油的更换，它们都拥有高涨的前景、便利、速度，以及诸如小甜饼切刀商店那样遍布各地的优势。

表 4.6　　吉菲润滑油国际股份有限公司空头净额

1987 年	卖空股份数量	1988 年	卖空股份数量
1 月	48 860	1 月	777 588
2 月	76 849	2 月	951 005
3 月	200 692	3 月	1 564 984
4 月	452 327	4 月	1 705 528
5 月	422 048	5 月	1 756 354
6 月	432 853	6 月	2 033 572
7 月	628 863	7 月	1 956 164
8 月	724 550	8 月	2 375 752
9 月	717 802	9 月	2 557 926
10 月	1 066 589	10 月	2 604 244
11 月	795 101	11 月	2 953 684
12 月	751 535	12 月	2 737 355

华尔街赞同这种想法——例如，亚历克斯·布朗(Alex Brown)、希尼森·来曼(Shearson Lehman)。吉菲润滑油公司股票被列进华尔街的一锤定音股票名单中。可以听到分析师们音调不断提高的谐调一致的支持声，就像狩猎时猎犬的吠叫声。1986 年，亚历克斯·布朗已经在谈论在英国、法国甚至日本的速换润滑油业务，认为吉菲润滑油公司 1988 年每股收益将从 1986 年的 0.32 美元增加到 1.20 美元。[16]一些拥有电子数据表程序的华尔街成长型公司分析师们按照惯例根据一个不断增加的增长率做出相应的收益预测。

与吉姆·比尔德纳公司案例一样，注明日期为 1986 年 7 月 22 日的首次公开发行招股说明书预示了吉菲润滑油公司的终结。在“投资需要考虑的事项”下前后公布的是：

1.“资本充分性(Capital Adequacy)。公司需要相当大数量的资本为中心的收购和开发做准备……”

2.“收入来源。在过去的3年中,公司经历了收入的大幅增长,主要是由于来自地区开发费和项目的收入,例如出售房地产和公司营运中心方面的收入。这些实际上是一次性的并使得公司在这些年来能够保持盈利记录的收入来源,预计在数量上将减少……”

3.“财务和经营控制。保持准确的、前后一致的财务和对于公司自身经营及其中心网络经营的控制,对于保证公司的扩展能够产生利润,是关键性的……”

4.“管理。通过直接把钱借给公司或者通过个人担保从他人那里贷款,海因曼(Hindman)先生已经在程序上使公司各种项目的资金筹措变得更容易了……”

5.“利益冲突。管理部门的某些成员是地区开发和特许经销权的投资者。这样的投资者的利益可能与公司的利益相抵触。”[17]

你甚至不必阅读超过5页就可以获得吉菲润滑油公司的梗概。就像在一个桶里抓鱼一样,空头们说。

中 场

1987年3月,吉菲润滑油公司股票拆股,大胆的购买者推动股票价格上涨到多头市场25%必须履行公告义务的幅度,再一次证明市场确实是由一帮蠢人和多动症患者所驱动的。股票到达最高点25美元,然后掉头向下(参见图4.4)。吉菲润滑油公司真正碰到麻烦的第一个信号出现在其第二次股票发行的招股说明书中,该招股说明书注明的日期是1987年6月4日,这对于公司官员是特许经销权所有者的公司来说是一个典型的事例。仔细的读者(这次读者必须读到第34页)由于特别努力地注意那些戏法而获得了报答。吉菲润滑油公司的董事长兼首席执行官詹姆士·海因曼(James Hindman),是一家被恰当地取名为“巴斯”(BATH)的合伙企业的四个合伙人之一,该企业又拥有一家特许实体孤星公司(Lone Star)。1987年3月26日,在该季度结束和招股说明书出来之前,孤星公司花了6 015 000美元从吉菲润滑油公司手里购买了24个中心和地区的开发权。孤星公司支付给吉菲润滑油公司2 765 000美元现金、1 625 000美元的10年期延期付款的债券和1 625 000美元的孤星公司的无表决权股票。吉菲润滑油公司也为孤星公司安排了信用额度,并从一开始就给予孤星公司13个中心的特许权使用费缩减,在6年之后如果销售额低于某一水平，则给予孤星公司在所有中心的特许权使用费缩减。对吉菲润滑油公司有用的是：

- 在该季度的收入中增加了一笔不为人知的数量。该季度的收入是 13 867 000 美元，而票据显示，在 6 015 000 美元孤星公司销售额中，吉菲公司认可的地区开发费为 935 000 美元，特许经销权费用为 90 000 美元，资产出售收益为 658 998 美元。就该季度的经营收入 2 048 809 美元来说，他们登记入账的 1 683 998 美元大大增加了收益。
- 在招股说明书的资产负债表上增加了 2 765 000 美元现金，因此把现金拔高到 2 474 018 美元——从没有现金到有相当多的现金。

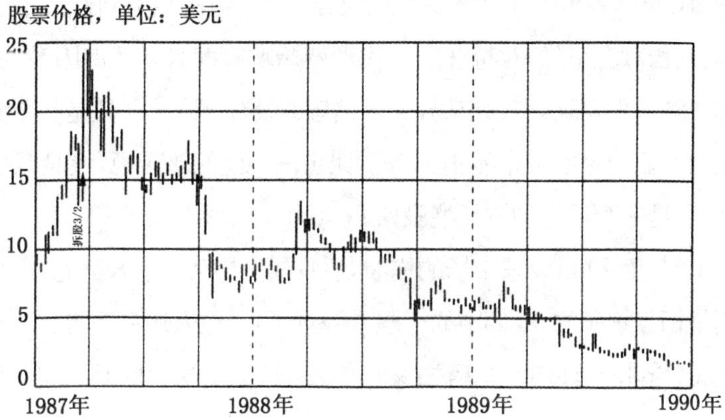

图 4.4　吉菲润滑油国际股份有限公司 1987 年 1 月 1 日至 1990 年 12 月 31 日股价变动图

与孤星公司的交易是一次相当富有成效的交易。海因曼在股票发行中以每股 14.75 美元出售了 100 000 股，或者说总计获得了 1 475 000 美元，毫无疑问地抵补了他的巴斯企业的任何短暂费用。（更多的关于巴斯和孤星公司的情况在第 79 页上。）

来自大众的第二个声音是，特德·奥格拉夫（Ted O'Glove）在 1987 年 7 月 23 日写的《收益的质量》（*Quality of Earnings*）的信函。奥格拉夫注意到，1987 会计年度的收益质量很差。一次性收入对收益的贡献相当可观。他计算的来自非基本业务的税后每股收益数据是：

- 初始特许经销权费用增加了每股 0.10 美元。
- 税收和销售费用、一般费用与管理费用（SG&A）调整过的地区开发和主要许可证费用增加了0.13美元。

- “其他”经营收入增加了0.03美元。
- 其他收入(应收票据和发行所得投资现金的利息)增加了0.08美元。
- 递延(资本化)费用应当减少了0.06美元的利润。
- 早先提及的海因曼交易(孤星交易)增加了0.06美元。

所有这些一次性收入和大胆的会计程序的总量大大超过报告的0.28美元的每股收益。[18]即使当一次性收益消失时,利息支付也不会消失。股票价格没有变动。

后来,《华尔街日报》的“听在华尔街”专栏连续地抨击该股票,登载了空头吉姆·查纳斯(Jim Chanos)质问多头们的文章。[19]“存在高额应收账款,”他说道:“商店平均销售额在下降,对特许经销代理商赊购额度太多。”海因曼回答说,他们首先必须到那里,然后占领市场,商店销售额没有下降——只是有更多的新商店计算在内。亚历克斯·布朗稍微做了让步——他们暗示说,该股票价格是相当的高,但它是一个很好的成长型股票。

随着1987年10月股票市场的崩溃,该股票价格跌到了8美元,空头们的判断被证明是相当正确的;他们中的一些人补进了,一些人还在等待。该股票看上去像是散股(Broken Stock,译者注:又称零股,证券交易中低于单位交易额的零星交易量)。

结尾,但不是结局

1987年10月,吉菲润滑油公司宣布回购股票850 000股——虽然股票回购对于公司消耗的现金来说并不真的是资本的最好利用,但却是在股市崩溃之后使血迹斑斑的股东们平静下来的受欢迎的公司行动。与此同时,吉菲润滑油公司继续消耗资金、开放特许经销代理权。1987年12月31日的10Q显示,公司的总负债再一次上升了(这次超过了3 000万美元),每股净收入只有0.10美元(与1986年12月的0.09美元相对),继续地从0.12美元下降,而利润有一点苍白。

大多数分析师们是通过与往年的收益和收入相比较来考虑收益和收入的。在一个迅速成长的公司,商品的销路是按季度在不断增加的,随之而来的收益可能同样是引人注目的。除非商品销售有显著的季节性,否则收入和净利应当每个季度地增加。

吉菲润滑油公司还拥有31个中心可供转售。因此，公司既必须出售无利可图的被退回的中心，又要开办新的中心，使得开张新店铺费用翻倍。当地报纸或者《华尔街日报》上的待售特许经销代理权栏目提供了在零售商店方面的商店清单的等价物。如果特许经销代理人们正在出售特许经销代理权，那么它意味着，母公司在出售新单位方面面临竞争。如果公司正在做广告，广告上的措辞可能是有启发作用的。一个刊登在《华尔街日报》上的广告竭力建议道："所有大小企业家们，抓住吉菲润滑油公司的机会吧……没有钱会自动为所有者/经营者掉下来。"[20]因此，提供大廉卖条件的待售中心广告不断增加。

公司在那个季度发布了另外两个使空头们感到温暖人心的公告：第一，证券交易委员会不同意对地区开发费用的确认，这将要求公司重新陈述过去的较低的收益；第二，公司将花费10 500 000美元购买新的公司总部。头发斑白的分析大师说，出售一家公司的股票建造一个新的属于公司所有的而不是租借来的总部：这是收益循环处于最佳状态的线索。

吉菲润滑油公司继续以惊人的速度挥霍着现金。变动报表显示，9个月的营运现金消耗达1 040万美元，还有另外的1 700万美元用于房地产，总计2 700多万美元，而1986年营运现金加房地产现金消耗共计达1 170万美元。

1988年2月，雷曼兄弟公司对于希厄森这家先前宣布的最努力有限责任合伙企业的计划书公布了：5 000万美元投资于特许经销代理商或公司的房地产，由吉菲润滑油公司提供担保。更为愚蠢的人已经来到，在吉菲润滑油公司上扔钱；然而，很不幸的是，这些蠢人们是不知情的零售客户。

复　兴

后来，股票价格再一次浮动，在3月的一次让人捏了一把汗的轧空头的迅速上涨行情之中，股价上升到13美元。股价上涨了60%。股票已经不可能借入了。空头们不得不补偿购入股票。股价无情地持续上涨。期权无节制地交易着。当看涨期权成交量迅速增大时，那是向旁观者发出了收购传闻的信号。一些空头从不诚恳的空头们手中夺回了失去的头寸：买进看跌期权，卖出看涨期权。华尔街的小道消息说：大石油公司正在以昂贵的价格收购吉菲润滑油公司(JLUB)，需要润滑油配销，不久就要公布，可能是彭佐尔(Pennzoil)公司。这是一个人们可以听到自动铅笔咔嗒声和刮擦声的时刻，验算并反复验算估价，空头们不停地捻着念珠说：乘以收入、乘以账面价值、乘以每股收益、乘以现金流量，乘以……

接着，当公告未能成真时，股票价格跌回并稳定在10美元左右。截止到1988年6月30日的10Q对空头们来说是令人安心的。转售的中心上升到令人惊骇的70个。滞销商品被退回母公司，因为它们不是有利可图的，在母公司努力使其周转并找到买主的时候，它们正消耗着现金。总负债再一次上升了，达到2 500万美元左右，在损益表上第一次出现了营业亏损。

更加令人惊异的是新的、很快就会变成长期的债务的性质。吉菲润滑油公司或者它们的投资银行家们已经找到保险公司愿意按一个合理的利率，购买5 800万美元的直接全部销售给法团投资人的债券：利率为10.97%的十年期债券。空头们打电话去打听购买者的名字，以便能卖空那些为了如此少的回报而愿意承担如此大的风险的保险公司。

在出现了营业亏损之后，吉菲润滑油公司的股票价格不断地下跌，在收购传闻浮出水面时伴有偶然的短暂波动。希厄森怒斥该公司股票，为了出售，把它的信用等级降低，仅仅过了10天，希厄森执行官投资同盟就申请出售了100 000股。[21]

由于出现了新的失常现象：更多的负债、更多的转售中心（上升到81个）要求刊登新的广告以吸引特许经销代理商，截止到9月的那个季度股票价格继续下跌。账面价值削减的丑陋的幽灵第一次出现了：公司提高了信用损失准备，因为"公司账目未结余额和应收票据有了相当大的增加，并且要为特许经销代理商们的应收账款可能出现的损失提供准备，这些特许经销代理商们正经历财务困难"。[22]因为吉菲润滑油公司资产负债表上的大部分资产是特许经销代理商积欠的，大量的特许经销代理商拖欠债务会使公司资产负债表崩溃，损毁账面价值，使公司陷于不能履行债务契约的混乱状态。

最终，不能履行债务

这正是1989年2月公司公告的内容：账面价值削减3 920万美元（或者说特别费用，正如公司董事们所称谓的），使吉菲润滑油公司陷入了不能履行债务契约的窘况。在削减的账面价值中，1 060万美元用于使董事长海因曼的合伙企业(海因曼拥有24%)“恢复到应有规模”，大概是因为孤星公司/巴斯公司整顿已经为1987年的股票发行创造了现金和收益。位于费城的一家电视台又给公司增添了一条坏消息，它播出了关于当地吉菲润滑油公司糟糕的顾客服务的节目，使得那个市场的汽车数量下降了70%。

把吉菲润滑油公司1986年和1988年的年终资产负债表加以比较，可以说明公司终结的情况。特许经销代理商积欠的资产从大约占公司总资产的45%逐步上升到占79%，与此同时，公司资产负债率略有下降，但尽管如此，相对于不确定的和非流动的资产来说，负债依然太高了。公司不具备经受住疲软的销售或者特许经销代理商无起色的财务状况冲击的缓冲能力。如果以怀疑态度的健全标准来分析的话，资产负债表表明，该公司的资产可能是名不副实和缺乏流动性的。

在特许经销代理权发展状况方面的危险变数明显地上升了。如果一个公司停止增加新的特许经销代理商，每股收益和收入就会停止增长。像更换润滑油这样的业务，进入成本并不很高，因此竞争是激烈的。在价格大战期间，10%的价格削减就会使商店利润急剧减少。如果商店失去了盈利能力，特许经销代理权发展速度就会慢下来，而特许经销代理商们就会拖延向母公司付款(因为特许经销代理权授予者相当于银行经营——钱贷出去了，却什么也没有进来)。如果母公司资助所有新商店的发展，拖延付款可能扼杀本已脆弱的现金流量。而在现金消耗逐步上升后，债务负担就会逐渐爬升，当特许经销代理商们失去支付能力的时候，最终资产方就会恶化。母公司不能足够快速地帮助它们摆脱困境。

回顾往事，银行家们说，吉菲润滑油公司的问题出在来得容易的低息贷款。如果能够通过银行、华尔街和保险公司筹措大量的资金，那么花钱的强烈欲望就太能激发人们的兴趣了。在努力把不断增加的隐藏的资金扔出门外时，吉菲润滑油公司失去了控制，它把钱借给日益衰败处于不利市口的特许经销代理商们，并同样设法越来越快地进行扩张。紧缩的资金环境当然会给像吉菲润滑油这类公司带来更为稳健的经营实践。

吉菲润滑油公司继续突击重组并恢复了盈利能力。房地产在拍卖中。新的公司总部被内定为出售/售后回租。无利可图的商店被无情地削减了。股票价格停留在每股2.50美元左右。彭佐尔公司注入现金买下了吉菲润滑油公司80%的股份，因此稀释了现有股东(并教训了那些设法坚持做空的空头们)，接着给海因曼付清了优厚的薪水让他不要工作。

吉菲润滑油公司给以人们牛市的教训，这在不久之后的1990年又被重复：在长期，由于构思拙劣的营业计划而被鱼雷击中的正是股票和垃圾债券（译者注：价格低、利润高但风险大的一种公司债券）持有者们，而不是内部人或者投资银行家们。

记分牌公司、吉姆·比尔德纳公司以及吉菲润滑油公司告诉首次公开发行专业的学生如何评价商业计划，如何留意执行情况，接下来如何仔细分析财务报表、寻找表明计划的失败没有在损益表上得到反应的迹象。追踪失败的痕迹所需要的耐心，对于空头们避免选择错误的股票或者避免选择处在成长型公司价格轨迹之中的错误的时间来说，是关键性的技巧。

◆ **注释**

[1]The Scoreboard Inc., Prospectus, 21 May, 1991, 22.

[2]Dow Jones PIR, Scoreboard, 21 December 1992, 1.

[3]J. Bildner & Sons, Inc., Prospectus, 22 September 1986, 3.

[4]Ibid., 17.

[5]*The Value Line Investment Survey*, 45, p. 3, no. 23, 10th ed., 23 February 1990, 1498.

[6]Bildner, Prospectus, 5.

[7]The best books on detecting accounting gimmickry and quality-of-earnings problems are Bernstein's *Financial Statement Analysis* (Homewood, IL: Richard Irwin, Inc., 1983), Thornton O'Glove's *Quality of Earnings* (New York: The Free Press, 1987), and any book or article by Abraham Briloff. There are also several monthly services that detail ongoing problems.

[8]J. Bildner & Sons, Inc., Form 10K, 25 January 1987, 18.

[9]Ibid., 13.

[10]J. Bildner & Sons, Inc., Prospectus, 22 September 1986, 19.

[11]J. Bildner & Sons, Inc., Form 10K, 25 January 1987, 19.

[12]J. Bildner & Sons, lnc., Annual Report, 15 May 1987, 8.

[13]Barbara L. Kahn, "J. Bildner & Sons," Kidder, Peabody & Co., Incorporated Research, 12 May 1987, 1.

[14]Ibid.,3.

[15]Robert Barker,"Greaselock?"*Barron's*,22 December 1986,16.

[16]Charles Glovsky,"Jiffy Lube International,Inc.,"Alex Brown & Sons,Incorporated Research,29 October 1986,1.

[17]Jiffy Lube International,Inc.,Prospectus,22 July 1986,4—5.

[18]Thornton O'Glove,*Quality of Earnings Report*,23 July 1987,66—67.

[19]Randall Smith,"Heard on the Street," *Wall Street Journal*,1 October 1987,71.

[20]*Wall Street Journal*,6 October 1988,B10.

[21]Stephen Taub,"Shearson's Nifty Lube Job,"*Financial World*,15 November 1988,8.

[22]Jiffy Lube International,Inc.,Form 10Q,30 September 1988,16.

第五章　高倍数成长型股票：高回报，不稳的成长

牛市真正的支柱是成长——新产品、新外观、新技术，是那种引人注目的成长机会，它能给投资者提供又一个使得证券资产增值的施乐复印机公司(Xerox)股票。空头们渴望卖空这些股票。更多的精明能干的投资者们知道如何拥有它们，然后把它们卖两次。拥有某一产品的成长型股票几乎总会有响铃。空头们受到伤害是因为相信他们的直觉和常识；多头们受到伤害是由于他们相信公司总是能拓展更大的市场。第四章研究那些看起来像是新商务的时尚。第五章仅仅论及新产品以及增长周期如何给你提供拐点的线索。定义分析工作的两个相关的概念是供给系统利用率(Pipeline Fill)和可持续增长率(Sustainable Growth Rate)：供给系统利用率提供收入曲线形状；可持续增长率评估那条曲线的筹资需要。

饮　料

华尔街上极成功的新饮料年是 1993 年。百事可乐和可口可乐两个大家伙，被认为是在了解新时代消费者的味觉嗜好方面的敷衍塞责者。水是别致的：清澈的加拿大软饮料早先曾经作为一种股票市场现象兴旺过，但几乎很快就枯萎

了。成长型股票家伙们和空头们都对全新的方面感兴趣。

最大的三家可买卖的主菜是加拿大的可乐类饮料公司科特股份有限公司(Cott Corporation)、经营美味冰茶的斯纳普公司(Snapple)、经营咖啡和咖啡屋的星巴克公司(Starbucks)。华尔街分析师们可以品尝它们，在附近的熟食店的货架上看到它们，并指出一种全新口味体验的价值，在曼哈顿正淹没在新时代饮料之中的同时，这种体验可能扩展到全世界。到 1993 年底，科特公司股票以最近 12 个月收益的 69 倍的价格交易，斯纳普公司股票交易价格市盈率为 61 倍，星巴克公司股票交易价格市盈率为 75 倍。

科特股份有限公司

科特股份有限公司在 1993 年 2 月进行了一项股票交易，而那大概是空头们第一次关注这家公司。这一段时间正是商业杂志正在欢呼精明的消费者已经到来的时期，精明的消费者购买了无牌商品(译者注：一种没有商标或牌子而被售卖的产品，例如药或清洁剂)从而避开了不可思议的、更高的品牌价格。科特公司生产一种无牌可乐，品味师说它尝起来口味要比可口可乐和百事可乐更好，大约是公司这样报道的。为什么不呢？

股票交易价格在 28 美元左右，从一年前的 9 美元上升的，而招股说明书有两个值得注意的观点。对于参加过棒球公司大战(第四章)的老手们来说，这两个观点是有趣的但不是可引起诉讼的——大多数空头待在一边观察着，要不然他们卖空的话，就会被烧伤，并且很快就要补进。首先，股票处在 1993 会计年度(截止到 1 月份)每股收益 80 倍的高价位，但在 1993 年早期那是不同寻常的。其次，招股说明书提到较低的利润和较低的销售价格，而那在一个热门的新产品上是不常见的。第三，相对于税前收益来说，在资产负债表上的“其他资产”科目是巨大的。脚注告诉你，公司摊销了 3 年期间的延期开发成本，包括新的包装成本 ——这过于自信，因为它夸大了当前的收益，而应当被作为费用勾销的成本却没有被作为费用勾销。第四，公司经理和官员名单违反了“相同的姓(不得)超过两个”的规则：在花名册上有三个姓彭瑟(Pencer)的，包括一个保险经纪人和一个看来是沃顿大学工商管理硕士(Wharton M. B. A.)的辍学生。自 1991 年以来，内部人已经出售了 100 万股左右的股票。

稍微钻研一下就使人想起，杰拉尔德·彭瑟(Gerald Pencer)的商业背景是空头们喜欢的那种资料。他以前公开交易的公司——金融信托资本公司(Financial Trustco Capital)——就毁于对其夸大叙述资产和收入的连续的指控上。该公司的股票价格已经从19美元跌到了2美元。经营风格上的连贯性是令空头们高兴的一个特征。大多数公司管理人员以显著的经常的频率重复犯过去犯过的错误，并以同样连贯的管理不善影响他们的公司文化。

奥本海姆(Oppenheimer)分析师大卫·戈德曼(David Goldman)在美国是分析科特潮流的第一人(这并不是一件意外的事情，因为奥本海姆是证券交易方面的银行家)，他预期科特公司1994会计年度的收益将从前一年的0.35美元增加到0.95美元。由于股票价格达34美元，戈德曼建议投资者们等待更好的买进机会。到了4月份，随着第四季度业绩的公布，股票价格达到了36美元，他变得更加积极主动了："科特公司的情况在今天似乎比一年以前(那时其股票价格只有9美元)更为引人注目了(其股票价格达36美元)……我们预测它可能有相当大的上升倾向性。"[1]他接着说道，公司的账本底线(译者注：又称"盈亏一览结算线"，在财务报表中用此线标明净收益或净损失)已经得到了以下两方面的补救：一是税率比预期的税率更低；二是较少的已发行股票抵消了较低的利润的影响。

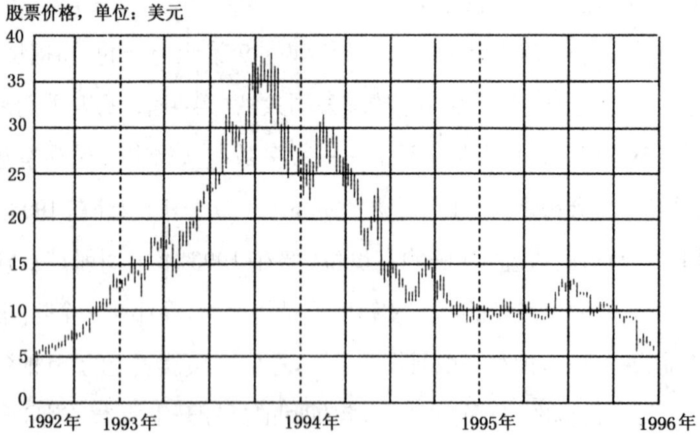

图5.1　科特公司1992年6月至1996年12月股价变动图

4月底，受可口可乐公司即将强硬起来并将通过降低价格重新夺回市场份额的消息影响，科特公司股票发生了剧烈的震动，从38美元的高度下跌到28美元(参见图5.1)。空头们对他们在如此危险的时期没有参与和他们的胆小感到非常遗憾，然后，科特公司股票又起飞了。摩根士丹利发布了一份新的购买建议，热情洋溢地赞扬了新的带有专用标签的商务。

分析师霍华德·彭尼(Howard Penney)在其报告中提到，科特公司倚赖于美国沃尔玛连锁百货公司——1993会计年度占销售额的34.4%——与此相反，空头们从一开始就一直把该事实牢记在心。长时期从事卖空的智者(在已经过去的令人烦恼的几年之后，如果在1993年还有这样的家伙)说，在美国沃尔玛连锁百货公司供给渠道处于成熟巅峰时卖空股票。供给系统利用率涉及满足销售渠道库存的过程：要是产品是从商店里卖给消费者的，那么厂商就必须把产品生产出来并送货到每个可利用的代销商店。当越来越多"通道"开放时，供给系统利用率在新产品的首次公开展示会上逐渐获得动量；在越来越多的账款增加时，销售动量持续增强。在某一时点，供给系统是饱和的——每一家商店都有产品陈列架，而增长率纯粹是消费者消费了多少。因此收入或者最重要的增长率从极大的数值下降到十几的高度，或者甚至更糟糕，只有一个阿拉伯数字。那预示着成长型股票的终结。因此，当沃尔玛连锁百货公司处于成熟巅峰时，产品大大地处于成长曲线的最高点。那时通常是一个公司开始讨论向国际市场拓展的时候，正好也是在他们几乎总是对在俄罗斯和中国的预期销售额表现出的很大热情尚未消失的时候。更进一步说，美国沃尔玛连锁百货公司以一个难伺候的善于讨价还价的幸丰而出名，而不总是喜欢给供应商以超额利润，因此利润率可能下降。一些空头十分愚蠢，他们让所有这些吵闹声吵昏了头，他们卖空了股票却眼睁睁地看着股票价格翻了1倍。

科特公司1993年第二季度的业绩是好的，公司股票按一拆为二的比例进行了拆股，股票交易价格在11月1日上涨到38美元(拆股之前)，正好在第三季度的收益公布之前。在成长型股票迷们喜气洋洋的那段时间，发生了两件事。其中一件事是代表权委托书出现了。除了那些品行不端的散布谣言者们、空头们，没有人会去阅读这些委托书(有关这个问题的更多的内容在第十三章)。委托书表明，彭瑟们正获得一个相当好的交易：5位执行官在截止到1993年1月30日的会计年度里赚了263.5万加拿大元(包括一份利润计划中的140万加拿大元)，加上个人津贴117 000美元，加上总净值达564.5万美元的已行使期权。那是由于在这一年，公司营业所得收益达到2 250万美元，净收益达到1 280万美元。另外，在过去还存在着某些零星交易，在这些交易中，公司官员和经理们看来从公司购买美国科特饮料公司(Cott Beverages USA)和勃兰兹零售股份有限公司(Retail Brands Inc.)的少数股权中得到了额外的好处。公司的4位雇员和1位顾问在以公司股票交换他们拥有的美国科特饮料公司少数股权(首席业务主管弗雷泽·拉塔(Fraser Latta)获得的、作为其雇佣合同一部分的股权)的交易中得到了1 300多万美元,这种做法用于避开薪金费用在损益表中出现并把它资本化为资产负债表上的商誉。另外,看来好像相当数量的内部人股票在先前的10个月里已经被卖掉了,很可能是用于支付期权行权费用。

在代表权委托书出现之后不久,一项重新讨论会计实务、内部人收入以及竞争环境问题的"不可复制"的报告传播开来。它再次激怒了人们。

最后——所有这些都在第三季度收益公布之前——铃响了。奥本海姆分析师大卫·戈德曼让他的热情打败了自己——10月,他放弃了轻松而容易赚钱的分析工作,到科特公司担任投资者关系方面的官员。那是在股票价格处于最高点的几个星期之内。在空头们的记忆中,获得如此愉快的信号的其他唯一时间,是家庭输液公司T2医疗公司(T2 Medical)在它的年报中把它最喜欢的分析师的照片放进去的时候,困扰空头的最精确的时间选择这一使空头最感到恐怖的事情的有关线索有了进展。

在收益公布之前,百事可乐加拿大公司讨论了大减价问题,科特股票感受到了来自企业巨人的竞争性价格的火爆气息。1993年12月9日,第三季度报表正如所估计的那样公布了,毛利润率大幅提高,从15%上升到17.7%。出人意料的困难是资产负债表。与上年同期数字相比,存货上升了137%,商品成本上升了110%,而这是来自于一个存货增长慢于商品成本增长的公司(参见表5.1)。其他资产继续上升,将近500万美元,几乎是营业收益1 650万美元的1/3。置身度外的空头们开始设法借入股票抛空。

3月,《财务邮报》(*The Financial Post*)特别提到,科特公司的一位董事出售股票获得了230万加拿大元。内部人出售很难紧随其后,因为加拿大报告惯例与通常的程序不同。然而,似乎很清楚的情况是,内部人经常地出售股票,然后以股票期权补充他们出售的一些股票。

第四季度报表最后在4月7日公布,存货数量再一次地上升,与上年同期数字相比上升了85%,同时商品成本上升了44%。其他资产也增加了800多万美元。公司对于高额存货水平提供的一个理由是使用了更多的可回收的瓶子,但是增大的数量使得那种解释显得荒谬。股票价格开始从 20 元之间的价位上真正地下跌，那是该股票自从 11 月以来一直停留的价位。

5 月，由于为欧洲人索取高价花费了较高的 SG&A（销售费用、一般费用和管理费用），科特公司使得分析师们略微地降低了预测。奥本海姆依旧是一个积极的购买者，它说，问题是投资者已经被三位数的增长宠坏了。

1994 年 6 月，新闻界对格雷琴·摩根森（Gretchen Morgenson）刊登在《财富》（*Worth*）杂志上的文章做了大量报道。文章叙述了彭瑟的过去、内部人销售以及不合逻辑的会计实务，包括一个独立的权威所做的分析，该专家指出，公司的现金存在问题。科特公司以来自于他们自己的会计权威、在芝加哥大学工作的罗曼·韦尔（Roman Weil）博士的一类文件中的一个作为答复，韦尔博士声明，科特公司的会计原则遵守了一般公认会计原则（GAAP），与公司的营业是相称的，而没有掩饰即将发生的现金危机。对于空头们来说，关键（更多的内容见第六章）不是公司的会计账目是否合法，而是积极的会计原则是否掩饰了公司真正的收益和资产。所以，大量备有证明文件的争论是有趣的，但却与股票价格的走势没有多大关系。奥本海姆分析师把它完全当作"流言和草率的肤浅文章"而不予考虑。[2]

表 5.1　　科特股份有限公司存货清单分析

	1993 会计年度				1994 会计年度			
	4 月	7 月	10 月	1 月	4 月	7 月	10 月	1 月
售出商品成本*	41 870	74 078	68 339	93 329	105 251	163 983	143 583	134 452
每年变动	—	—	—	—	151%	121%	110%	44%
存货*	30 374	37 849	35 226	44 910	53 776	66 433	83 503	83 137
每年变动	—	—	—	—	77%	76%	137%	85%
存货天数				44	47	37	53	55

注：* 数字单位为 10 万美元。

表 5.2　　科特股份有限公司空头净额

1993 年	卖空股份数量	1994 年	卖空股份数量
1 月	408 200	1 月	5 413 243
2 月	575 104	2 月	6 362 223
3 月	1 134 840	3 月	5 833 379
4 月	1 110 402	4 月	6 730 932

续表

1993 年	卖空股份数量	1994 年	卖空股份数量
5 月	1 737 014	5 月	7 276 405
6 月	2 465 744	6 月	8 125 240
7 月	2 763 290		
8 月	2 874 639		
9 月	1 961 206		
10 月	1 895 872		
11 月	2 237 799		
12 月	3 671 321		

资料来源：布隆伯格金融市场。

到 6 月初，事情结束了。科特公司公布了它的第一季度报告，利润率比预期的还要微薄，一星期之后，又击落了分析师的预测。股票一周内跌掉了 36%，跌到 14.5 美元，“为长期的强劲的增长搭好台子，”奥本海姆说。[3] 10 月份，奥本海姆终于把科特公司的评级降低为一个市场表演者，这时科特公司股票价格跌到了 12 美元，然而另外的分析师还在报道该股票。

斯纳普饮料股份有限公司

斯纳普公司以其 1992 年 10 月的首次公开发行备忘录而在空头显示屏上露面，这要比它的饮料伙伴科特公司更早。股票发行价格被定在 20 美元，并且从一开始它就很热门，上市的开盘价在 31 美元。在 1993 年春季，它的成长故事的确突然流行起来，当时华尔街注意到，每个妻子、孩子以及建筑工人在他们当地的熟食店里喝斯纳普的调味冰茶。空头们认为这是愚蠢的——水和一袋袋泡茶溢价到啤酒的价格，与可口可乐和百事可乐竞争以得到饮料份额。3 月，当公司股价处在 1992 年收益的 64 倍和 1993 年预测收益的 31 倍时，空头们感到相当地自信了——这是在 20 世纪 90 年代许多不合时宜的、令人毛骨悚然的估价赌注之一。

收益和收入表明了激动人心的增长：公司宣布 1993 年 6 月支付 100%的股息，股票对此做出的反应是一个抛物线状的逐渐攀升，到 9 月份股价已上升到拆股之后的30美元。

在整个这一年之中,新闻界一直就竞争问题对新时代的饮料公司唠叨个没完。《福布斯》杂志和《今日美国》(*USA Today*)杂志通过丹·多尔夫曼专栏(Dan Dorfman)对可口可乐、百事可乐、雀巢茶品(Nestea)、1992年的价格与收益比达156倍的倍数以及1993年55倍的倍数喋喋不休。然而事实是,1993年上半年收入上升超过了100%,同时每股收益增加到原来的3倍,现金流量是第一流的,资产负债表是无瑕疵的。

空头们感到局促不安,他们谈论着空头轧平。

斯纳普公司宣布在9月发行800万股内部人股票,这将使公司经理和官员们的权益从股票首次公开发行(IPO)前的38.7%降到第二次发行后的30.2%——如果那已成为股票上升中的一个因素,那么对持有者来说不感到反感,但是却足以补救空头轧平。

在秋天和冬天,股票突然改变了行进方向,跌到了20美元,股票价格与产品一样看起来似乎是季节性的,然后到1993年2月又徐缓地上升到32美元的新高度。

对于那些一直关注着公司的人们来说,公司发生问题的第一个基本面上的信号,出现在1993年11月公布的第三季度报告中。在该季度,营业所得现金流量不到100万美元(上一年同一时间为差不多400万美元),而肇事者是应收账款——销售额上升了133%的同时,应收账款上升了198%。也许是夏季的顾客支付缓慢,这一数字告诉投资者要引起注意,但也许不是卖空。尽管净资产收益率在1993年超过了40%,但增长率更高,所以现金流量很要紧。

3月公布的1993年年终收益报告是理想的卖空信号,但是人们可以等待6月的季度报告无可辩驳的确认并且仍然可以赚得很多的钱。在第四季度,商品成本上升了106%,存货天数从前一年的45天上升到50天,同时存货上升了153%(参见图5.3)。公司把这种增长解释为在取得巨大成功的夏季之前的季节性累积。12月的现金流量是良好的,因为难以驾驭的应收账款已经被收回。股票价格依然在24美元左右,在即将到来的几个月里可能在28美元以上成交。

在3月的季度报表公布时,存货再次增加,幅度达180%,商品成本增长率是98%——毫无节制的夏季茶的存货时间仍然在延长,为89天,与一年前的64天形成对比。斯纳普公司的存货管理发生了某些变化。

7 月，摩根士丹利分析师完全降低了他对公司股票价格的等级——24 倍于 1994 年预测收益的股价现在似乎是价格高的。与此同时，多头们谈论自动售货机和价格的急剧上升可能给销售提供推动力。

8 月份，随着收益报告的公布（参见图 5.2），行情突然下跌，股票跌到 14 美元。每股收益比预期的要少——分析师们预期的是 0.21 美元，而不是斯纳普公司提供的 0.19 美元。营业利润下降了。但是造成问题的原因是存货，这在现在已是公认的问题，存货再次增加，而不再是季节性的累积了。显而易见的是，供给渠道是饱满的，批发商们的库存过剩，而且没有什么地方可以处理这些过量的茶。最后，在经历了空头们和多头们同样地埋怨的几个月后，贵格燕麦片公司(Quaker Oats)以每股 14 美元的价格收购了该公司。在其后的几年中，因为一旦饮茶大众的人数大起大落就似乎要一再重复出现的存货问题，斯纳普公司被证明是造成贵格公司盈利能力逐渐耗尽的难以忍受的“排水管”。

表 5.3　　斯纳普公司存货和应收账款分析

	1992 年			1993 年				1994 年	
	6 月	9 月	12 月	3 月	6 月	9 月	12 月	3 月	6 月
销售收入*	64 054	86 905	54 507	65 417	129 955	202 911	117 722	134 015	243 019
每年变动	—	—	—	—	103%	133%	116%	105%	87%
应收账款*	28 480	27 868	17 428	28 948	59 124	83 111	53 010	71 283	124 356
每年变动	—	—	—	—	108%	198%	204%	146%	110%
应收账款天数				39	64	67	37	45	65
售出商品成本*	41 063	53 203	32 833	38 326	75 585	117 338	67 476	76 030	142 077
每年变动	—	—	—	—	84%	121%	106%	98%	88%
存货*	18 147	20 462	16 166	29 163	34 641	44 086	40 924	81 721	102 182
每年变动	—	—	—	—	91%	115%	153%	180%	195%
存货天数				64	63	61	50	89	93

注：* 数字单位为 10 万美元。

表 5.4　　斯纳普饮料股份有限公司空头净额

1993 年	卖空股份数量	1994 年	卖空股份数量
1 月	2 202 724	1 月	9 522 428
2 月	5 265 524	2 月	9 319 433
3 月	5 844 024	3 月	9 591 123
4 月	6 562 368	4 月	9 297 894

续表

1993 年	卖空股份数量	1994 年	卖空股份数量
5 月	11 135 608	5 月	9 873 187
6 月	12 392 320	6 月	9 559 030
7 月	7 761 766	7 月	9 299 559
8 月	9 220 958	8 月	6 077 833
9 月	10 649 442		
10 月	10 137 888		
11 月	10 247 541		
12 月	9 840 694		

资料来源：布隆伯格金融市场。

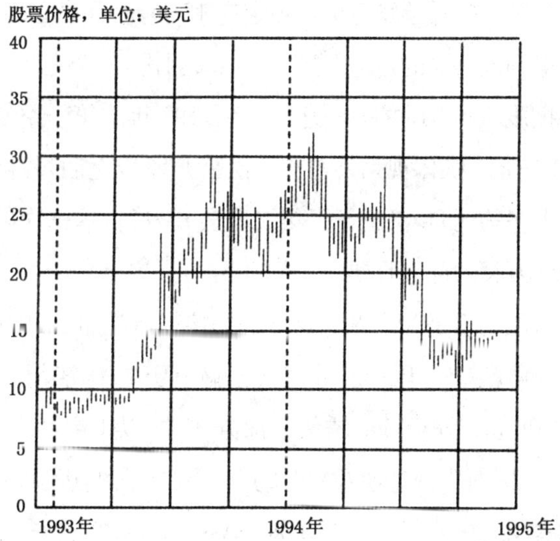

图 5.2　斯纳普公司 1992 年 12 月 1 日至 1994 年 12 月 31 日股价变动图

斯纳普公司的故事对于成长型股票的积极参与者和空头们来说，同样是一次深刻的教训：商店检查和估价遭到咒骂，存货是生产单一产品的公司转入一个新时代的行业的关键。如果存货增加了，几乎总是因为产品销售没能如计划所愿进行。

高科技:媒体视频公司

媒体视频科技股份有限公司(Media Vision Technology, Inc.)是1992年首次公开发行类的另一个令人毛骨悚然的成长故事,与空头们还记得的克莱科公司和米尼斯克里布公司(MiniScribe)"捉摸不定的存货"有一定的相似之处。没有办法理性地对付这家公司,没有办法反思过去以避免痛苦或者正确地为之选择卖空时机。如果空头们能保持客观的话,斯纳普公司和科特公司对于它们给空头们带来的所有的极大痛苦,都给了空头们一系列可供思考的财务线索。媒体视频公司则不然。

大约在1992年的夏季,创新科技股份有限公司(Creative Technology Ltd.)的招股说明书公布了。股票发行价格被定在12美元,而热心的招股说明书读者们也充分地注意到该公司的业务。接着,在11月份,一个竞争对手,媒体视频公司申请发行并把股票价格定在15美元。到1993年的第一季度,两个股票的交易价格都是33美元。媒体视频公司在首次公开发行之后,紧接着在4月份,其股票价格为二十多美元时,又进行了第二次公开发行,这一次发行了200万股,同时发行了100万股内部人股票。

这些公司所做的事是为个人电脑添加插接板制造音频和视频产品,这种添加插接板让个人电脑(PC)用户能够在其电脑上玩电子游戏。这是在任天堂公司(Nintendo)和世嘉公司(Sega)诱使大部分35岁以下男性人口沉迷于难以抑制的游戏之后,所以对于附加游戏平台的市场需求是热切的和不断增长的。

1993年春季,凯尼科斯协会(Kynikos Associates)的杰夫·佩里(Jeff Perry)发表了一篇名为"不可靠的插件板"研究作品,指出,在几年内,这些产品的预期利润实际上小于公司的市场规模;换句话说,按现值计算的现金流量分析使得价格显得可笑。估价得了触觉歇斯底里症。佩里预测,全世界的个人电脑,至少6 500万个单位用于家庭、15 000万个单位用于商务(很大的数字,他说),大约有1/3的家庭电脑和1/4的商务电脑需要配备声卡,减去已经安装了声卡的数量——1 900万单位的家庭电脑和3 400万单位商务电脑,将成为未来潜在的目标市场。当前平均单位销售价格是150~160美元,而媒体视频公司和创新科技公司都预期,到1994年廉价的芯片将取代当前的成套设备并以15~25美元左右的价钱销售。因此，佩里把 80 美元的价格用于家庭模型、25 美元的价格用于商务模型，得出总的市场规模为 27.7 亿美元。因为两家公司已经有了竞争对手，他假定它们在当前公司利润中占有 50%～60%的市场份额，那么媒体视频公司的总预期利润为 3 700 万美元，创新公司总的预期利润为 18 000 万美元，与两家公司市场资本总额（在资产负债表上，资产净值乘以股份数量加上负债减去现金）相对应，即媒体视频公司市场资本总额为 38 000 万美元，创新公司为 12.5 亿美元。佩里指出，这适合于那些 1992 年全年总体来说在市场调查上花费了 1 000 万美元的公司，这个市场已经拥有超过 45 种声卡和多媒体升级成套设备在行业的商店中出售，该行业以产品寿命周期短暂和急剧变化为特色。这种产品无疑属于那种利润很快就会暴跌的日用产品。

表 5.5　　媒体视频科技股份有限公司空头净额

1992 年	卖空股份数量	1993 年	卖空股份数量	1994 年	卖空股份数量
12 月	4 049	1 月	67 837	1 月	2 615 926
		2 月	318 921	2 月	2 740 459
		3 月	624 499	3 月	2 340 868
		4 月	680 256	4 月	1 920 705
		5 月	919 105	5 月	2 973 722
		6 月	937 905	6 月	3 291 691
		7 月	1 183 573		
		8 月	1 384 937		
		9 月	1 656 308		
		10 月	2 026 765		
		11 月	2 470 010		
		12 月	2 428 556		

资料来源：布隆伯格金融市场。

空头们告诫成长型股票玩家们要顾虑产品寿命周期是否比资产负债表上的存货天数更短，这把我带到了下一个观点：媒体视频公司的财务状况从来就不妙。到 3 月份，任何人都应当卖空这家公司的股票，即使是一个改过自新的专心致志于筹划清除愚蠢的估价把戏的空头。3 月份，媒体视频公司正在进行内幕交易，高额应收账款、一位数的净资产收益率、发疯的价格、只流行一时的时尚产品(树脂浸渍增强材料),直到它不断地涨了又涨,使得每个人都感觉它好像毫无疑问地是有着许多后继产品的新行业的典范。空头们感到他们一定已经错过了什么[非常像他们后来在 1996 年对艾奥梅格(Iomega)的感觉]。

退一步讲,蒙哥马利证券公司(Montgomery Securities)是在每个房间中都装上了共鸣板的最直言不讳的建议者。他们是媒体视频公司在 11 月份进行的首次公开发行的主办行,并在规定安静期之后,在 12 月底当股票价格在 21 美元的价位时,继续进行了鼓舞人心的推介。蒙哥马利是在 20 世纪 90 年代成长型股票业务中受到重视的一支力量——他们为他们承销的许许多多的幼苗提供了广泛的赞助。"多媒体的出现,标志着个人数据处理技术的新纪元,"蒙哥马利分析师保罗·福克斯(Paul Fox)如是说。高达三位数的最好的成长速度,他预测道,1993 年的收益将达到 0.88 美元。[4]在第一个数字上他是正确的。

福克斯继续谈论流动性和现金流量。因为公司把生产包给其他生产商并且很少做研究,所以公司主要的现金消耗是存货的增加和支撑急速成长的销售额所需要的应收账款。应付账款(经由卖主)被指望在某种程度上能为存货供给现金,所以福克斯认为媒体视频公司在 1993 年现金流量仅仅是轻微的负数。他真够大胆的,提出了 1992 年底和 1993 年的存货和应收账款预测。棒球公司在它最早的下跌中已经教训了空头们,当现金流量在逻辑上应当是中性的而在事实上却是很大的负数时,就一定有什么事糟透了。所以,蒙哥马利分析师为预期搭好了平台,大概是因为与公司管理人员的交谈指导了他的设想。

关于成长型公司现金欲望的更重要的观点是一个被称作"可持续增长率"的概念。它是一件容易记住的东西和一个可以察觉撒杀手锏比率。持续增长比率表示,一个公司能以净资产收益率乘以保留率所得比率增长而不到资本市场上上市。净资产收益率是不掺杂的和简单的:在资产负债表上的净收入除以净资产。在这个例子中,媒体视频公司 1992 年的净收入为 320 万美元,净资产为 5 640 万美元。保留率(Retention Rate)是公司未支付股息的净收入的百分比。媒体视频公司和大多数成长型公司不支付股息,所以保留率是 100%。因此,媒体公司 1992 年的可持续增长率是 5.7%,远远低于公司的成长计划和预期。所有这一切意味着净资产收益率低的成长型公司必须及早并经常上市,而如果由于市场环境或者财务状况衰退导致急切的购买者的期望下降,他们就会遇到很大的麻烦。那也是为什么真正的高净资产收益率(ROE)有利于讨厌的卖空的原因——公司可以为它的成长筹集资金而不必在意华尔街的分析师们对营业计划所要考虑的那些最琐碎的事。

因此，问题就在于怎样为伴随媒体视频公司及其豪华多媒体计算机而来的那一年搭建舞台。4 月份，当截止到 3 月份的季度报告公布时，其他几位分析师已经推荐了该公司股票，而对于 1993 年的收益预测上升到 1.23 美元。考温(Cowen)分析师正预测媒体视频公司有 3 年的三位数的增长率。空头们受到鼓舞，因为应收账款再次巨幅上升；公司管理部门说 80%是该季度后期登记入账的。资产负债表上其他流动资产栏目增加了 100 万美元，同时营业收入增加了 500 万美元。管理部门说，存货大部分是原材料，只有大约 5%是产成品。这是媒体视频公司许多令人误解的报表中的第一份——在 10Q 公布时，在需求据推测超过了供给的热销产品中，值得注意的一点是，产成品占存货总额的 20%。另外，公司管理部门现在正在讨论成立一个新的多媒体出版分公司，为圣诞季节生产只读光盘(CD-ROM)节目。当一家公司改变或者扩张它的业务范围到某个完全不同的领域时，一般意味着公司管理部门担心主营业务成长速度将放慢。在他们扩张到一个高度竞争的，要在产品开发上花费资金的行业(如软件游戏节目)时，如果基本业务同样消耗资金，你就可以休息一下并津津有味地守候不久就会发生的“火车失事”。问题是股票价格并没有留给空头阵营太多的满足和快乐。

当第二季度报告公布时，空头们碰到了另外一个危险的收入为三位数的季度，然而存货相对于商品成本增加了 1 倍，产成品继而增加到 3 倍，上升到将近 1 600 万美元。报告的 0.24 美元收益包括一些古怪的事：一次性利润(0.02 美元)，比预期更低的税率(0.01 美元)，较低的股份数量(0.01 美元)，但仍然比分析师们的目标数字高出 0.03 美元。公司管理层说，存货正在增长以适应形势非常好的下半年。预测收益上升到全年 1.30 美元。

大约在紧接着来到的 2 个月期间，首席执行官(CEO)保罗·贾英(Paul Jain)与空头们之间的对话升温了。卖空额上升到占已发行股票的 9%，贾英开始谈论令人失望的他们。《旧金山新闻》(*San Francisco Chronicle*)的赫布·格林伯格(Herb Greenberg)写了关于媒体视频公司的第一份专栏文章，文章提到了危险的应收账款和存货水平，并引用了贾英的话来说明这两个问题不久将得到解决，销售额马上就会变得激动人心。与此同时，商店中的成套设备的价格正在下跌，而原始设备制造商(OEM)的销售就在眼前；如果数额较大，那么二者都意味着媒体视频公司利润将更低。

贾英卖出了股票，而在整个夏天股票交易价格风云突变，从 20 美元涨到了 28 美元，给了空头们必要的缓解和一些希望。请记住，斯纳普公司和科特公司在那个夏天同样引起了麻烦。

当媒体公司在 10 月份宣布以蒙哥马利为主办银行家发行可转换债券时，没有人感到惊讶。公司需要资金维持成长的消耗。在首次股票发行之后，内部人权益从占 39.3%下跌到 18.6%。招股说明书上宣布的另一项内容是第三季度收益和收入的可能范围，以及关于存货周转将改善和应收账款天数将减少的承诺。当季度报告公布时，所有这些好事情都实现了，贾英对其打败了空头感到非常得意。股票开始涨得更高。贾英行使了期权，以 33 美元卖出股票。

空头们记得 1993 年年终是“关键途径”(Critical Path)的噩梦。机构投资者们，无论是空头还是多头，都去参加会议，在会上，公司做了陈述并回答了问题。空头们特别重复了公司的陈述以发现是否有任何事情发生了改变。例如，当可视电话公司(Picturetel)不再谈论风靡一时的技术而开始谈论早已过去的在可视电话早期的协作公司解决方案时，空头们认为，竞争的势头正在增强，现在正是竞争迭起的时候。像媒体视频公司那样讨厌的头寸也是如此，空头们参加了每一个成长会议以及可转换债券路演，检验保罗·贾英和声卡的故事。他们所看到的是一而再、再而三的“关键途径”视频。“关键途径”是媒体视频公司传说中的源源不断的热销软件产品流中——为圣诞节提供的 10 个游戏节目——受到高度吹捧的第一个只读光盘游戏，其销售将是疯狂的。贾英说，在 3 个月里可以销售 100 000 个，也许 200 000 个“关键途径”游戏。它是一个使得已经懊恼的空头们感到非常恼火的讨厌的性别优越感者视频片段：在传送带上，一个女超人用皮带使劲地打一个恶棍，如果你还记得的话。在这许多会议中的一次会议上，贾英播放了一段关于被作为原始设备制造商提到的美国戴尔公司(Dell)的幻灯片。在被提问时，他回答说，声卡像任何其他产品一样，的确被列入了戴尔公司的邮购目录中。

赫布·格林伯格再次在《旧金山新闻》上评论说，“关键途径”游戏的销售完全不可能达到 100 000 个，因为 9 个月之后该行业的最高游戏节目为 150 000 个。他还提示，媒体视频公司正在把软件成本资本化，而不是把它们列为开支勾销。

空头们断定大约在 12 月份,他们最好打电话给大型软件零售连锁商店,询问“关键途径”游戏的命运。一家连锁店特别指明没有销售这种软件,也没有接到过这种软件的推销员打来的电话,因此在圣诞节期间不可能经销这种软件。这是一大新闻。由于圣诞节欢乐感延续到 1 月份的更多乐趣之中,因而这并不能阻止媒体视频公司股票价格上涨到 46.50 美元。

1994 年 2 月 17 日,空头们对收益预期感到情绪低落——毕竟没有人在发行的一个季度之后让投资银行家们空手而归。所以在股票停牌召开电话会议后,空头们全神贯注于他们的扬声器电话以及他们的滚动新闻。到如今,预测收益已上升到 1.40 美元。

媒体视频公司发生的事情是,每股收益 1.40 美元——没有出乎意料的上涨。所发生的事情是存货和应收账款在第一季度清理之后又重新积滞起来。其他流动资产和其他资产继续地加倍——它们上升到如此之大以至于几乎吃掉了营业收益。过户结账日,看起来要使共鸣板空头们感到厌烦。

事实上,股票第二天就开始下跌但是稳定在二十几美元。贾英在 3 月份披露的事项毁掉媒体视频公司的股票,使之跌到了 11 美元(参见图 5.3)。3 月 24 日,在一周前愉快的华尔街会议之后,贾英宣布,由于降价和发货延期,第一季度亏损。到了 5 月份,贾英重申了 1993 年的最后一季度未披露的亏损,股票跌到了 5 美元。

赫布·格林伯格继续为《旧金山新闻》笔耕不止。媒体视频公司已经发生的事情完全超出了空头们所能估计到的范围。他在其 1994 年 5 月 9 日的文章中说,内部人表示,公司采取了“销售渠道填塞法”(Channel Stuffing)(译者注:公司为了美化短期业绩而采用的、通过向批发商和经销商提供特别刺激,使其购买更多的超过其需要的商品从而人为抬高公司销售额和收益数字的一种欺骗性的商业手法,一般是在会计年度或季度快结束时采用),在季度末削价出售以增加销售额。他们还发出了数百万美元没有配备文件说明的升级套件,也发出了有缺陷的设备。他们把设备发出去,把收入登记入账,然后在下一季度把它们收回。据证实,贾英在以前的公司中也做过类似的勾当。公司设备主管收到了她没有认可的给批发商店的账单并想当然地认为退回的存货在那里被倾销了。[5]格林伯格最近与 1996 年 4 月同样地写到,公司实际上已经把它 1993 年圣诞节的狂

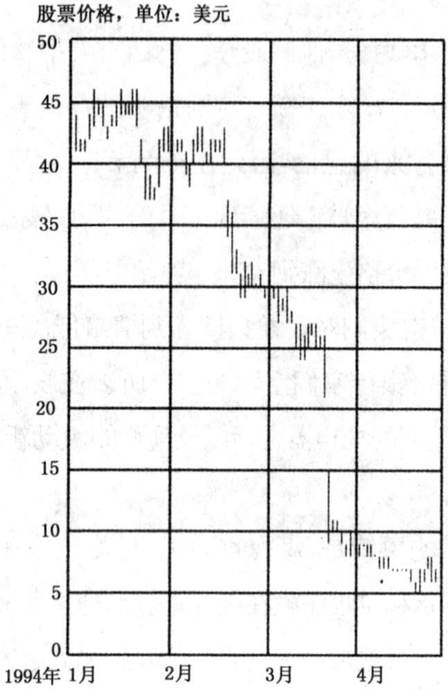

图 5.3　媒体视频科技股份有限公司 1994 年 1 月至 1994 年 6 月股价变动图

欢资本化了——这是伪造账目达到的一个新高度。贾英至今没有对这些指责提出正式的答复。

媒体视频公司是一个高速成长的新科技公司，它几乎吓得空头们长期很少交易。然而，这些欺诈行为伤害了空头们，有价值的线索的缺乏给了我们错误的勇气去卖空增长率达到三位数的名声最好的成长型股票。如果你能够对金字塔交易法（译者注：金字塔交易法是通过一系列的买进和卖出的交易，并把证券利润用做买进更多股票的保证金，而进行的股票投机方法）连续投机的买进和卖出的两个方面选择好时机，那么成长型股票既是可以持有的好股票，也是可以卖空得非常好的股票。

◆ **注释**

[1]David A. Coldman, "Cott Corp.," Oppenheimer and Co., Inc., research, 16 April 1993, 2.

[2]Gabriel D. Lowy, "Cott Corp.," Oppenheimer and Co., Inc., research, 12 May 1994, 1.

[3]Gabriel D. Lowy, "Cott Corp.," Oppenheimer and Co., Inc., research, 10 June 1994,1.

[4]Paul G. Fox, "Media Vision Technology, Inc.," Montgomery Securities research, 31 December 1992,2.

[5]Herb Greenberg and David Dietz, "Spectacular Rise and Fall of Bay Area High Tech Giant," *San Francisco Chronicle*, 9 May 1994, A6.

第六章　看不懂就卖空

公开财务报告是对公开交易公司的财务基础资料的披露。10K 的目的是解释公司业务并提出可以支持这种业务的经过审计的财务数据。从理论上讲，股东应当能够理解在资产与负债表中是什么支撑了他们的资产净值，什么收益推动了公司的发展，以及公司是否能够通过经营、筹措资金和投资现金流量维持其业务。财务报告的脚注应当向公众解释、详述和披露补充信息。

大多数公司写出的报告对于具有适当的会计术语方面的知识的人来说是可以理解的。有些公司写的报告是不可能理解的，即便是对会计专家来说。经验提醒我们，如果你不能理解一份报告，那么公司官员们一定在其中隐藏了某些比你预想到的更糟糕的东西。它几乎是一种冰山现象：如果你在财务报告中发现了 5 个或者 6 个严重的问题，那么，你可以肯定在其中还有更多的你不能看到的问题。如果打电话给公司要求解释，却得到了含混不清的、听起来令人怀疑像是公司官员正说着别国话的回答，那么你就可能成为一个容易受骗上当的人。

披露进退两难局面的必然的结果是，大多数分析师害怕承认他们不懂会计或者会计术语。所以这种循环是能使自身永久存在的：首席财务官们不解释，分析师们也不提问。

最简单形式的财务困惑可以通过追踪应收账款增加与销售额增加的对比状况来检测。特别大的增加引导分析师查出登记收入和收取现金的原则。国民教育公司在使学习脚注的最好的学生对他们的多重识别手段感到糊涂方面做了一件好事。

更为复杂的财务困惑把成本和收入结合在一起——公司通过推迟计入费用和提前计入收入来操纵收益。随着预付费用达到最高峰，资产负债表上资产一方上升，而净收入保持稳定，通常以令人感到欣慰的增长率上升。应当不断地对有着理想增长率的公司进行仔细研究，寻找其资产负债表上玩弄的花招——特别是急速增长的预付费用和递延成本。赛马赌金自动计算器公司（Autotote）在他们的财务报告中有几方面的问题，那是引人深思的，特别是不可思议的资产和消失了的折旧。

金融机构报表是所有行业报表中最能引起挑战性兴趣的报表。评估资产和确定经常性收益在银行和保险公司是一项充满风险的行当。"翻转哪一块岩石"（译者注：一种游戏）的合格的知识能把投资者从高度负债经营的机构破裂的基础问题中解救出来。

国民教育公司

国民教育公司（National Education）是20世纪80年代末期华尔街的宠儿，是一个董事会中有著名人士巴里·戈德华特（Barry Goldwater）的令人感到安慰的概念股。很不幸的是，公司的会计姿态没有仿效戈德华特保守的政治哲学。

公司经销两种类型的教育：再教育，或者说对公司或政府雇员进行培训（例如，介绍一种新的计算机系统或者产品的课程）；职业技术培训。流行观念认为该股票是抗经济衰退的，因为在经济低迷时期将有更多的人需要被再培训。人口统计状况同样支持这种观念：较小规模的劳力供应源意味着公司将必须再教育、重新使用和再培训现有的雇员。财务报告再一次成为引人注目的事物。

应收账款是多少？

第一个线索是国民教育公司的应收账款一年一年地引人注目地增加：年复一年上涨90%，同时销售额仅仅上升15%。与此同时，坏账准备仅仅上升了12%。长期应收账款或者合同规定的应收账款也上升了100%。应收账款可以由于以下几个原因增加而超过销售额：

1. 公司收购了一家公司，而收购还没有得到控制——例如，收款没有同样的循环报表或者售货条件。如果收购相对于销售额来说是巨大的，年与年之间在应收账款上的对比关系是不可比较的。

2. 公司登记收入过于激进——例如，三年期的合同在前期就被认定，所以应收账款维持很高的水平，因为支付率是低的。

3. 公司改变其信用政策，放宽了条件，或者给予销售激励，因此危及未来销售。

4. 公司在向客户收款方面遇到了麻烦。

逐步增加的应收账款对公司来说是一种成本，因为已经入账的业务投资损害了现金流量。在一个成长型企业中，及时收款是明智的，因为根据定义，成长需要消耗资金。

分析国民教育公司应收账款的第一步是核算，了解任何重大收购是否扭曲了应收账款的比较关系。注释2（企业联合）说明，国民教育公司在1988年12月19日收购了频谱公司（Spectrum），这被解释为共同经营、共负盈亏。频谱公司已经从其45 700万美元的收入中拿出了2 400万美元给联合公司——当然不足以使应收账款增加7 500万美元。

分析国民教育公司应收账款的第二步是浏览财务报告中的措辞，寻找披露事项、注释、评论——对解释巨大变化有帮助的任何一种东西。但是他们什么也没有透露。国民教育公司显然认为应收账款增加7 500万美元这件事不值得一提。

下一步是阅读注释1（重要会计政策的概要），了解什么样的会计原则被应用于公司报告。在收入和成本栏目下，有更多的混乱：国民教育公司签订了许多不同的合同，所有这些都根据不同的会计假定而记账。主要有三种不同类型的培训合同：

1. "根据特定按月协约，租赁合同收入在使用发生时认定"，但是"根据常驻库协约，客户同意使用培训课程一段时间，而收入由于已定约的课程使用而认定"。那么他们什么时候把它登记入账呢——在合同之前还是在合同期间？

2. "当成本发生时，依据定期交货合同和购料合同的定制合同收入被认定，而来自固定价格合同的收入则用完成率方法来认定"。而不是在收到现金时认定。

3."在收到现金并对维护这样的合同所需的有关估计费用予以适当认定时，工业合同收入被认定"。[1]

注释告诉感兴趣的读者，国民教育公司在不同的时期根据不同的会计假定登记收入，使人联想到，公司在认定收入时有一些活动余地，并意味着会计方法并不总是与现金支付相配。公司如何登记收入是分析师们特别喜欢争论的问题：有许多可以玩弄花样的方法，科技公司和培训公司是两类公认的滥用者。已登记的收入与收款应当有一种稳定的联系——如果一家公司现在发货并在 60 天后收款，应收账款进度表应当始终如一地反映那种原则。所以与销售收入相比，应收账款增加了或者应收账款的天数延长了，应当总是会引发一个问题：它表明，一定有什么事情已经发生了变化。在国民教育公司的案例中，关于常驻库协议措辞尤其麻烦：他们怎样追踪被使用的状况，他们又是如何在合同的开头就把 2 年或者 3 年的收入登记入账的呢?

1988 年的年度报告也显示，1987 年的一笔不同寻常的费用，使得 1988 年与 1987 年相比在每股收益上看上去要好一些——1.57 美元对 0.03 美元。此外，在 1987 年底对高级系统公司(Advanced Systems)的大规模收购，由于随后由规模经济带来的在企业一般管理费用上的成本削减，使得费用一边出现了一个转折性的下降，这或许在以后好几年中不会被重演。

既得无形资产(来自于收购)是相当大的资产负债额度，大大超过了 8 900 万美元，同时总资产达到 42 200 万美元，股东权益达到 18 500 万美元。注释说资产由租赁合同、产品和文本材料、课程开发成本及版权组成。这些资产在一个"不超过 40 年"的期间内摊销。教育手册？在一个很长的期间？多长？不超过 40 年。看来好像对科技和软件，国民教育公司专门技能的一些领域上的大量变化相当地自信。公司管理层在把无形资产登记入账、创造收益管理的生产性来源方面有自由裁量权。

管理部门改变其意向

国民教育公司的真实信号出现在 1989 年 3 月 16 日，当时正逢公司总裁杰罗姆·W. 奎厄尼亚(Jerome W. Cwiertnia)辞职之时。他选择在希尔森选定的成长会议上他的演讲结束时宣布这项声明。奎厄尼亚签订了一份有利的雇佣合同：他获得年薪 695 251 美元，包括一份用于偿还免税贷款(Tax Loan)的专用奖金——他总计贷款 176 734 美元。如果他被解雇的话，他还可以获得其薪水的150%乘以其工作年数所得数额的补偿，大约 138 万美元。所有这些相对于董事长兼首席执行官大卫·布赖特(David Bright)来说还是比较少的(布赖特的被解雇补偿费是 737.3 万美元，这是新近争论的主题)。但是公司的这种慷慨，除了在某些情形下的主动辞职以外，在各种情况下都会降临到奎厄尼亚头上。他主动地辞职了。他可能放弃了数百万美元就走了——当然，除非辞职是好意的，并且他的合同条款中包含了这种特别的情形。股票在 20 分钟内跌了 5 点(Points，译者注：点，一种相当于 1 美元的单位，用来报出或陈述股票或商品现价的变化)，然后在随后的几个月集中在 21～22 美元的区间(参见图 6.1)。分析师们看来对奎厄尼亚的合同或者他离开时的谦恭有礼漠不关心。

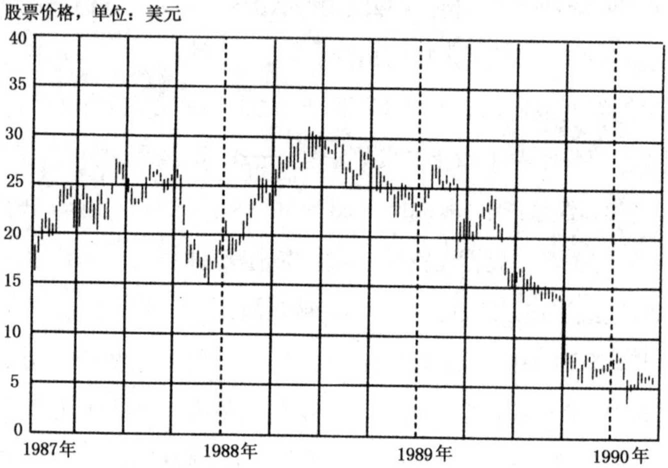

图 6.1 国民教育股份有限公司 1987 年 1 月 1 日至 1990 年 3 月 31 日股价变动图

应收账款不断攀升的混乱财务状况和关键人物辞职是卖空股票的足够根据。职业培训业务由于虚假的会计实务、不高的收款率和伪造的学生人数受到了再三的批评——1989 年 1 月 2 日，《巴伦——道·琼斯商业和金融周刊》登载了一篇题为《制造丑闻的学校》的文章。这种空谈应当已经让人想到，一个漫不经心的分析师不可能指望从这种特殊行业部门的财务报告中破解事实。

然而，华尔街的分析师们是安心而舒适的。作为一个群体，他们“胡扯”会计问题，为奎厄尼亚的辞职寻找借口(生活的变化，想要他自己的公司)，不承认不断增加的应收账款(新的记账制度)。美林公司(Merrill Lynch)分析师亚瑟·雷德(Arthur Rade)在1989年4月17日评论说,他预期国民教育公司1989年的收益为1.90美元,"相当引人注目,"他说,"平均增长率大约为18%。"[2]摩根士丹利的拉姆·卡普尔(Ram Capoor)也看好这个股票,说这种变化"强化了我们的推荐……"[3]

管理部门在5月底和分析师们接触并提出,那个季度的收入和收益可能略微少些。分析师们不约而同地把年度收益预测值调低了5分或1角。希尔森分析师看来对现金流量和会计感到惴惴不安,因而把公司的等级定在3-1(短期持有,长期买进)。

混乱状态并没有像华尔街所希望的那样很快地扫除。《巴伦——道·琼斯商业和金融周刊》在6月5日那一期刊载了一篇谈论职业学校的学生缺席率的文章。国民教育公司有5个学校被列进缺席率超过40%的名单中。股票价格出现了暂时的下跌,公司再次向华尔街保证说,上述数据是陈旧的,分析师们像温驯的绵羊一样用钢笔沙沙作响地记录着。

然而,那并不是全部。正如他们在华尔街所说的那样,6月12日,在公司宣布由于"账目再赋值和销售周期延长",该季度收益将低于上一年同期时,另一只鞋掉下来了(这个吸食者是一只蜈蚣)。[4]股票交易价格跌到16美元。分析师们殷勤地把他们的年度收益预测值降低到1.50美元,还有一些人转向建议投资者坚决"持有"该股票,后来被证明是对投资者的嘲弄。然而,迪安·威特(Dean Witter)的弗雷德·安希尔(Fred Anschel)拒绝随大流:"买进,"他说,"目标是24~27美元!"[5]

1989年7月19日,公司宣布第二季度亏损,股票从16美元跌到了13美元。这比预期的要大得多,即便在公司的6月会议之后。一些分析师转向建议"卖出"。美林公司的雷德说:"青春期危机,胜于晚期疾病。"但是,这已经明显地出现了信心丧失的现象。[6]

奎厄尼亚复职

在大卫·布赖特(David Bright)辞职(大概是因为像狗一样忠实的收益),奎厄尼亚复职时,分析师们再次团结在公司周围。蜜月期是短暂的,尽管公司再次保证:"另外一只鞋不会掉下来。"[7]

在10Q公布时,结果显示,预付推销费用上升到4 200万美元;应收账款稍有下跌；营业现金消耗 2 100 万美元，与上一年的 1 100 万美元形成对比。国民教育公司还把 400 万美元作为损耗处理。公司以这样的措辞解释说："第二季度的结果包括一项不寻常的费用，它起因于所有已发出的和预计的未来顾客信用，这些顾客信用在转换到应用学习部（Applied Learning）的新管理信息系统之后，由于顾客账目的对账而产生。"[8] 公司的这个解释在令人难以理解方面比早先的措辞更加登峰造极。他们想要表示什么意思呢？也许是想表明应收账款不良是由于计算机系统未能正确跟踪使用情况？最后，公司承认应收账款问题是由于把应用学习部、常驻库教学小组签署的三年期合同方面 60%的收入登记入账所致。更严格的收入认定原则得以建立。

在国民教育公司传奇中，分析师们自始至终看起来好像乐于聆听公司管理层的解释和说明而没有提出任何苛刻的问题。作为一个群体，他们在公司官员的推动下降低收益预测和公司等级。他们看来对雇佣合同以及随后的由被免职的大卫·布赖特就他的合同报酬问题提起的诉讼漠不关心。他们未能理解会计问题掩盖了重要的负增长，无论它们是什么。

1990 年 2 月 1 日，股票价格为 4 美元。大多数华尔街分析师们不再报道该股票；它从大公司的股票推荐名单中消失了，有 8 个分析师把这个股票打发到了西伯利亚。没有人记得去改变对它的收益预测或者去谈论它。然而，消失的分析师现象不应当被认为是一个卖空的信号：当华尔街分析师们忘了在他们的视野中还有一只股票时，如果你是做多的话，那么你只能焦躁不安，但是这时担心已经太迟了，可能已经来不及卖空了。

赛马赌金自动计算器公司

赛马赌金自动计算器公司（TOTE）在 1993 年把晦涩难懂的会计语言带到了一个新的高度。漫不经心的读者不仅不能理解财务报告，而且他们首先不得不寻找未提交的报告，然后从自相矛盾的交易中破译出内部人销售的情况。它使得国民教育公司看起来像是在公园中的一次散步。

可能正是引人入胜的价格动态引起人们对赛马赌金自动计算器公司的注意，在它一拆为二的拆股之前，股价从 7 美元涨到 50 美元，公司制造运动赌博和跑道赌博终端设备——设计、操作、制造和维修用电子计算机处理的赌博系统。

浏览1993年7月31日的10Q——最新的一份财务证据——让分析师拼命争夺1992年10K中更为详细阐述的公布事项。7月的10Q有200万美元现金;应收账款、存货、预付款和其他资产异常增长;9个月内营业现金消耗达2 600万美元。股票交易价格也是预期收益的2倍、竞争对手杰泰克公司(GTech)股票价格的多倍、电视彩票公司(Video Lottery)的4倍。

1992年10K显示,没有人能够指望计算出这个股票是否可以赚钱。首先,赛马赌金自动计算器公司根据产品的交付和验收,在赛马赌金计算器系统的主要销售合同收入方面采用了完成百分率的计算法。其次,服务合同成本的摊销超过了合同期限,"包括预计的合同续期,如果合同没有续期,则期限为15年或者合同的实际期限"。[9]包括预计的合同续期?简直令人不可容忍,空头们想。软件被资本化了。产品开发被资本化了。专利权、商标、销售权以及雇佣合同都被资本化了。递延安装成本被计入财产和设备项目之中摊销了。存货包括适用于可靠的赌博服务合同的设备,这将在以后被划拨到财产和设备项目下——那并没有多大意义,因为存货大于未交付订货累积。换句话说,管理层对何时冲销成本和登记收入有完全的自由裁量权。负资金流量表明,赛马赌金自动计算器公司没有赚到一个子儿。所以股票被卖空,受到关注。

表6.1　　赛马赌金自动计算器股份有限公司空头净额

1993年	卖空股份数量	1994年	卖空股份数量	1995年	卖空股份数量
2月	40 335	1月	1 760 110	1月	3 153 951
3月	120 066	2月	1 898 331		
4月	125 661	3月	2 094 934		
5月	184 098	4月	3 485 674		
6月	233 878	5月	5 510 533		
7月	202 168	6月	6 028 037		
8月	382 394	7月	6 270 459		
9月	317 162	8月	5 857 018		
10月	383 112	9月	6 088 289		
11月	603 269	10月	5 750 311		
12月	1 551 332	11月	5 561 995		
		12月	3 453 115		

资料来源:布隆伯格金融市场。

赛马赌金自动计算器公司喜欢公告。股票行市自动收录机因为公司的收购、新的建议、分包合同、销售额,当然也包括投资银行家奥本海姆的强有力的建议买进的声音而热销。公司收益据说在截止到1993年10月31日的会计年度将达到0.35美元,1994年将达到0.70美元。

到了1月底,拆股之前的公司股票价格在25美元左右(参见图6.2)。

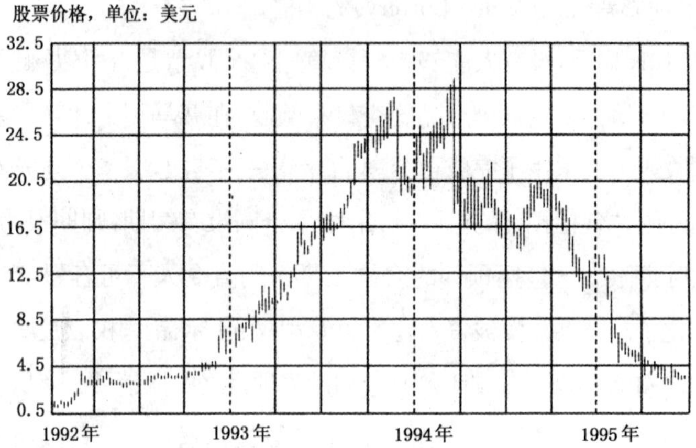

图6.2　赛马赌金自动计算器公司1992年1月1日至1995年6月30日股价变动图

上市公司有90天时间向证券交易委员会提交10K。这意味着赛马赌金自动计算器公司必须在2月以前公布年终收益并提交财务报告。上市公司推迟提交的事情几乎从来没有发生过。毕竟,大型会计公司对财务报告进行审计——他们知道规则。所以,当赛马赌金自动计算器公司未能按期提交时,空头们增加了头寸,然后等来了2月1日出现在证券交易委员会的12b-25表格(推迟提交的通告)。赛马赌金自动计算器公司解释说,复杂的外国收购使得他们推迟提交,但是无论如何,他们发布了年度收益为0.33美元的消息。空头们说,如果没有资产负债表,你怎么能计算出收益呢?

在空头们等待公司公布以前的10K期间,股票价格冲到了29美元的峰值。奥本海姆重申了他们的买进建议。蒙哥马利开始发布买进报道,甚至预报资产负债表,比赛马赌金自动计算器公司做得还要多。

赛马赌金自动计算器公司在1994年3月21日公布了第一季度收益。蒙哥马利的预测是0.06美元,奥本海姆的预测更加乐观,为0.09美元。赛马赌金自动计算器公司报告的数字是0.06美元,同时公布了更高的成本和一个较低的税率。董事长兼首席执行官A. 洛恩·魏尔(A. Lorne Weil)说,尽管面临两个主要市场糟糕的处境和震荡，但是公司对业绩感到满意。

10 月份，仍然没有公布 10K 和资产负债表。

让空头们感到意外的又一个突发事件发生在 1994 年 3 月 24 日，正好是在收益公布后的那几天。那是关于合同的限制性附属细则方面的事情。一份针对赛马赌金自动计算器公司的反馈文件出现在磁带中，一份修改后的 13D 更新版本宣称，魏尔已经参加了一个五年期的通过银行信托方式进行的 500 000 股的股票交易并同意支付任何超过每股 26.779 6 美元的增值以交换利息和贬值。空头们说，那是一次出售。

《纽约时报》的弗洛伊德·诺里斯(Floyd Norris)也很快就发觉了内部人交易。交易在 3 月 18 日已经被发现，在收益公布之前，在 10K 终于在 3 月 23 日提交之前。银行信托被认为是对冲了卖空交易，因而压低了股票价格从而使得空头净额增加了。至于交易是否有必要被披露还存在一些问题，因为公司执行官仍然持有股票和投票权。证券交易委员会最终在 1994 年 9 月规定利用权益交易(Equity Swap)构成出售。

洛恩·魏尔在股票价格下跌了 10%之后回答了有关他的创新交易问题。他说，银行将根据一个复杂的公式给他支付报酬，并暗示说这纯粹是一种收入流(Income Stream)。

1994 年 1 月 31 日，在机构的抱怨声中，10Q 公布了。10Q 和 10K 两份文件中有一些值得等待的细节。赛马赌金自动计算器公司已经在 2 月份雇用了一位新的财务总监(即首席财务官，CFO)，也许是为了加快财务报告的提交进度。公司已经进行了收购，所以数字不具有可比性。一种新的可转换债券提供了 4 000 万美元现金，但是到 10 月 31 日为止现金已经减少到了 1 050 万美元，并且截止到 1 月 31 日现金已经减少到了 760 万美元。10Q 特别提到流动需求、可能的证券发行或者为成长筹措资金的银行借款。年终营业所得现金流量不可思议地显示为正数，尽管有新的投资科目，这在现金流量报告中被叫作“根据赌博系统合同用于设备的费用”。营业现金流量为 7 200 万美元，那个新科目连同其他资产和“经营权报酬”的增加，擦掉了微不足道的价值 1 300 万美元的营业现金流量。在第一季度还有更多同样的事情。看来，他们开支成本的不认真的会计制度以各种资本化的成本抬高了资产负债表。股票价格有争议地下跌了，但在整个 10 月份期间稳定在 16～20 美元的范围内。

4 月中旬，赛马赌金自动计算器公司公布了与卡利恩特集团(Caliente Group)签订的一项标的为 10 000 万美元、收购一个遍及全墨西哥的视频赌博比赛与运动电视网的合同。空头们收到了一份墨西哥律师发来的信函，说墨西哥联邦法律禁止赌博但是在有限的情况之下允许某些运动赌博(如赛马)。分析师们适时地把 1995 年的收益预测提高到了 1.10 美元。

5 月份，《圣地亚哥商业日报》(*San Diego Business Journal*)刊登了一篇关于卡利恩特集团的文章。文章引用了公司一位官员回答有关赛马赌金自动计算器公司订单询问时的话说："对于数额如此巨大的订单没有承诺。我们只有少量机器。"[10] 文章同样提到了可能遇到的有关规章制度的限制。

第二季度的收益在 5 月中旬公布，截止到 1994 年 4 月 30 日的 10Q 在 6 月 14 日提交。资产负债表中有一行真正值得保留的东西——累计折旧继续下跌了 1 000 万美元，财产和设备上升了 100 万美元。在冗长的报告中对此没有任何解释。累计折旧下跌可能有几个原因：(1)公司出售某些东西或者换句话说抛售贬值的财产；(2)公司改变了资产使用期限；(3)公司改变了残货价值。这种信息没有一个是必须被披露的，但通常就是这些。如果公司抛售一项资产，它一般在投资现金流量项上显露出来；或者，也许财产和设备总计科目会下降同样的数量。在被问及这个问题时，公司官员拒绝做出评论。事实上，如果赛马赌金自动计算器公司改变了他们的折旧表计划，该季度的收益可能已经被大大地抬高了。另一方面，可能已经有了一个毫不费劲的解释，涉及根据服务合同预先使用赌博系统的客户购买。但是这个数量相对于该季度不足 700 万美元的营业收入来说大得惊人。所以它带来了一个足以让成长型股票的积极参与者们确信应该卖空股票的问题，如果他们仍然持有该股票或者如果他们碰巧注意到正在消失的折旧的话。

到 1995 年初为止，当公司在两年之中第二次宣布财务报告提交将推迟时，股票价格跌到了 5 美元以下。审计师显然遇到了有关资产摊销和收入时间测定的问题，这些问题至今没有得到解决。魏尔把价格下跌解释成一种行业现象。赌博不流行了。他说，也许其中一些因素是由于令人失望的会计年度收益——出现了亏损，说一千道一万，是由于以前的费用出了问题。

财务会计晦涩难懂的公司股票应当使股东们得出这样的结论：如果你持有一只股票却不能弄懂它，那你就应该卖掉它。如果你没有这种股票并且不能理解它，即使你认为这种难以理解的地方仅仅是露出水面的冰山顶，你也应该考虑卖空它。

黄鼠狼：西部储蓄贷款联合公司

分析师的难题是如何通过阅读公司的公开记录，在市场出现分歧之前，发觉哪些公司是建立在无价值的和不具备流动性的资产基础之上的。特别是在财务报告方面，公司资产组合是与委任企业同盟相类似的。例如，很难确定银行资产负债表上贷款的质量。

西部储蓄贷款联合公司（Western Savings and Loan Association；译者注：Savings and Loan Association，又译"储蓄贷款协会"或"储蓄贷款社"，是以合作或股份形式组建起来的金融组织，持有其成员或客户在生息账户和存款证明中的基金，主要投资于房产抵押贷款，也提供支票活期存款和其他银行业务）或者"黄鼠狼"（Weasel，这是空头们给它起的绰号）是市场定价超出任何合理估价的亚利桑那州的一家储蓄贷款联合公司（S&L）。1986 年，该公司股票交易价格超过 20 美元，尽管其账面价值只有 6 美元并且标准普尔的一篇评论提到其膨胀的资产负债表。

关于"黄鼠狼"的市场估价问题基于两个利害关系：

1. 在对零星的、不能定价的资产（如证券、贷款和房地产等）调整后，资产净值是多少？

2. 经常性收益是多少？如果有经常性收益的话。

经过了两年时间，市场才令人满意地解决了那些问题。

历史背景

西部储蓄贷款联合公司有一段丰富多彩的历史。德里格斯（Driggs）家族三代经营西部储蓄贷款联合公司，而在 20 世纪 80 年代有影响力的儿子加里·德里格斯（Gary Driggs）是该公司资产的缔造者。在 80 年代早期的低迷时期，德里格斯家族拥有 20%股份的公司面临被巨大的亏损击沉的危险，此后，加里·德里格斯通过以西部储蓄贷款联合公司优先股（受到管理者们照顾的资本）为幌子的注册资本的注入，把西部储蓄贷款联合公司从死亡盘旋中拉了出来，他以优先股换取了地产。[11]1983年,当他把房地产收益登记入账时,他帮助另一家储蓄贷款联合公司提高了它的资本基数,该房地产是西部储蓄贷款联合公司为换取优先股、中期债券和现金而卖给布洛维尤储蓄贷款联合公司(Broadview Savings and Loan)的。在1984年,该优先股很快就停止支付利息,但是它继续以最初的交换价格留在西部储蓄贷款联合公司财务报告中。布洛维尤储蓄贷款联合公司股票变成了空头们对西部储蓄贷款联合公司资产进行估价的一块墙角石。

加里在菲尼克斯(Phoenix,又译"凤凰城")因其有声有色的经济上的表演而著名。他将使亚利桑那州比尔特莫尔(Biltmore)企业家云集,并运用多倍投影器和脉动爵士音乐的电影配乐来表达他对亚利桑那州经济的永远乐观的高见。他把他的股东们的钱投资在他的嘴中。

表6.2　　西部储蓄贷款联合公司空头净额

1986年	卖空股份数量	1987年	卖空股份数量	1988年	卖空股份数量
1月	151 800	1月	360 600	1月	240 580
2月	135 900	2月	360 600	2月	243 990
3月	79 800	3月	293 700	3月	361 140
4月	72 100	4月	287 045	4月	459 212
5月	53 400	5月	319 000	5月	743 575
6月	65 800	6月	339 010	6月	576 643
7月	277 200	7月	351 506	7月	616 442
8月	263 200	8月	371 545	8月	612 282
9月	267 500	9月	411 446	9月	583 061
10月	268 200	10月	413 216	10月	649 641
11月	255 700	11月	291 803	11月	666 476
12月	289 100	12月	269 994	12月	814 051

到1986年为止,加里·德里格斯已经努力把西部储蓄贷款联合公司的使命转移到对冲变幻莫测的利率涨落上。在80年代早期他一直在西部储蓄贷款联合公司中的巨额利率赌注上拖延时间。1986年12月31日的10K畅谈了他的新战略:

西部储蓄贷款联合公司通过积极的多元化经营、投资于房地产和其他公司的证券,以努力创造非利息收入来利用这些新的投资机会。西部储蓄贷款联合

公司相信，在最近几年期间本行业所遭遇的、作为利率不稳定结果的问题，证明了多元化投资战略对于公司的未来成长和稳定是至关重要的。[12]

探测资产价值：捉迷藏

在实践中，这个策略意味着资产负债表改变了(参见表6.3)。在资产一边，直接投资稳定地增长到占资产的16.5%，或者说在55亿美元资产中直接投资占到91 500万美元。从资产质量角度，它受到关注。在美国联邦住房贷款银行委员会(Federal Home Loan Bank Board，简称FHLBB)1985年发布其关于资本净值的首份规章时，它已经在作为受规章限制的资本净值的一个部分的"直接投资"类目中表明了兴趣。1986年12月31日，西部储蓄贷款联合公司股东权益达12 800万美元，包括清算价值为5 520万美元的优先股和在当时价值为7 270万美元的普通股。

表6.3　　西部储蓄贷款联合公司资产负债表　　单位：千美元

	1986年	1985年
资产		
现金	$　92 461	$　54 788
售出联邦基金*——按成本价格，接近于市价	85 000	—
美国政府证券——按已摊销成本价格		
(市价分别为698 940千美元和466 277千美元)	707 334	475 304
已抵押证券(市价分别为380 504千美元和483 421千美元)	372 594	484 930
应收贷款净额	2 995 312	2 686 857
应收应计利息	47 495	44 785
房地产		
用作共同投资的有附加利息准备的贷款净额	197 665	186 111
开发或投资获得净额	571 601	493 104
结算贷款获得净额	30 885	23 368
在美国联邦住房贷款银行中的股本——按成本价格	26 213	22 500
在关联公司中的投资	66 920	51 662
其他投资——按成本价格	88 786	94 378
办公用财产和设备——按成本价格，减去累计折旧和摊销	173 843	76 873
商誉和其他无形资产——按成本价格，减去累计摊销	32 271	33 650

续表

	1986年	1985年
其他资产和递延费用	58 725	56 287
总资产	$5 547 105	$4 784 597
负债与股东权益		
存款	$3 813 475	$3 279 691
美国联邦住房贷款银行预付款	450 000	450 000
根据回购协议售出证券	836 292	694 518
应付票据	91 654	39 332
借款人税收和保险费预付款	10 219	10 910
应付账款和应计费用	52 621	46 284
所得税负债	43 730	28 883
次级信用资本性票据	121 130	121 904
总负债	$5 419 121	$4 671 522

注：* 联邦基金是指美国商业银行存在联邦储备银行准备金户的存款，可供日拆之用。

表 6.4　　西部储蓄贷款联合公司零星资产　　单位：千美元

	1985年12月31日		1986年12月31日	
	账面结存价值	估计市价[1]	账面结存价值	估计市价[1]
普通股				
千缕股份有限公司[2]	$24 438	$19 861	$22 000	[6]
纽厄尔公司[2]	27 224	38 276	29 876	$46 710
布洛维尤金融公司[3]	1 030	404	1 030	350
特许联邦储蓄贷款联合公司	696	1 087	0	—
其他	4 243	4 397	5 347	5 332
总计	$57 631	$64 025	$58 253	
累积优先股				
戴尔 E. 韦布公司	$11 465	[4]	$11 465	[4]
布洛维尤储蓄贷款公司(有担保)[5]	35 000	[4]	35 000	[4]
可转换优先股				
美国西部航空公司 9.75%可转换优先股[7]	6 000	[4]	0	—
美国西部航空公司 10.5%可转换优先股	14 820	[4]	14 820	[4]

续表

	1985年12月31日		1986年12月31日	
	账面结存价值	估计市价[1]	账面结存价值	估计市价[1]
次级信用债券				
戴尔·E. 韦布公司易变汇率	2 866	[4]	2 866	[4]
菲纳尔科公司易变汇率	10 413	[4]	10 413	[4]
千缕股份有限公司 14⅝%	0	—	15 044	[6]
公用事业债券	7 845	6 723	7 845	7 344
总计	$88 409		$97 453	

注：[1]市价反映了在10K提出日当天的该证券的交易所收盘报价，它可能并未表明这些投资的当前市价。

[2]在1986年12月31日，这些投资正被持有待售；然而，为了过户，有某些限制性条件必须满足。参见合并财务报表第8项中的注释5。

[3]联合公司正持有这些股份作为投资。

[4]适合这些证券的现行公开交易市场尚未存在。

[5]到1986年12月31日为止，布洛维尤储蓄贷款公司已经宣布但是还没有支付的6次半年期股息合计达1 260万美元。西部储蓄贷款公司相信布洛维尤储蓄贷款公司不太可能在1987年6月30日的到期日支付210万美元的股息，并且也不能预知，在1987年12月31日的到期日，布洛维尤储蓄贷款公司是否将支付此后的股息。参见合并财务报表第8项中的注释5b。

[6]在管理层看来，千缕股份有限公司普通股和次级信用债券的总价值在1986年12月31日接近37 044 000美元。管理层在确定这种价值方面依靠投资银行家的建议和市场行情，这一价值实质上高于市场报价。

[7]在1986年4月，美国西部航空公司以468 000美元的溢价赎回了联合公司持有的9.75%可转换优先股的全部股份。

联合公司在其他公司投资的价值通常由于经济、股票市场、投资指向的公司经营的变化而波动，同时由于西部储蓄贷款联合公司无法控制的其他因素而起伏。另外，那些尚没有现行交易市场可供其交易的证券或者那些其可转让性以另外的方式受到契约条款或者适用证券法律限制的证券不是短期投资，因此西部储蓄贷款联合公司或许不能在最有利的时机卖掉它们以使亏损最小化或者利润最大化。

资料来源：西部储蓄贷款联合公司1986年12月31日10K表格。

这些资产是多少呢？首先，西部储蓄贷款联合公司在6个州的房地产开发项目上投入了 57 160 万美元。该银行还声明,它“预期在 10～20 年的一段时期内,这些项目的开发花费的资金将增加到 97 500 万美元,这还不包括资本化的利息”。[13]所以那是对的——房地产总是在不断被兴建起来,深思熟虑的投资者一定这样说过。

证券投资是下一个类目。完全按照截止到 1986 年 12 月 31 日的 10K(参见表 6. 4)中的信息,西部储蓄贷款联合公司已经投资于各种各样公司的混杂的资产账面结存价值为 15 570 万美元。它们值多少钱呢? “黄鼠狼”公司的“估计市价”栏(第 4 栏)大部分是脚注。合并财务报表的脚注 5c 认为:“联合公司拥有的许多投资不是公开交易的;因此,市价不容易确定。在管理层看来,上述投资的估计总市价接近于 1986 年和 1985 年的 12 月 31 日的成本价格。”[14]在这些投资中,约翰 · 德里格斯(John Driggs)是美国西部航空公司的董事,而加里 · 德里格斯(Gary Driggs)是纽厄尔公司(Newell)和千缕公司(Thousand Trails)的董事。

能够计算出一个合理的市价吗? 让我们从证券投资列表顶行的千缕公司着手。千缕公司是声名狼藉的、在支付了最初签约费之后不时忘记支付费用的会员们的营地。到 1986 年 12 月 31 日为止,负现金流量已经把普通股价格从每股 20 多美元推到了 2. 937 5 美元。在 1985 年获得 180 万美元收益之后,千缕公司在 1986 年亏损了 5 040 万美元,并试图说服贷款人重组债务。西部储蓄贷款联合公司对千缕公司的披露事项是前者持有后者 2 200 万股普通股、票面价值达 3 010 万美元的次级信用债券,结存资产成本为 1 500 万美元。表 6. 4 中的脚注说明证券价值“实质上高于市场报价”。[15]持有的普通股数量为 240 万股,或者说其现时市价不足 720 万美元,的确“在实质上”少于 2 200 万美元的账面结存价值。财务报告的注释同样提到,西部储蓄贷款联合公司已经授予了千缕公司高达 5 000 万美元的两项信用额度,在年底,千缕公司未偿清的贷款达 4 840 万美元,该贷款是以房地产营业财产和应收账款作抵押的——毫无疑问,都是一些特别无法收现的东西。在“黄鼠狼”公司的账簿上总计有 8 540 万美元被骗取用于千缕公司投资。

相反,纽厄尔公司倒像是专为西部储蓄贷款联合公司开设的庇护所,西部储蓄贷款联合公司在其中的投资的估计市价几乎是原始成本价 2 990 万美元的 2 倍。1986 年 12 月 31 日,西部储蓄贷款联合公司持有该公司股票 173 万股,每股价值 27 美元,或者说持有股票总值将近 4 670 万美元,利润 1 680 万美元。过户的细节问题一旦被解决，该证券就被持有待售。

无论如何，布洛维尤金融公司拖欠了1 260万美元优先股利，并且低于资本需求量，资产由于建筑贷款的上升而减值。布洛维尤金融公司普通股交易价格在1986年11月为每股2美元左右。显然，西部储蓄贷款联合公司持有的布洛维尤公司股票的估计市价，少于其账面结存价值，即100万美元的普通股和3 500万美元的累积优先股账面结存价值之和。

戴尔·E. 韦布公司(Del E. Webb)、美国西部航空公司和菲纳尔科公司(Finalco)全都在交易，而它们的证券全都是不能定价的。

试图计算出西部储蓄贷款联合公司有价证券组合价值的小心翼翼的分析师可能要调整千缕公司、布洛维尤公司和纽厄尔公司等公司证券的价值，并用管理层的估价技巧帮助其他几家公司证券确定价值。调整后的价值将会是：

- 千缕公司普通股价值720万美元。
- 纽厄尔公司普通股价值4 500万美元。
- 布洛维尤公司普通股和优先股价值0美元。
- 千缕公司债券价值700万美元。
- 其他证券价值5 280万美元。

可定价的证券总价值等于11 200万美元，在有价证券组合中共计亏损4 370万美元，而那还没有考虑千缕公司的应收账款。

除了直接的房地产高风险和在不能定价的证券上的投资之外，西部公司自然也在房地产和建筑贷款(34 700万美元)以及活动住房(译者注：一种大的汽车拖行的活动住房，各部分固定以联结成可使用设施。它能被安置在相对固定的地点，以用作住所)和财产改进贷款(80 100万美元)方面存在巨大的风险。西部公司资产净值为12 800万美元，资本净值为24 830万美元，而调节员(Regulator；译者注：调节员是政府调节机构的成员之一，其职责是保证有关企业等遵守法律、规章制度或已有的制度，如银行调节员、物价调节员等)要求最小资本净值要达到15 410万美元。如果有价证券组合按照更为实际的价值滚存的话，西部公司在规定的资本水平上就接近于危险的地步。

损益表与内部人

收益又怎样呢？无疑，所有那些房地产和证券上的利润形成了有规律的增长;有价证券组合的附加风险必定会产生异常高的投资回报。但是西部公司的案例却不是那样:与1985年的每股收益2.32美元相比较,1986年每股收益为1.80美元;1986年的净收入为12 700万美元,1985年为10 900万美元。西部公司还把大量的利息——1986年为3 500万美元,1985年为2 900万美元——资本化了。

与此同时,德里格斯家族没有太恶劣地利用该公司。约翰(董事长)和加里(总裁和首席执行官)在1986年每人挣得414 016美元。约翰和加里的股票期权净实现价值分别为366 393美元和1 574 100美元。西部公司给约翰的抵押贷款总计500 000美元,利率为9.5%;给加里的抵押贷款总计602 119美元,利率为6%~11.75%。他们的妹妹,洛伊斯·坎农(Lois Canon)在拉瓜那海滩市(Laguna Beach;译者注:拉瓜那海滩,美国加利福尼亚州南部的一个城市,位于长岛东南部。它是一个海边旅游胜地,这里有一个著名的艺术家聚居地。人口23 170人)公司的西海岸(译者注:西海岸即美国西部临太平洋的地区,包括华盛顿州、俄勒冈州和加利福尼亚州)分部从事公关工作。

概要而言,1986年的10K告诉感兴趣的投资者,报告宣称的账面价值或许太高了,而且收益未必是经常性的。由于价格与账面价值比率超过3倍,价格与账面有形资产价值比率达到6倍,西部储蓄贷款联合公司股票在收益成长、房地产增值,或者也许是被收购(按照德里格斯家族的看法,这是不可能的)的期待中交易着。

为什么减低它的账面价值?

西部储蓄贷款联合公司在1987年有一个较好的收成。它包括一项非常特别的财务交易——局外人不可能估价的一项资产交易。西部公司在整个千缕公司一揽子资产(应收贷款加上证券共计5 000万美元)上仅仅承担了130万美元的亏损。西部公司向南马克公司(Southmark)出售了一揽子证券,包括:3 550万美元的南马克公司次级可转换债券、2 320万美元的维萨(Visa)信用卡参与权、参与两项房地产抵押贷款2 150万美元以及950万美元的千缕公司营地会员费。哎呀!他们用营地会员费干什么?当大量的资本侵蚀损失消失到空气中的时候,用成组吊钩吊起的娱乐车(Recreational Vehicle,简称RV)悬挂装置根本不是问题。

对1987年财务报告脚注的核对表明，布洛维尤公司优先股仍然按照成本价格滚存，看不到资产的账面减值。纽厄尔公司普通股已经被出售获利。

1987年净收入令人满意地增加了，与1986年的3 000万美元相对，1987年的净收入为3 300万美元，同时，其他收入贡献了16 100万美元——其中7 890万美元来自房地产。但是，股东权益从12 800万美元下降到11 600万美元。西部公司补偿购入了普通股——花费了将近3 000万美元购入了180万股。

在1988年，当加里在第二季度收益报告中宣布各分行的预期出售将获得2 600万美元的利润并且继续出售房地产、贷款和投资以获取利润时，资产重组(Asset Shuffle)继续进行。在该季度，收益与前一年相比较下降了，并且更能说明问题的是，在贷款的结算中获得的房地产超过了原来的2倍，达到21 900万美元。亚利桑那州的房地产环境正给加里的资产战略增加压力。收益看起来很难取得，即使有资产交换和出售。管理层先是宣布派发股息，然后又食言，使股票开价重新回到了它原先的位置。

1988年5月，《福布斯》杂志在艾伦·斯隆撰写的一篇有趣的文章中注意到西部公司股票价格与其资产的名义价值之间的不一致。他解释了西部公司的资产重组和资产交换并提到“供给日益不足”的资本。[16]

西部储蓄贷款联合公司最终不再被调节员们接管，而查账人员们的手则由丁共反复无常的会计处理遭到拍击。加里及其家族在1988年12月辞职，与此同时，股票以每股3美元的价格出售(参见图6.3)。62亿美元储蓄据报道说可能是第三大储蓄紧急融资，包括标价为17亿美元、所收租金只够支付地产税的一座建筑物和一项63 700万美元的二手房地产在内，还有另外的29 500万美元的投机性贷款和4 600万美元的垃圾债券。到如今，可能要减记布洛维尤公司优先股的资产账面价值，而在比尔特莫尔的经济上的有声有色的表演这一年平静下来了。

西部储蓄贷款联合公司的训练应当告诫可能的买主或者卖主，要阅读资产负债表上的脚注并设法给其中的有价证券和资产定价，或者，至少要阅读关于发行了大量也许是可转换的、优先的、非公开发行的、没有市场可供交易的证券的公司的标准普尔报告(S&P Sheet)，这些证券搁置在公司的资产负债表上就像被伪装成赛马的瘦弱的河马一样。

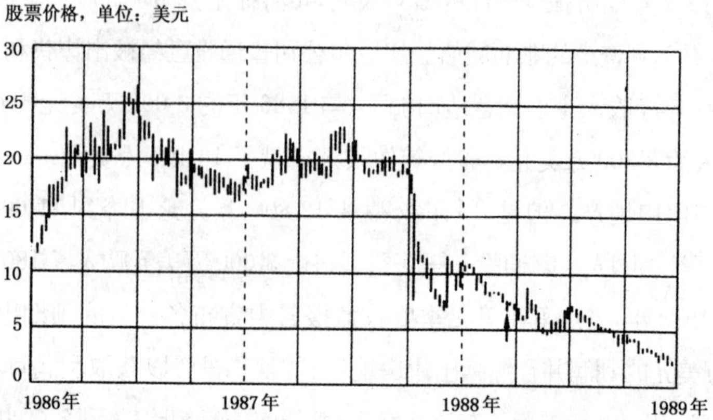

图 6.3 西部储蓄贷款联合公司 1986 年 1 月 1 日至 1989 年 12 月 31 日股价变动图

保险公司：谁是第一？

任何没有现成市场可供交易的资产，都是容易被资产重组的对象。当公司一心想要乐观的估价时，垃圾债券、房地产、抵押债券组合、滥发的优先股、可转换债券和票据全都可以恰好地发挥作用。像银行和储蓄贷款协会一样，保险公司也是建立在有价证券组合基础之上的。所有的业务，尤其是在人寿保险公司中，都无可救药地与相关资产联系在一起：保险赔偿费支付、承保新业务的能力以及偿付能力，完全取决于公司持有的股票和债券。

美国众议院下的监督与调查分组委员会在其 1990 年 2 月的一份报告《保险公司破产》中，严厉批评了保险行业的这种资产重组技巧。委员会特别提到的这种技巧的主要缺点之一是不可靠的信息：

政府调节员、行业参与者和评级服务部门用来衡量偿付能力的大量信息，作为精确地确定保险公司财务状况的根据是完全不可靠的。大多数这样的信息是由保险公司自己提供的，没有经过调节员、独立审计师或者有资格的保险精算师们的核查。信息还可能是过期的和基于"依推测的估计"的、省略和遗漏的东西、伪造账目以及甚至是厚颜无耻的谎言。[17]

保险公司是磨炼财务报告检测技巧最好的地方。

如何把你的注意力牢牢地盯在微小的印刷字体上

关于保险公司的最重要的观点是，除了约瑟夫·贝尔思(Joseph Belth，他是一位只由一个人组成的对滥用保险的公司诡计保持警戒的警戒会的成员)之外，所有的人都不喜欢阅读保险公司的财务报告。[18]有传闻说，一些正致力于收购保险公司的投资银行家们甚至看也不看上一眼潜在目标公司的一览表D(Schedule D)。而那导致了第二个观点：真正了解保险公司的少数人以不为人知的语言讲话(就像说"一览表D"，这时他们表示的真正意思是"有价证券组合")，所以别的人没有谁能理解。它造成了大量的市场无效率现象。

保险公司几乎都是由各个州专门管制的。州保险专员们负责监督那些得到许可在他们州开展业务的保险公司的财务稳定性。一个自发性的协会，保险专员全美协会(National Association of Insurance Commissioners，简称NAIC)，创立了检查的统一标准，而该协会是财务标准方面公认的权威机构。它是证券和其他资产估价的最重要的创始者，并且由于其获得各州当局的广泛承认而成为准法定机构。

以下是关于保险公司财务报告的最重要的观点(要是你容易厌烦，就请跳过这一节)：

1. 所有的保险公司都被要求提交年度财务报告，可供各州保险部门公开检查。所谓"年度报告"——蓝皮书适用于人寿保险公司，黄皮书适用于财产和伤亡保险公司——财务报告按照被称为"表格"的标准格式编制。如果选择的保险公司将不派发财务报告，则可以在州首府的保险部门得到它们的复印件。财务报告在每年的3月份被提交。

2. 这些财务报告要求实行不同的会计实务(所谓"法定会计")，所以它们可能与被以10K和10Q以及年报方式使用的公认会计原则(GAAP)会计不相配。法定会计的驱动力是资产变现能力；例如，购置成本被即时开支，而不是在几年期间开支。该规则的灵魂是偿付能力或者索赔支付能力的确定——这使得财务侦探们分析起来更加容易。法定会计是准现金会计，接近于税务会计。这里有通向人寿保险公司的高速公路线路图(请记住格式、页码和行编号都是标准的)：

- 第2页告诉你资产情况：债券、股票、房地产和保险单贷款。
- 第3页告诉你负债和盈余：利息维持费准备(Interest Maintenance Re-

serve)在第11.4行上，资产估价准备(Asset Valuation Reserve)在第24.1行上(更后的)，以及在第37行上的盈余。

- 第4页是包括净收入的损益表(第33行)，已实现的资本收益和损失(第32行)，以及未实现的资本收益和损失(第36行)。
- 第5页是现金流量。
- 第10页是按证券形式计算的收入及利润和亏损的明细数据。
- 财务报表注释说明了所有的秘密情报：谁拥有公司，给所有者支付了多少股息，股息支付上的禁律，关于母公司与子公司之间交易的信息。
- 一览表A是房地产：第一部分是自身拥有的房地产，第二部分是已售出的房地产。
- 一览表B是抵押权：第一部分是自身拥有的抵押权，第13行和第14行是已取消回赎权的抵押权和已转换到房地产的抵押权，以及根据代替取消抵押品赎回权的转移产权契据获得的抵押权。一览表B的第二部分第三节是正在丧失抵押品回赎权的抵押权。
- 一览表BA的第一部分对诸如房地产合资经营和合伙经营等其他长期投资做了说明。
- 核算利息维持费准备和资产估价准备的表格提供了准备金组成的细目分类。
- 一览表D告知投资组合的明细数据。一览表D的第一部分列表说明持有的债券及它们的账面价值、成本价格、市场价格、收讫的利息以及截止到12月31日的保险专员全美协会评定的债券信用等级标识。
- 一览表D的第二部分第一节列表说明优先股，而一览表D的第二部分第二节则提供普通股的资料。一览表D的第三部分揭示该年获得的全部股票和债券及其来源。一览表D的第四部分列表说明已售出或者赎回的股票和债券及其盈利和损失。一览表D的第五部分提供了在同一年里获得并已卖掉的那些股票和债券。

3. 所有这些以一个被称作资产方余额的数字连接起来。

资产方余额=资产－(负债+资本)

换句话说，资产方余额等于留存收益。用保罗·朱科尼(Paul Zucconi)编写的人寿保险经营机构会计教科书中的话说，“资产和负债的适当估价对于资产方余额总数的精确性是最重要的。”[19]资产方余额为公司应付意外情况提供了减震器，为公司扩张提供了资金。它是公司的心脏。它也决定了所有者能够取得多少和调节员们是否接管。

如你所见，保险佣金促使保险公司公布分析师必须了解的每一件事。然而阅读所有那些微小的数字和设法追踪事实需要耐心。

分析师需要了解有价证券组合中存在的问题将吃掉大部分资产方余额(那就像吃掉大部分资本净值一样)的可能性。克莱尔(Clair)和约瑟夫·盖洛韦(Joseph Galloway)在他们一鸣惊人的保险会计教科书《保险公司会计手册》中说，投保人的资产方余额照道理并不应该表示公司的价值，然而它“为了规制目的被用于衡量保险公司实力……因为稳健的法定会计实务，包括排除非确认性资产(Nonadmitted Assets)，投保人的资产方余额恰恰提供了对投保人有用的对于保险公司最低财务实力的估价”。[20]

保险专员全美协会建议人寿保险公司，通过建立一个减少资产方余额的准备金账户，来准备应对投资组合中可能出现的问题，这非常像银行必须有贷款损失准备金一样。在20世纪90年代早期，保险专员全美协会把过去的准备金(强制的证券估价准备金，英文为 Mandatory Securities Valuation Reserves，简称MSRV)分成两个部分：资产估价准备金(Asset Valuation Reserves，简称 AVR)和利息维持费估价准备金(Interest Maintenance Valuation Reserves，简称IMR)。同样像银行那样，人寿保险公司在问题资产和准备金之间有着直接的关系。保险专员全美协会在资产估价准备金上采用了这种做法，资产估价准备金是公司的一种负债——资产估价准备金的增加导致资产方余额的减少。资产估价准备金由两个部分组成：用于在债券、优先股和抵押权上与信用相关的损失的违约准备金部分，以及适用于所有类型资产净值的资产净值准备金部分。

利息维持费估价准备金是用来控制与信贷资产质量变化无关的已实现盈利和亏损的。这种准备金把盈利或者亏损摊销到投资周期内取得的收入之中，并且它是一种投保人负债，而不是一种估价准备金。涉及有价证券组合准备金的资产估价准备金规定如下。公开交易的股票是自动的20%准备金乘以加权平均有价证券组合β参数；优先股是3%～22%。

在20世纪90年代，保险专员全美协会制定了新的债券信用等级，较之以前的信用等级，新信用等级对资信评级机构的依赖性更大。

新信用等级是：

保险专员全美协会信用等级标识	资信评级机构信用等级	最大累加值
1	AAA/Aaa，AA/AA，A/A	1%
2	BBB/Baa	2%
3	BB/BA	5%
4	B/B	10%
5	CCC/Caa 及低级	20%
6	违约或近违约债券	20%

在宣布破产之前，保险公司减低违约债券(Default Bonds)账面价值的幅度不必超过20%，除非投资主管具有稳健倾向。所以对于风险资产的实际责任落到了规制的威力或者稳健的经营上，无论哪一个最先出现。

丘比特人寿保险公司：综合资源公司的危险废物收集器

分析的关键是，根据财务状况确定问题资产可能耗尽资产方余额的可能性。一个过于简单化的然而有用的方法是，把非流动性资产、风险资产合计起来，得出一个问题资产总数。然后，从你已经发现的资产方余额中，减去累积的强制证券估价准备金(MSVR，即 MSRV，在1988年它被称为 MSVR)。最后，根据已发现的问题资产数量划分调整后的资产方余额，了解在调节员们捅了马蜂窝或者必须扩充资本之前的覆盖率是多少。

截止到1988年12月31日，丘比特人寿保险公司的资本结构是：

资产	1 900 327 685 美元
负债	1 834 267 556 美元
其中包括 MSVR	46 447 775 美元
资产方余额	61 560 309 美元

所以资产方余额是减震器。

下一步是对一览表A直到一览表D进行仔细检查，并对哪些资产是潜在的问题资产做出主观决策，换句话说，检阅保险专员全美协会的估价。

- 一览表A表明，房地产为850万美元，其中390万美元相当于一览表B

上的丧失回赎权的抵押权。

● 一览表BA中,在房地产合伙企业中有3 000万美元投资。

● 一览表D中,信用等级为CCC需要提取20%准备金的债券或者信用等级为违约的债券共有24 900万美元,所以要从资产方余额中减去4 980万美元。

● 一览表D中还有4 350万美元信用等级标识为最大累加值2%的子公司和母公司的票据和债券,包括来自其母公司综合资源公司的3 800万美元票据。最大累加值为20%的保险专员全美协会信用等级标识的总计只有150万美元,因此从资产方余额中减去1 140万美元。

● 关于普通股的资料显示,关联公司股票为13 720万美元,包括房地产投资商公司(Realty Investors)股票12 320万美元。由于普通股必备的MSVR为20%,因此从资产方余额减去2 740万美元。

下列表格计算了其总数:

问题资产		MSVR扣除额
房地产	850万美元	—
风险资本	3 000万美元	—
信用等级为CCC或拖欠偿还的债券	24 900万美元	4 980万美元
子公司票据/债券	4 350万美元	114万美元
公司股票	13 720万美元	2 740万美元
总计	46 820万美元	7 834万美元

非流动性潜在问题资产总计达46 820万美元。为了避免重复扣除,应当减去在负债中已累计的4 650万美元MSVR,因为全部的7 834万美元还没有减去资产方余额。调整后的资产方余额是10 800万美元,因此覆盖率是1/4;那就是说,如果1/4的问题成为事实,丘比特人寿保险公司就会陷入困境。MSVR为4 650万美元,或者说覆盖率为1/10,所以提供了相当少的保护。

这项练习向分析师展现了保险公司的动向。如果综合资源公司和房地产投资商公司陷入困境(参见第七章),那么在资产方余额上就没有余地,当然在MSVR上也没有预先考虑过。棘手的难题显然是母公司和关联公司的证券,所以悲观论者需要观察综合资源公司和房地产投资商公司,而不仅仅是保险公司。与此同时,保险专员全美协会认为综合资源公司看上去足够好,所以只要求2%

的准备金，而那也就是大声而清楚地说，做你自己的事情吧！

保险公司在证券的账面结存价值上有很多的活动余地，尤其是在股票或债券没有一个公开的市价时。作为一个爱挑剔的旁观者，你所必须做的全部事情，就是对那些资产中的某些资产的质量产生怀疑，避免持有母公司的股票。如果你对相对于资产余额来说数额巨大的资产产生怀疑，那么就卖空母公司股票。

保险业的更多规则

依照公认会计原则的规则，在母公司或子公司交换证券时并不实现盈利或亏损。为了获得已实现盈利，证券必须出售给第三方。法定报告(计算盈余的保守的、以现金为基础的会计)在这方面要求比较宽松。转让公司可以确认盈利或亏损，这将影响卖出证券的公司的盈余，反过来又影响母公司可以拿回去多少现金。

大多数州还对母公司从其子公司处取出多少现金加以限制。一个典型的限制规定，全部净收入(有时称为营业利润)或者资产方余额的10%可以支付给母公司。[21]这种限制总是在“财务报告注释”的常规陈述中得到详细解释。然而，只要公司存在足够的资产方余额并且州调节员们高兴，它就可以向母公司支付资产方余额债券(Surplus Debentures；它是一种非猫非狗、既不是负债又不是权益的资本注入)的利息。

这就意味着，把钱送给母公司比看起来的要难得多，通过在子公司之间的证券交易产生会计利润也是很难的。

非关联公司在困难时期当然可以通过相互持有对方的有价证券以帮助摆脱困境。而且，如果证券发行者发生问题，它们也可以有意地不去减少那些有价证券的账面价值——就像在第一执行者公司(First Executive)的情况下，它对待其在终端公司(Terminal Companies)综合资源公司和南马克公司的保有股份一样。

新花招以分析师们学会跟踪老花招的同样速度出现在保险行业。然而，阅读常规陈述可以大大降低被快速变换的行家肆意谩骂的概率。

研究保险公司得出的结论，这种结论同样适用于所有会计报表晦涩难懂的股票，就是分析起来非常困难的股票通常是最有利可图的，因为它们一般是价格被高估程度最严重的股票(或者是价格被低估程度最严重的股票，但一定是价格被错定的股票)。

◆ 注释

[1]National Education Corporation,Annual Report,31 December 1988,28.

[2]Arthur Rade,Merrill Lynch Research Report,17 April 1989,from National Education Corporation Excerpts,1 August 1989.

[3]Ram Capoor,Morgan Stanley Research Report,24 May 1989,from National Education Corporation Excerpts,1 August 1989.

[4]Arthur Rade,Merrill Lynch Research Report,12 June 1989,from National Education Corporation Excerpts,1 August 1989.

[5]Fred Anschel,Dean Witter Reynolds Research Report,13 June 1989,from National Education Corporation Excerpts,1 August 1989.

[6]Arthur Rade,Merrill Lynch Research Report,19 July 1989,from National Education Corporation Excerpts,1 August 1989.

[7]Ram Capoor,Morgan Stanley Research Report,21 July 1989,from National Education Corporation Excerpts,1 August 1989.

[8]National Education Corporation,Form 10Q,30 June 1989,7.

[9]Autotote Corporation,Form 10K,31 October 1992,35.

[10]Penn Crabtree,"Caliente pulls the plug on video gaming machines," *San Diego Business Journal*,23 May 1994,3.

[11]Allan Sloan,"Phoenix's Wild West Show,"*Forbes*,30 May 1988,38.

[12]Western Savings and Loan Association,Form 10K,31 December 1986,39.

[13]Ibid.,15.

[15]Ibid.,59.

1[15]Ibid.,16.

[16]Sloan,"Phoenix's Wild West Show,"38.

[17]U. S. House of Representatives,Committee on Energy and Commerce,Subcommittee on Oversight and Investigations,*Failed Promises:Insurance Company Insolvencies*(Washington,DC:Government Printing Office,1990),4.

[18]Joseph Belth writes a wonderful newsletter for insurance company nuts called *The Insurance Forum*,P. O. Box 245,Ellettsville,IN,47429.

[19]Paul J. Zucconi, *Accounting in Life and Health Insurance Companies* (Atlanta: LOMA, 1987), 210.

[20]Clair J. and Joseph M. Galloway, *Handbook of Accounting for Insurance Companies* (New York: McGraw Hill, 1986), 255.

[21]Joseph M. Belth, *The Insurance Forum*, 17:4, 102.

第七章　金钱吸血鬼：大发其财以求生存

有些公司需要吞噬大量资本以维持生存，即使是在经济扩张阶段期间。当经营未能启动企业活动现金流量的抽水泵时，金融市场灌输的资金滋润了其基本业务。为了投资于按照例行程序进入金融市场的公司，债券或股票购买者必须设想两件事情之一，要么公司最终赚得的钱将足以偿还债务或者将有一个合理的净资产收益率，要么公司资产负债表上的资产将充分地增值以便资产出售将足以抵补未清偿债务。像狂欢节上叫喊招揽观众的人一样，这些公司许诺，前排中心的景色有一天将使得昂贵的入场价格物有所值。

为了投资于未来，公司必须持续获得资金。债券、股票、合伙、直接销售债券（译者注：发行债券时将债券全部售予法团投资人）等所有的金融工具都被运用。综合资源公司是最近几年中出现的大量消耗资本者的最好例子。在 20 世纪 80 年代，资金容易获得；公司在没有收益和没有自由现金流量（Free Cash Flow）的情况下也能兴旺发达。正如银行家对吉菲润滑油公司表达的看法那样，来得容易的钱是个问题。在市场对于新债券和新股票的强烈的胃口消失时，这些公司也面临了同样的问题。

有9条命的综合资源股份有限公司

综合资源公司作为维持时期最长的空头净额(也许除了传真电话公司之外是最长的)之一而声名大作。它在1986年就似乎一蹶不振,然而,直到1989年6月它才开始拖欠放债人债款。空头们一年至少1次或者2次大声呼喊,“倒了!避开!它到那里了。”然而该股票却往往顶住了下跌引力而反弹了回去。它的终结标志着垃圾债券开始崩溃,而它的财务故事包含了在现金流量分析、保险公司杠杆作用、房地产鬼把戏和内部人交易方面的教训。

新税法对避税公司的致命打击

在1986年的税收改革法案通过时,对于那些通过销售所得税减免的合法手段赚钱的公司来说,经营显得困难。当经营环境上发生了基本面上的变化时,对于空头来说,可以采用以下两个策略:卖空收支勉强平衡的公司股票或者卖空机构特别喜爱的公司股票。这两个策略都有支持者。机构特别喜爱的公司是具有良好的成长性、上佳的财务状况并拥有大量机构股东的优质公司。机构特别喜爱的公司比收支勉强平衡的公司崩溃得更快,因为在分析师们终于承认该行业已经遭到无可挽救的打击时,大量的证券投资组合经理们就会争相抛售其特别喜爱的公司股票。如果公司管理层是精明的,他们可能会在机构退出之前,从公司坍塌中冲出一条血路。另一方面,收支勉强平衡的公司具有不稳固的财务状况、糟糕的管理和积极进取的却执行拙劣的经营战略的历史。当公司失去支持时,这些问题,不是财务上的问题就是管理上的问题,就会更为迅速地表现出来。基本股东不是那么老于世故的:他们更不急于卖出股票,他们很少关心股票行情,或者甚至更糟糕的是,他们完全是由公司的支持者们所组成的。这种公司的股票价格要经过很长时间以后才能反映公司真实的经营状况。

综合资源公司是一家收支勉强平衡的公司。其收入来自三个领域:人寿保险公司,直接参股投资项目,以及基金管理。非公开发行的投资项目(减免所得税合法手段)提供了大多数收入和净收入——在1982年到1984年,其占投资项目收入的比例超过了69%,反过来,其占税前收入的77%。在税法方面的修改毫无疑问地将影响综合资源公司的净收入,除非公司能够快速地改变自身的处境。

为什么说综合资源公司是一家收支勉强平衡的公司呢？1986 年的 10K 和代表权委托书保留了有关线索。

表 7.1　　综合资源股份有限公司空头净额

1987 年	卖空股份数量	1988 年	卖空股份数量	1989 年	卖空股份数量
1 月	584 305	1 月	325 028	1 月	615 760
2 月	718 614	2 月	347 728	2 月	757 701
3 月	626 119	3 月	408 113	3 月	1 057 170
4 月	591 986	4 月	441 395	4 月	1 010 221
5 月	563 048	5 月	447 095	5 月	1 038 495
6 月	543 170	6 月	482 120	6 月	1 365 330
7 月	524 856	7 月	497 320	7 月	2 632 226
8 月	586 570	8 月	504 220	8 月	2 208 990
9 月	572 969	9 月	490 320	9 月	1 925 123
10 月	575 257	10 月	453 020	10 月	1 564 903
11 月	539 103	11 月	455 070	11 月	1 234 121
12 月	440 518	12 月	489 878	12 月	997 833

贪婪的管理层抑或令人敬佩的指挥者？

最初，扎伊塞斯(Zises)兄弟[塞利格(Selig)和杰伊(Jay)]及亚瑟·戈德堡(Arthur Goldberg)是综合资源公司的执行官。你几乎不会搞错扎伊塞斯兄弟与其公司的关系。创造性报酬计划的鼻祖扎伊塞斯兄弟为综合资源公司发生的差不多每件事获取报酬：你肯定可以发现铅笔定购单的佣金付给了扎伊塞斯兄弟。来自代表权委托书的一些最精彩的细节是：

- 塞利格拥有普通股的 6%，杰伊拥有 5.4%；“其他家族成员”拥有 3.5%，戈德堡拥有 2.3%。
- 公司的 5 位最高官员的薪水＋奖金＋补偿总计为 5 855 920 美元。21 位公司最高执行官作为一个团体挣得超过了 1 500 万美元收入。公司挣得 49 812 000 美元收入。
- 上述一揽子奖金包括一个最少占税前利润 5.5%的部分和一个占税前

利润10%的指标，这里的税前利润还是扣除非常费用和非常信用前的税前利润。另外有一笔占税前利润5.7%的奖金付给了其他执行官们。

1985年，公司甚至分别为扎伊塞斯的父亲和兄弟支付了医疗费22 342美元和16 018美元，这些医疗费不在保险单保险的范围内。公司总部是一个日常的家庭团圆场所：每个人都拿工资，并且每个人都有工作。父亲伯纳德(Bernard)从公司领取125 000美元的顾问费、27 500美元的奖金，公司替他分摊了其在合伙经营方面的损失417 000美元。兄弟西摩尔(Seymour)是一位保险代理人和注册代理人并获得相当多的佣金。杰伊的妻子挣得微不足道的100 000美元。1985年，综合资源公司在印刷业务上给予扎伊塞斯的妹夫的印刷公司922 115美元。

综合资源公司还有一个创造性的股份红利奖励计划：在出让人行使股票期权时，他们支付5%的现金而余额则在赋予权利期间内分期支付。但是在支付红利时，每一个出让人都还有资格获得等于分期付款的红利。因此，公司执行官们仅仅支付5%现金就可以购买他们的股票。

塞利格还从公司手里购买了位于曼哈顿(Manhattan)的一套公寓。综合资源公司在1982年花了140万美元购买了这套公寓并在改进方面累计花了170 000美元。塞利格另外花了275 000美元对它进行了改进。在1986年，这套公寓的估价为182.5万美元，或者说，比其购买价和改进费用少一点点；所以塞利格购买它花了155万美元。曼哈顿房地产在20世纪80年代中期的这四年期间好像真的是不景气。

首席执行官们(Chief Executives)没有向公司的子公司基金经理支付基金管理费，虽然他们有基金在其管理下——所免除的费用每人每年为49 208美元。当然，他们享受残废保险、人寿保险和“附加人身保险”。公司官员们还以有限责任股东身份购买了公司的股份，并且公司给予他们实际上等于是认缴资本的红利。另外，在有限责任股东被承认之前，公司还为公司官员们分摊了他们在合伙经营方面的损失1 820万美元，大概是为了给他们的一揽子薪水/奖金避税吧。

在1981年到1985年期间，综合资源公司以报酬、奖金激励、偿还合伙投资款项、人寿保险以及医疗费报销的名义给公司官员们和经理们支付了大约5 000万美元。在1986年，公司的一位股东提起诉讼，声称公司向执行官们支付了过高的薪酬。

令人深思的财务报告

公司的财务报告就像公司执行官们的额外津贴一样富有启发性。截止到1986年12月31日的公司10K是一篇篇幅很长并富有启发性的文件。首先,在资产负债表上(参见表7.2),在1年内,净资产占资产的百分率已经从原来的高于20%下降到低于10%——对于不景气没有很多减震器。

接着,资产看上去有些令人怀疑:实物资产和银行可承兑的资产有多少呢?票据和应收账款占到资产的22%。那些应收账款来自已经不再有吸引力的原来那些合伙企业的投资者吗?它们是不是来自那些有着负现金流量的合伙企业?它们还能收回吗?

财务报告说明略微解释了一下。在来自投资项目的692 010 000美元应收账款中,有231 409 000美元是来自有限合伙企业的应收账款,131 227 000美元来自合伙企业的投资者,299 395 000美元等于是递延费用和契约权利。递延费用?是的,综合资源公司在它停止合伙经营之前,已经把来自于未来租金收入和房地产已实现销售收入的收入登记入账。如果经营没有达到预期目标,那么不仅应收账款和资产将被抬高,而且公司将不得不撤销以前已"实现"的收入。

请记住,公司的股东权益只有505 711 000美元,占资产的10%。普通股股东权益(不及优先股)是14 500万美元,占资产的2.8%。以此为基础,资产中的29 900万美元是被过于自信地登记的基于未来事项的收入。普通股股东权益对于在市况萧条时公司能够筹集到多少资金有影响——逐渐被侵蚀掉的权益资本影响到公司在金融市场上的交易和信用状况。公司资本构成是追踪综合资源公司死亡过程的一个重要的踪迹信号。

公司的预付购置成本为44 500万美元,是从23 000万美元增加而来的,迈了一大步。财务报告说明再一次略微解释了一下。公司在投资项目上的预付购置成本已经从8 900万美元增加到19 300万美元。预付购置成本,请记住,是公司决定把成本费用化延期到以后的那些成本。它们可以是支付给销售人员的佣金、从别的公司收购企业的成本,或者是把合伙企业整合起来的成本。综合资源公司看来好像正在试图通过递延费用来操纵收益。那样不仅不能与现金流量相一致(你现在支付,以后收账),而且它把未来收益置于危险境地。如果收入不景气(比方说,因为税法改变了),公司仍然要在每个季度扣除费用,即使公司没有收入——这是一个有趣的不断变动的公司资产负债结构。

表 7.2　　综合资源公司资产负债表　　单位：千美元

	12月31日	
	1986 年	1985 年
资产		
现金	$ 69 473	$ 41 536
投资：		
人寿保险子公司持有的投资	2 178 550	388 992
短期投资，按成本价格(接近于市价)	34 230	25 205
股票，按成本价格或市价中较低的价格(1986 年——成本价格为 28 740 千美元，1985 年——市价为 44 256 千美元)	26 039	43 830
其他	85 723	67 677
	$ 2 324 542	$ 525 704
票据和应收账款	1 149 808	935 993
财产、设备和改进措施，按成本价格，累计折旧和摊销净额分别为 24 773 千美元和 16 029 千美元	52 066	40 904
人寿保险公司、投资项目的预付购置成本和已获得的有效保险费价值	445 392	203 068
专账资产	948 469	275 395
其他资产	62 301	49 775
无形资产、累计摊销净额分别为 5 494 千美元和 4 449 千美元	84 617	38 193
资产总计	$ 5 136 668	$ 2 110 568
负债和股东权益		
未来保险单保险赔偿金和损失索赔准备金	$ 2 541 423	$ 362 227
短期贷款	200 960	281 585
应付账款和其他负债(注释 F)	248 428	207 740
递延所得税	101 873	109 905
专账负债	948 469	275 395
优先负债	111 411	134 743
次级信用负债	478 393	276 607
承诺事项和或有事项		
可赎回优先股	—	13 088

续表

	12月31日	
	1986年	1985年
股东权益	505 711	449 278
负债和股东权益总计	$5 136 668	$2 110 568

资料来源:综合资源股份有限公司截止到1986年12月31日的10K表格。

其次,从损益表看,一个乐观的华尔街人可以推断,或许综合资源公司已经解决了基本业务问题,因而由此引起的现金流量将使资产负债表得到改善。税前营业收入为3 900万美元,比上一年度的5 600万美元下降了,并且其中的2 300万美元(你必须查看对这个数字的注释——参见表7.3)来自人寿保险有价证券组合中的已实现利润。很难从其人寿保险子公司获得现金:它在合并损益表(译者注:即包括子公司的损益计算书)上可能看上去很漂亮,但是在其使用和汇回母公司方面存在某些限制(参见第六章)。

表7.3 **保险子公司利润** 单位:千美元

	1986年	1985年	1984年
固定到期日债券	$ 82 244	$29 759	$17 436
股票	1 384	1 296	424
房地产抵押贷款	21 052	1 474	—
保险单贷款	7 207	3 577	1 998
短期及其他投资	12 354	1 998	2 155
	124 241	38 104	22 013
已实现利润	23 169	5 478	1 841
	147 410	43 582	23 854
投资费用	1 474	326	280
	$145 936	$43 256	$23 574

资料来源:综合资源股份有限公司截止到1986年12月31日的10K表格。

1 800万美元的净收入(支付优先股股息前的)显得有些苍白,差不多等于扎伊塞斯兄弟的收入,然而这对于公司经营是费力的。

焦点转移:1987年

综合资源公司决定改变产品重点,转向能产生收入的合伙经营、可变年金和基金管理。在多样化投资的同时，公司向公众保证，其基本业务仍将完整无损：日本人对综合资源公司位于纽约市第五街666号、靠近苏米托莫（Sumitomo）的房地产的购买，被广泛宣扬为公司的一笔好生意，尽管它直到后来的一个季度才被作为一笔利润登记入账。1987年随之发生的是富有创造力的收益管理年。

就公司而言，1987年第一季度，综合资源公司获得了成功，公司在"从持续经营中获得的每股收益和收入方面取得了进展"，尽管经过了审慎的财务处理。[1]很可能是这样，但其实并不准确。经营所得收入为1 170万美元，低于1 250万美元，并且现金流量继续恶化。

在这里，简短地讲授一下现金流量是妥当的：现金流量的定义是"净收入加上折旧、摊销和递延税金"。经营所得现金流量一般也把流动资本考虑进去。分析师需要知道公司可以得到多少现金用于扩张、股息派发、股票购买或者债务清偿——换句话说，公司财务的流动程度是多少？那意味着要对公司的业务和有多少现金流量直接与那项业务有关做出主观判断。一些例子是：

（1）家具出租公司必须不断地整修出租的家具，否则收入就会减少；所以分析师调整折旧减少的数量、把它考虑进去，因为折旧是营业的一项直接成本。

（2）在分析零售商业企业时，必须对存货和应收账款做出调整，因为它们必须把存货卖掉。

（3）在分析电缆制造公司时，生产规划的确是留在该业务中的成本。好了，讲授结束，让我们重新回到综合资源公司。

综合资源公司的业务是购入财产，然后把它重新包装后投入合伙经营、出售合伙经营的公司、管理合伙财产，最后把它卖掉。因此，现金流量应当由于财产购买而减少，由于收费而增加——那不是投资，它是基本业务。截止到1987年3月31日的10Q中按照那些条件定义的现金流量是现金流出为2 400万美元，与1986年3月的8 100万美元现金流入形成对比（变动表上的运营现金流量减去财产购买和投资加上收款——参见表7.4）。而那还是在没有扣除优先股股息的情况下得出的，优先股股息不是营业的必需品，尽管它们是筹资活动中的一个因素。

表 7.4　　综合资源公司变动表(未经审计)　　单位:千美元

	截止到 3 月 31 日的 3 个月	
	1987 年	1986 年
经营活动:		
(用于)持续经营活动的现金净额	$(5 406)	$(5 920)
投资活动:		
(用于)停止交易的现金净额	—	(2 924)
购入财产、设备和改进,销售净额	(1 740)	(5 779)
购入投资,销售净额	(47 482)	(317)
在票据和应收账款方面的收款净额	30 611	43 038
其他资产净额(增大额)	(4 500)	(6 973)
(用于)得自投资活动的现金净额	23 111	27 045
筹资活动:		
股东权益:		
保险公司股本	—	70 998
优先股赎回	—	(13 088)
优先股股息	(7 325)	(9 187)
负债:		
短期贷款增加(减少)	46 620	(237 001)
保险公司次级信用债务	—	287 207
次级信用债务的早期偿清	—	(118 050)
债务支付额	(11 618)	(4 268)
得自(用于)筹资活动的现金净额	27 677	(23 389)
现金净额(减少)	$ (840)	$(2 264)

资料来源:综合资源股份有限公司截止到 1987 年 3 月 31 日的 10Q 表格。

1987 年第二季度,管理层认为公司已经转危为安。急剧升高的结果预示了这种转变。综合资源公司已经出现了收入渐次增加的迹象。与 1986 年的 1 330 万美元比较,公司经营所得收入为 2 300 万美元,是建立在现金流量的大幅下降基础上的。与 1986 年同期的(5 400 万美元)相比,这 6 个月的现金消耗是(19 090 万美元)。管理层在 10Q 说明中解释道,净收入的增加,部分是由于“重组公共净租赁(译者注:净租赁即承租人担负一切税捐费用的租赁契约)房地产有限合伙企业的结果”。[2]综合资源公司把 13 家有限合伙企业调入了纽约证券交易所寄存机构,再一次收取他们以前已经包装、出售并且作为收入登记入账的合伙企业的费用。

股票价格恢复了正常,从 1986 年 9 月启动时 16.25 美元的低价上涨到 1987 年 7 月 8 日的 30 美元。每个人都感到高兴,尤其是扎伊塞斯兄弟(塞利格在早秋出售了 41 000 股股票)。《价值信息》(*Value Line*)杂志评论说,综合资源公司的业务正欣欣向荣;他们预测,在 1987 年增长率超过 3 倍之后,1988 年收益增长率将达 30%;他们把该股票评级为表示好时机的"2"。[3] "一次足智多谋的营业的突然好转,"《财富》(*Fortune*)杂志在 1986 年 6 月猛烈抨击该股票之后宣布说。[4]

股票价格在秋季达到了 32.875 美元的最高点。

下 跌

1987 年第三季度是又一个好的季度,经营收益虽然没有继续地上升但仍然达到 2 250 万美元,与 1986 年的 450 万美元形成对比。现金流量为 24 400 万美元,与 9 个月的现金流量 820 万美元形成比较。现金消耗由于新的长期和短期债务得到了改善。股东权益占资产的百分率如今为 8.6%。该季度收入包括第五大街 666 号的房地产销售收入。

华尔街从来没有对综合资源公司变得热心。投资银行家德雷克塞尔·伯纳姆(Drexel Burnham)的确是该股票的唯一鼓吹者。也许那是因为公司发行在外股票太少,或者是因为公司没有以新发行股票交易费用吸引华尔街。华尔街上的大多数公司在 20 世纪 80 年代早期就出售了综合资源公司的私人合伙公司股票,所以这种兴趣缺乏是奇特的,这帮助了空头。该股票逃避了投资界的注意,因此空头轧平从来没有出现,甚至直到最后它卧床不起、奄奄一息。

但是该股票有些像机构特别喜爱的股票。1987 年 10K 表明,泰姆普莱坦基金(Templeton Funds)持有公司股票的 15.8%,公平公司(Equitable)拥有另外的 14.4%。《价值信息》周期性地喜欢这个股票。当然,德雷克塞尔系列持有公司的票据和债券以及一些股票。第一执行者公司拥有 6.9%的普通股、2 700 万美元的债券(占 1996 年债券的 10.75%),连同账面价值 3 900 万美元的优先股。

在 1987 年晚期和 1988 年早期,该股票沿着一个箱体交易——其变动范围是 16~24 美元(参见图 7.1)。在 3 月底前后 10K 公布时,10K 显示的每股资产净值为 21.97 美元,每股收入为 2.98 美元,比原来的 1.06 美元有了大幅度的增加。

10K 有一个特别有趣的脚注:第四季度预付购置成本摊销上的变化使每股收益增加了 0.97 美元。该季度持续经营产生的净收益为 0.97 美元。这种变化没有被作为非常项目登记入账。

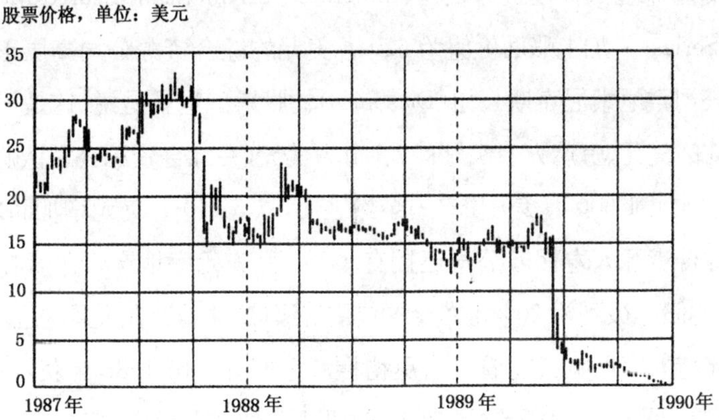

图 7.1　综合资源公司 1987 年 1 月 1 日至 1989 年 12 月 31 日股价变动图

概括该年收益如下:第二季度的增长来自于渐次增加的费用;第三季度的增长是因为一项房产的出售;第四季度的增长是由于一项会计上的变化。外加得自一项养老金计划终止的收入和得自先前银团联合贷款项目(Previously Syndicated Program)的费用。该年恰逢公司债务不断攀升的时候,所以综合资源公司在创造经常性营业收益方面,日子并不好过。

税前收入在 1988 年第一季度下降了。新的分期摊销计划使每股收益相对增加了 0.20 美元,但是利息费用增加了。10Q 再次声明公司“除了需要继续从经营获得追加资金外,将继续需要发起人追加资金”。[5]而应付账款仅在 3 个月内,就从 27 000 万美元上升到 42 600 万美元。综合资源公司需要筹措资金。谁愿意借钱给这样一家公司呢?它具有损失惨重的经营现金流量和日益恶化的比率,净资产占资产的比率下降到 8%以内,处在一个对新房地产合伙企业来说惨淡的营业气候之中。

谁,真是?德雷克塞尔宣布在 1988 年夏季发行仅仅 10 000 万美元的有优先权的次级信用票据。谁买了?主要是一些保险公司和储蓄贷款协会。

综合资源公司自己拥有两家保险公司——综合资源人寿保险公司(Integrated Resources Life)和丘比特人寿保险公司(Capitol Life)。这两家保险子公司反过来拥有相当多数量的综合资源公司和综合资源公司的关联公司的证券、债券和票据。保险公司有价证券组合本来就是个问题(参见第六章)。

综合资源人寿保险公司 1988 年的常规陈述显示,该公司 1988 年拥有 4 100 万美元的综合资源公司及其其他子公司债务,350 万美元普通股[包括综合资源公司的美国保险抵押投资者系列(Integrated's American Insured Mortgage Investors Series)],加上账面价值为620万美元的综合资源公司高层正设法收购的一家公司戴厄索尼克斯公司(Diasonics)的股票。也就是说,这是一家总资产为30.86亿美元、资产方余额只有7 730万美元(在综合资源公司认购了一份票据从而增加了1 500万美元资产方余额之后,从5 110万美元增加而来)的保险公司。综合资源人寿保险公司还拥有1 780万美元房地产。在债券投资组合中,24%的债券被列为20%准备金的信用等级(意味着存在大量的垃圾债券)。

丘比特人寿保险公司看上去更糟糕。它拥有一份1986年获得的、面额为3 800万美元的母公司期票(译者注:期票即一种书面承诺,答应在一定期限内或按规定支付或重新支付一定数目的资金)和200万美元的综合资源人寿保险公司的即期票据(译者注:即期票据,即一经出示或要求即可兑现的支票和汇票)。但是,丘比特公司的真正的失败之作是在综合资源公司的子公司股票上投资的18 756万美元,其中大部分投资于一家叫作房地产投资商公司(Realty Investors)的房地产控股公司。20%的债券投资组合——24 900万美元——是最大准备金信用等级的债券,并且该公司在房地产上拥有另一笔850万美元的投资,其现值为560万美元。根据1988年的常规陈述,在支付了母公司一笔800万美元的股息后,1988年丘比特公司拥有19亿美元的资产和6 100万美元的资产方余额。

这些保险公司的处境显然是危险的。如果母公司不稳定的话,它们危险地接近于很快花光资产方余额。所以整个综合资源公司帝国,而不仅仅是母公司,看来都是不稳固的。

截止到1988年6月30日的季度是平静无事的,股票继续从15.50美元摇摇摆摆地上涨到20.75美元。营业收入与以前的2 300万美元相比,下降到1 720万美元,尽管收入较之于原来的28 900万美元增加到41 450万美元。由于税率下降,净收入的比较关系不像营业收入的比较关系那么糟糕。

在8月份,债券发行顺利无阻地进行了,所得收入被用于即时支付短期债务。

1988年9月收益公告显示,增加收益的努力正在退却。税前收益较之于以前的2 250万美元只有950万美元。很难与前一年的收益增益(Earnings Gains)相比较。净资产占资产的百分率下降到7.1%。现金来源正在消失,从人寿保险公司获得的股息只有 700 万美元。

内部人仓皇出逃

1988 年 12 月 21 日，综合资源公司股票交易价格跌到了每股 14 美元左右。扎伊塞斯兄弟向一家保险公司 ICH 公司（ICH Corp.）出售了 900 000 股，每股 21 美元！ICH 公司宣布，它将购买另外的即将发行的 750 万股以获得综合资源公司的控制权。

空头们高兴得疯了似地热切期待着必然来临的股价崩溃。重要的触发器，预示比赛即将出现的线索，已经被公司宣布了。然而，股票价格又一次没有下跌到一位数。这是一种天赋——肥胖的女士穿着一件上面有“这里是尽头”签名的衣服，唱起歌来人声而清楚。企业收购的贪欲好像正支撑着股票价格：《价值信息》杂志让人们回避该股票，尽管股票短期价格有上涨的潜力，如果公司能吸引到另一个出资收购投标的话。空头们利用这种意见分歧卖空了更多的该公司股票。

这里交代一下 ICH 的一点历史：ICH 拥有第一执行者公司 20%的股份。该公司已经被卷入与德雷克塞尔的客户们一起进行的其他几个企业的兼并或收购活动之中，这些兼并或收购活动已经落空。ICH 公司除了作为扎伊塞斯的抽资工具外，其他并没有多少的可信度。

市场粉碎了出资收购投标，而股票价格急跌到 12 美元。一个或者更多的可转换优先股股东以低价出售了 562 000 股股票。关于新的起诉人——也许是房地产公司 JMB 公司的流言断断续续地流传着。起诉扎伊塞斯的诉讼激增。看起来事情该结束了。

然而，华尔街并没有很快地发生什么事情。股票价格也稳定下来了，先是上涨到 16 美元然后改变，后退了一点，最后不动了。1989 年 3 月 22 日，综合资源公司公布了全年收益，而股东们或许已经可以放心了。营业所得税后收入戏剧性地从截止到 9 月底的那一季度微不足道的收入上升了——与上一年的 1 530 万美元相比较，达 2 000 万美元。全年每股收益为 2.42 美元。前任总裁和现任首席执行官戈德堡令人鼓舞般吵吵嚷嚷地谈论了有限合伙企业的销售额，就像就着迦太基（Carthage）的灰烬烤着药属葵蜜饯一样。

接着，在 1989 年 5 月 16 日，综合资源公司宣布第一季度的结果将推迟公布，并且公司在支付优先股股息之后可能会出现净亏损。(公司在季度结束后有45天的期限向证券交易委员会提交10Q，在会计年度结束后有90天的期限。)

股票再次形成峰值，上涨到17美元以上。购买者说，在更高的价位，将一定会有一次企业收购。无论如何看一看关于股票的书，多头们继续说；到那种地步，房地产甚至不按照市场价定价。而且，大型零售网络是无可匹敌的，按照提倡买进者的说法——是板上钉钉的事情。一些金融服务公司将会迫不及待地接受其价值。

空头们有点感觉好像是这条特别的死狗将再也不能翻身了。它已经经过了好多年，并且自从遭受了致命的打击时起又经过了6个月。然而它好像不止一条命。谁说空头们是短期市场的参与者？他们已经制定了他们的一览表，在表上列举了在该死的股票最终倒下死去之后，当各种各样的综合资源公司证券价格下跌时将受到影响的债券持有者和股票持有者以及所有的处在同心圆上的其他公司。

大约在1989年6月14日，综合资源公司承认公司的现金是个问题。股票像是乐于助人似地下跌到12美元，下跌了3.375美元。然而，多头们认为银行家和投资银行家们将会帮助公司渡过难关，买下新贷款上的抵押品，或者公司可能卖出一些资产。结果，德雷克塞尔固执地拒绝，而公司也就全完了。股票交易价格终于跌到了5美元。

可能人人都会说，“哎呀！这太突然了，简直是完全出于意外。”《价值信息》杂志在短期资金市场基金中拥有综合资源公司的商业票据，下跌已经是非常地急剧。而公司就在昨天还是非常的正常，华尔街说，除了空头们之外，他们悲伤地在他们的HP-12C计算器上敲入当前价值/未来价值/年数的数字，计算多年来他们从卖空这个蹩脚货中获得的按年计算的投资利润率。

从综合资源公司得到的最重要的、应该已经是显而易见的(但是在20世纪80年代也许并非如此)教训，是银行和其他短期贷款人(在这个案例中是德雷克塞尔)控制着现金流量为负数的公司的命运。贷款人决定取消抵押品赎回权。就综合资源公司而言，什么也没有改变；只是“资金”的水龙头被切断了。在资产负债表上资产可能被低估了，但是当公司需要资金时，如果公司的特定资产(比如汽车上的无线电天线或者房地产)是非流动性的，这些资产除了作为债券或银行贷款的抵押品外，就没有多大价值。利奥波德·伯恩斯坦(Leopold Bernstein)

可以在他的《财务报告分析》(*Financial Statement Analysis*)中训诫说,财务结构和营运资本影响到对各种不同的经济环境做出反应的、经营的、必要的灵活性,但是,直至你看到一家大企业倒闭了,你才真正地相信了资本结构可能是多么重要。公司不会导致破产,银行可以。但是公司制造了财务报告的骇人听闻的幻想的东西。

在与债券持有者搞了 6 个月的秘密交易之后,综合资源公司在 1990 年申请破产。

赛美特科技股份有限公司

在 20 世纪 90 年代早期,生物技术类公司引起了成长型股票购买者和空头们强烈的反应。这些公司不管怎样都难以准确地描绘。空头们所知道的事情就是这些公司要消耗大量资金;投资者不知道的情况是这些公司的每股收益在损益表上是否永远处于暗淡之中。一面赚钱一面亏损。

在赛美特科技股份有限公司(Summit Technology, Inc.)最初被引起注意时,对于那些已经在预测生物技术公司方面遇到麻烦的分析师们来说,它只是比像“天上的馅饼”那样的股票看起来容易一些。赛美特(Summit)是大卫·墨勒(David Muller)的儿子,他是“一个大学辍学生,以前做过木匠,当过排水管安装工人”。[6]赛美特公司股票在 1987 年公开发行,在 1985 年首次不公开销售 350 万美元的基础上增加了 600 万美元。赛美特公司所做出的承诺是,为近视患者提供无需人工帮助的视力。股票简称为“比姆”(BEAM),赛美特公司制造和销售一种通过从角膜上切开一小片来矫正视力的受激准分子激光系统。这种机器从 1988 年以后被销往欧洲和加拿大。

最早发表空头意见的是非华尔街咨询集团公司(Off Wall Street Consulting Group, Inc.)的马克·罗伯茨(Mark Roberts)。他在 1990 年 9 月发表了一篇题为《被光照得头昏眼花》的早期研究作品。他声称,比姆公司在 1995 年以前,将不能获得在美国销售所需的美国食品及药物管理局(FDA)销售许可,认为比姆公司与其竞争对手维斯克斯公司(VISX)相比,处于不利的专利地位,并且坚决认为其市场规模预测是可笑的。他在所有这三个问题上是正确的。不幸的是,他还建议卖出这个股票;那时该股票的价格在 11 美元左右(调整过的拆股价格)。随后的几个月股票价格急剧下跌到7美元,然后就一路不回头地涨到了39美元,直到1996年初,其上涨的时间与综合资源公司一样持久。

比姆公司在这一点上像生物技术股和网络股,即持有它的人必须相信,将来总有一天该公司将赚到许多许多的钱。在其价格最高点,比姆公司的市场资本(Market Capitalization)总额为7.5亿美元。争论集中在与有关媒体视频公司的争论相同的焦点上——市场规模和最终的盈利潜力。与媒体视频公司不同,该公司处于销售额微不足道和没有盈利的状况已经有年头了。比姆公司是华尔街对于其寄予厚望的公司保持耐心和克制的一个极好的例子。空头们所忘记的是"等待卖空直到事实可以被证实"的卖空的座右铭,换句话说就是,等待,直到这种机器被批准在美国市场上销售及其收益或不足大白于天下。

回到1990年,在公司市场资本总额达到16 000万美元时,马克·罗伯特认为收益还要过很多年并对市场规模进行了设想。亚瑟·D. 利特尔生产技术部(Arthur D. Little's Product Technology Section)的欧文·阿龙兹(Irving Arons,他也是一个被比姆公司利用的顾问)被引以为证,已经把他的预测从在获得许可的五年期间每年进行400万~500万疗程降到了一年200万疗程。那就意味着,大约有1 000台机器投入运转,或者说一年有400台机器以每台300 000美元价格销售出去——整个美国市场为12 000万美元,同时其强大的竞争对手维斯克斯公司有把握获得相当大的市场份额。与维斯克斯公司的机器不同,比姆公司的机器不能矫正散光近视患者的视力,而散光近视患者占到市场的一半。

多头们指出,美国有12 000名眼科医师,10 000万个有矫正视力的人,其中的6 000万人患有近视,3 000万人是戴着隐形眼镜的视力减弱患者。所有这些统计数据都使人联想到,这是一个确实大得难以预测的市场。

在1991年底,维斯克斯公司也公开发售股票了,造成了类似文件的加倍和两家公司并驾齐驱的竞赛。

到1991年为止,比姆公司的盈利能力战略是建立在一个剃刀/刀片的基础上的。公司开发出一种易蚀面部模型,它允许医生治疗散光,改进了适用于视力矫正的效果和舒适——意思是机器销售对于未来盈利能力的影响不及易蚀面部模型销售。维斯克斯公司也了解市场动态;每一疗程的费用(归功于它的专利地位)是维斯克斯公司收益的关键。因此,在早期,两家公司似乎都知道,机器以每台500 000美元的价格出售给医生将不能使他们避免赤字。

1992年2月，比姆公司宣布1991年得自营业的年终每股收益为0.04美元，收入为2 200万美元。在这一年的早些时候，多头们已经预期每股收益为0.20美元，收入为2 200万美元。请记住，几年来比姆公司一直在国际市场上出售其机器。

在1992年3月，当美国食品及药物管理局接受了更有限地运用激光的公司的PMA（医药厂商协会）申请时（PTK或光治疗角膜切除术，不同于商业机会更加广泛的PRK或光折射角膜切除术），比姆公司股票价格达到了一个新的高度（参见图7.2）。那个高度几乎直到1995年底才被打破。与空头证券组合盈利能力有某种特定关系的令人震惊的三年缺口使空头们受到鼓舞，并使得对于比姆公司获准出售和盈利的等待变得好像是异想天开。与此同时，多头们开始谈论可能发生的企业收购——对空头们来说这一直是一个好的信号——被强生公司（Johnson & Johnson）或者鲍奇和伦布公司（Bausch & Lomb）的一家子公司艾奥拉布公司（Iolab）收购。维斯克斯公司和比姆公司都在对美国市场上每一疗程的费用进行估价。

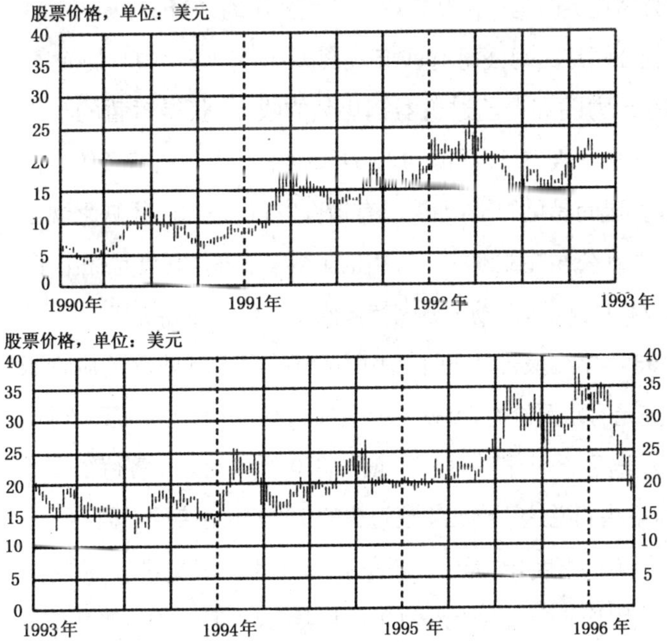

图7.2 赛美特科技公司1990年1月至1996年4月股价变动图

1992年除了两个变化之外，对比姆公司的多头和空头来说都是难以名状的。《巴伦——道·琼斯商业和金融周刊》稍稍抨击了比姆公司，而派珀·贾夫莱(Pipe Jaffray)分析师则为比姆公司辩解："适当的估价非常像某些其他的词，诸如事实或美丽，也就是说，非常容易产生争议，特别是在旁观者心目中。而且，万一赛美特成功地建立起了较大范围的折射矫正新医疗市场，那么它将能够，而且我们也倾向于相信它将能够证明对它的估价是合理的……与付出的过多担心相比，我们提出购买该股票的建议更多的是以担心被排除在外为条件的。"[7]巨大的变化是，比姆公司与维斯克斯公司之间的一家合伙公司，皮勒·波因特合伙公司(Pillar Point Partners)拥有专利权和许可证并收取专利权使用费和许可证使用费；分立对维斯克斯公司是有利的。当时，比姆公司的资产负债表由于应收账款和存货上升而恶化了。1992 年，公司消耗了 650 万美元的营业收入和 180 万美元的增加资产，但是仍然有差不多 900 万美元的现金。

1993 年，关于安全与疗效的争论继续着：在治疗之后强光造成伤残的发生率或者进一步矫正视力的必要性是多少？各种各样的专门研究小组和讨论会将要花几年时间争论这些问题。

比姆公司在英国与一家视力矫正连锁公司的合资方面走在了前头，这种视力矫正连锁公司是比姆公司 1996 年在美国开办的医疗中心的前身，比姆公司合资的目的在于力图夺得超过机器销售额的收入，获得短暂的收益。1993 年 7 月，比姆公司在二级市场发行了 100 万股股票以支撑资产负债表。在第三季度报告出来时，显而易见的是，如果没有这次发行，公司已经缺乏现金了。销售额继续下降，并且公司在欧洲的销售额也在逐年下降。10Q 也提出了这样的问题，就是根据反托拉斯法，皮勒·波因特合伙公司可能面临挑战。

当 1993 年年终报告公布时，销售额下降了，无法收现的应收账款已经减低了 240 万美元的账面价值，每股亏损上升到 0.59 美元，经营所得现金流量是消耗了 765 万美元，资产和专利权另增了 850 万美元。在等待公司下一轮财务报告公布时，空头们说这不会比早已过去的 1990 年更接近于盈利。

1994 年第一季度，比姆公司解雇了 32 个生产雇员，收入再次下降。第二季度同样令人沮丧，6 个月的收入为 950 万美元，与前一年上半年的 1 490 万美元形成对比。当广为传播的消息说，比姆公司向美国食品及药物管理局提出的申请将在 10 月份得到考虑时，股票价格达到了与公司财务状况不相一致的新高度。马克·罗伯特预言并且期待在不久的将来，1995 年秋天将获得的批准会使得关于公司盈利能力的揣测最终平静下来。他描绘了司法部门对皮勒·波因特合伙公司可能的兴趣，并暗示比姆与维斯克斯两家公司未必就是幸福的合作伙伴。除了相当高的机器价格和高昂的机器维护费用之外，每次疗程 250 美元的建议费用也不受眼科医师界的欢迎。在加拿大，医生每个疗程支付 15～20 美元。

在美国食品及药物管理局批准之前的一阵骚动之后，当美国食品及药物管理局要求公司提供更多的信息——更多的时间、更多的资金来证明安全和疗效时，比姆公司股票价格再次下跌了。

1994 年年终收入更少了，每股亏损更大了，达到 0.94 美元——分析师们在这一年的早些时候一直预测每股收益是 0.37 美元——但是年终报告显示现金消耗减缓，这是由于存货和应收账款减少了，或许是因为销售额减少了。到这时，比姆公司累计赤字达 3 000 万美元，尽管在过去的 4 年里公司从股票发行中获得的款项达 4 700 万美元。不管是谁拥有这个吸血鬼，都只能焦急地等待某种清算。

决定性地卖出股票的年份是 1995 年。股票价格真正起飞是在预期的秋季批准日期之前，在夏季后期，它直奔 35 美元，并在年终人们预期由于毫无疑问将有许许多多的设备发货、第一季度可实现盈利之前，涨到了 39 美元。事实上，比姆公司在 10 月获得了批准，而维斯克斯公司有望在数月内获得批准；所以多头和空头同样终于能够看到有多少隐形眼镜佩带者会成群结队地到他们的眼科医生那里用激光矫正视力。

到了 4 月，股票价格跌到了 18 美元。分析师们对此价位很有信心，认为终于到了该把它存入银行的时候(译者注：即认为此价位买入是绝对安全的)，然而恰在此时，对 1996 年的收益预测已经降得更低了——史密斯·巴尼(Smith Barney)的预测已经从 1 月份的 0.85 美元降到了 2 月份的 0.56 美元。当比姆公司公布第一季度报告时，人们大吃一惊——每股亏损 0.11 美元，来自视力矫正中心的收入不断下降并且出现了亏损。内部人正在抛售股票，而美国食品及药物管理局公布了一项对比姆公司的竞争对手维斯克斯公司提交信息中的信息漏洞的质询。摩根·斯坦利降低了其对该公司股票的评级，从“强买进”降到了“持有”。比姆公司宣布一项收购，收购方是一家隐形眼镜邮购公司，这是一家力图创造这样一种手段的公司，通过这种手段可以从那种看起来在某种程度上有可能发行股票的公司身上赚钱。到了夏季，股票价格跌到了一位数，公司的亏损上升到连空头们都从来不敢想象的高度。

比姆公司的视力矫正疗法是否能成为一种标准尚待分晓——直到下一次科技进步使之废弃不用。迄今为止，相当清楚的是，公司对现金的胃口与对股东们的回报不相称，除非股东们足够精明(不像空头)，在公司获得美国食品及药物管理局批准、希望变成了或者因此没有变成销售额时卖出股票。

20 世纪 90 年代的"视力大战"强有力地指出了空头们最为普遍的缺点：他们常常在对新行业的希望和伴随的股票价格下跌的持续时间方面缺乏远见。股票价格抛物线有时看来似乎会自己下降，然而卖空收益率可能看起来像视力公司在此期间的净收入。

在牛市期间，股票发行和不定期的可转换债券，对那些没有收益，但需要大量的现金支撑试图在将来总有一天会赚钱的日常业务的公司来说，是特别好的融资工具。

◆ **注释**

[1]Selig A. Zises, Arthur H. Goldberg, and Jay H. Zises, Integrated Resources, Inc., First Quarter Report, 31 March 1987, 2.

[2]Integrated Resources, Inc., Form 10Q, 31 March 1987, 10.

[3]*Value Line*, 18 September 1987, 2066.

[4]"Follow-up," *Fortune*, 28 September 1987, 15.

[5]Integrated Resources, Inc., Form 10Q, 31 March 1988, 14.

[6]Susan Caminiti, *Fortune*, 20 February 1995, 31.

[7]Edward Mutsch, "BEAM," Piper Jaffray Inc. Research, 2 June 1992.

第八章 确定不了就卖空

在反复的收购与兼并期间，在宣布公司正试图出售部分或全部资产的情况下，任何公司都会经历股票价格的即刻上涨。在繁荣时期和经济扩张期间，如果股票价格水平激怒了股东或者如果袭击者发现了优质资产，留给那些不能赚得可观收入的公司的，除了出售资产或者重组之外，毫无别的办法。有三种机会出现在一轮牛市中：(1)近乎失败的重组过的高负债公司；(2)“待售”但尚未售出的公司；(3)试图通过出售资产造成繁荣表象的收益正在衰退的公司。

在第一类机会中，重组过的公司或者残余股票是容易获得的空头头寸：哈考特·布雷斯·贾维纳维奇公司(Harcourt Brace Jovanovich, Inc.)是一个最好的例子。随着时间的推移，对季度财务报告的密切关注说明了问题。得克萨斯航空公司，由于其杠杆作用，成为有着持久不断资产待售的各种各样的残余股票中的一个。

在第二类机会中，空头们作为目光敏锐的资产估价师，是华尔街上最早对后来的股票价格高涨提出疑问并从“待售”信号中获益的一批人之一。试图发现费用的公司财务部门不断地给寻找荒唐可笑价格的空头们泄露踪迹。然而，资产在一个非常愚蠢的环境中很难估价——在卖空股票之前，最高的收购价格很可能低于股票价格。在 20 世纪 80 年代，杠杆收购(LBO)大师们总是到处公开声明，他们可以花费千千万倍于现金流量的价格收购任何公司。库柏公司(Cooper

Companies)、代理租车公司(Agency Rent-a-Car)和凯珠宝商(Kay Jewelers)是待售公司的例子。在20世纪90年代,对空头们来说,这是一种比较困难的交易,因为这些公司被作为高倍数股票(High Multiple Stock)出售从而成为增值的股票。

在第三种机会中,管理层出售资产以维持收益假象。莫里森·努森公司(Morrison Knudson)未能止住基础业务盈利能力的下降,以零星资产出售收益填补损益表,最终成了一家空壳公司。

哈考特·布雷斯·贾维纳维奇公司逃避麦克斯韦尔公司的资金

从1987年到1989年,哈考特·布雷斯·贾维纳维奇股份有限公司经历了财务结构上的许多变化。伴随着传闻中的每一次失常,空头们确信,公司资本结构与业务收益能力的不一致将迫使资本结构调整后的残余股票价格下跌。

1987年,哈考特·布雷斯·贾维纳维奇公司(HBJ)调整资本结构,以极力企图逃脱贪婪的收购者罗伯特·麦克斯韦尔公司(Robert Maxwell)的魔掌。新债务的现金流量需要量是沉重的,空头们在阅读了大量的预测报表之后断定,即使在大量削减费用之后,公司也不能支撑新的资本结构。吉姆·格兰特(Jim Grant)在1987年10月5日的《格兰特利率观察家》(*Grant's Interest Rate Observer*)中评论说,新哈考特·布雷斯·贾维纳维奇公司看起来好像对利率和轻微的经济衰退敏感——事实上,是对引起收入下降的任何不利的小风波都敏感。他把哈考特·布雷斯·贾维纳维奇用作为格雷厄姆(Graham)和多德(Dodd)的安全和价值的对立面、高度举债经营的公司现象的一个范例。[1]

1988年11月,哈考特·布雷斯·贾维纳维奇公司借助又一次的重新筹集资金,包括延长债务到期日、放宽限制使用财产协定以及发行1 050万股普通股新股,再次调整了其资本结构。股票交易是不佳的,但是第一波士顿公司(First Boston)还是以每股9.50美元的价格把该股票脱手了。

尽管新的利息负担似乎沉重,然而,哈考特·布雷斯·贾维纳维奇公司和华尔街对3家分公司的前景显得很振奋。“将不会出售资产了,”管理层无条件地宣布说,尽管早先有与此相反的传闻。[2]公众的看法是,主题乐园集团将提供成长性，出版公司将会大发其财，而如果总公司需要出售某些东西的话，保险公司将提供保险。

1988 年 9 月，奥本海姆的分析师约瑟夫 · C. 弗拉扎诺（Joseph C. Frazzano）预测 1989 年的现金流量将达到 55 000 万美元，资产的名义价值（Asset Value）将达到每股 28～32 美元。在股票发行之后，他调整了其对 1989 年现金流量的预测，降到了 51 000 万美元。资产的名义价值被他自信地预测为每股 26～28 美元。股票价格在 9 美元左右。在 1988 年底，针对 1988 年的经营效率，他说："非常诱人。"[3]

空头们不同意。他们计算出每一个分公司的现金流量，乘以一个倍数，在减去债务和优先股之后，得出公司资产的名义价值为负数的答案。他们觉得，主题乐园集团是个问题，甚至在近几年来进行了大量的设备改造之后，它仍然要消耗大量资金。据传，游客数量正在减少，门票价格正迅速上涨，而如果公园的占地面积开始显得令人不适，那么成本降低就可能损害与竞争对手之间的比较关系。出版公司，包括教科书分公司，可能会遇到与学龄人口遇到的同样程度的收缩——国民生产总值（GNP）以最好的水平增长，在最初一轮的成本削减之后已经没有更多的利润增进空间。

这是个僵局。华尔街连续地用力敲着桌子，特别是加贝利股份有限公司（Gabelli & Company, Inc.）的伊丽莎白 · 布朗威尔（Elizabeth Bramwell）和奥本海姆的弗拉扎诺。空头们则针对债务厉声地叫着。

后来，1989 年第一季度收益公布了。哈考特 · 布雷斯 · 贾维纳维奇公司已经决定接受出版分公司的打击。新版本的抽样成本和销售成本昂贵，大学未售出课本的退回提早了 1 个月——影响了第一季度的收益，而不是第二季度。小学和中学课本的出版收入同样下降了。没有问题。海洋世界有更高的游客人数和更高的人均开销。多头们恐惧得透不过气来并且开始重新组合；空头们说，"我这样告诉过你们，书的利润也确实很少。"而事态再次发展下去。

使得哈考特 · 布雷斯 · 贾维纳维奇公司在卖空记录方面与众不同的一个特点是，很大的流通盘（超过 7 200 万股已发行股票）、机构追随者和华尔街的参与全都结合在一起，使它成为一个只有一种看法的便宜的股票。所以空头们是直言不讳的、幽默的和慷慨激昂的，而多头们则是自信而夸张的。总而言之，哈考特 · 布雷斯 · 贾维纳维奇公司在单调沉闷的市场中是相当有趣的一家公司。

表 8.1 哈考特·布雷斯·贾维纳维奇公司空头净额

1988 年	卖空股份数量	1989 年	卖空股份数量
1 月	688 933	1 月	1 011 275
2 月	650 842	2 月	833 838
3 月	1 066 889	3 月	867 495
4 月	1 378 761	4 月	1 250 723
5 月	1 329 648	5 月	1 191 152
6 月	338 490	6 月	1 105 775
7 月	668 316	7 月	2 084 067
8 月	691 875	8 月	2 553 254
9 月	720 553	9 月	2 715 713
10 月	843 996	10 月	3 145 210
11 月	885 535	11 月	3 044 787
12 月	970 507	12 月	4 005 125

哈考特·布雷斯·贾维纳维奇出售沙穆公园

当哈考特·布雷斯·贾维纳维奇公司在 1989 年 6 月终于宣布公司将出售它们的公园,包括海洋世界(Sea World)和沙穆公园(Shamu)时,真正的戏剧性场面出现了。空头们高兴得尖声叫喊,哈考特·布雷斯·贾维纳维奇公司已经走到了这一步——而且是如此之快。唯一的成长源正在被拍卖。让所有的空头们大吃一惊和不愿相信的是,多头们也在大吹大擂。可以卖到数十亿美元,他们说。好几十、好几十亿美元。哈!

结果是,两大阵营都安下心来指名骂人、口出恶语和诅咒。争论围绕公园将会卖到现金流量的多少倍,以及接着它将会给母公司的资产负债表和现金流量表带来多少影响两个方面展开。哈考特·布雷斯·贾维纳维奇公司令人惊叹的信息披露使得上述数字很容易就得出了。公园的折旧和摊销 1988 年为 3 700 万美元,持续经营的净收入为 6 200 万美元,加起来现金流量达 9 900 万美元。空头们说,新近的公园出售表明,现金流量实际上或许乐观地说将达到原来的 12～13 倍,因此就算它标价为 13 亿美元。多头们说,你们简直是发疯了——起码卖到 17.5 亿美元。然后,多头们断定那还有点不够,于是就把以前的数字提高到原来的2倍，直到一些乐观的人居然提到30亿美元、相当于现金流量的30倍时为止。除非他们以寿司（译者注：寿司，包在海藻里的凉的煮熟小米饼，上面抹醋，顶上盖有或四周包有生鱼片或熟鱼片、鸡蛋或蔬菜）的价格卖出沙穆公园。迪士尼公司（Disney）将购买，一位分析师有把握地说。另一位分析师则明确地说，日本人将购买。一群古怪的家伙，空头们说。

两大阵营随后又与外界隔绝地撤退到他们电脑上的预估现金流量上。当然，问题的关键是，公园的出售将会对公司的售后现金流量以及因此对哈考特·布雷斯·贾维纳维奇公司支付PIKs（实物支付证券——Payment-In-Kind Securities——在20世纪90年代早期被转换为现金股权，即Cash Interest）的能力产生多少影响。

如果哈考特·布雷斯·贾维纳维奇公司以13亿美元的价格出售公园并支付利得税（该部分资产在账面上的价值为47 000万美元左右），那么它能够以现金支付12%的银行债务90 000万美元（非高收益投资、在1990年以前不可赎回的债务），因此会减少11 000万美元的利息支付。如果来自公园的自由现金流量在第二年有望达到12 000万美元，那么这笔交易就是不得已而为之的。这意味着公司已经孤注一掷了。另一方面，如果公园卖得30亿美元，减去20亿美元的债务和24 000万美元的利息后，预计现金流量只有10 000万美元，出售则是成功的。上述种种假定情况，其结果大不相同。

差不多是在所有这些假定中间，第二季度的收益公布了。出版公司的情况看来并没有任何好转（收益的增长是由于把第三季度的销售额转移到了第二季度），而公园的收入则下降了（由于竞争，游客人数减少了），但是利润则因为削减了更多的成本而增加了。迪斯尼公司不必削减成本，空头们嘲笑说。

伴随着每次传闻的是，股票价格震荡攀升；与此同时，被敲打出局的空头们怨声载道。也许有人足够地愚蠢，会去支付30倍于现金流量的收购款；让人感到陌生的事情近几年已经发生过。实际上，另一家空头们青睐的大盘流通股公司，得克萨斯航空公司，由于传说以非常高昂的价格出售了许多飞机，而同样上涨到新的高度。因此，空头们变得闷闷不乐。他们减少了嘲笑，稳定心态；或者更适当地说，他们竭力仿效美国准将安东尼·C. 麦考利夫（Anthony C. McAuliffe）在比利时巴斯托涅（Bastogne）的美军阵地被德国人包围、要求他无条件投降时的姿态："去你的！"他因说过并坐下来等待乔治·巴顿（George

Patton)而著名。

1989 年 8 月 14 日,《纽约时报》记者托马斯·海斯(Thomas Hayes)宣布,“与公司关系密切的人士”说,一份协议不久将签署:“迪士尼公司、MCA 公司和安休泽—布什公司(Anheuser-Busch)每一家都具备支付 15 亿美元或者更多的财务实力。”[4]这在当时看来好像是短期休克疗法。在每次公告公布的同时,股票价格涨得更高。

然后,在 9 月份公告出来了:安休泽—布什公司支付 11 亿美元。现金股权将减少 11 500 万美元。股票价格在 24 小时内下跌了 4.125 美元,跌到了 12.125 美元。空头们欢呼雀跃,并继续等待股票更大的下跌。股票价格先是在 9 美元左右启稳,然后又变动了(参见图 8.1)。

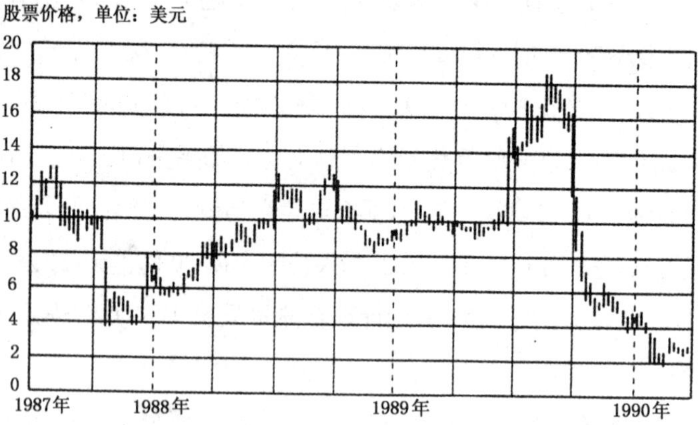

图 8.1 哈考特·布雷斯·贾维纳维奇公司 1987 年 7 月 1 日至 1990 年 3 月 31 日股价变动图

接下来的权宜之计出现在 10 月份,当时公司暗示,华尔街对公司的现金流量预测还是有点儿高了。据说公司官员们已经引导弗拉扎诺提出一个更低的数字。分析师们变卦了、后悔了,并飞快地打电话。人人都在推测不久将要公布的收益。公司不愿意做出评论。空头们高高兴兴地卖空了更多的公司股票。股票价格继续下跌。

弗拉扎诺在股价到了 5 美元以上时开始对该股票感到担忧。他在 1989 年 10 月 26 日的报告中说起,可能要花 3~6 个月,该股票才能恢复正常。在那时,他对 1989 年现金流量预测的数字是 26 000 万美元左右(从 51 000 万美元下降而来),对 1990 年的预测数字为 30 000 万美元。资产的名义价值为每股 22 美元,股票目标价格为15～16美元。他还说道:"价值被大大地低估了。"

第三季度的收益公布了。出版公司毫无起色。利润不断减少。销售额只有令人失望的一点点。出版所得营业收入,即使在没有削减账面价值的情况下,也只有少于前一年的5 000万美元。

哈考特·布雷斯·贾维纳维奇公司股票暂时围绕其3美元的底部波动。有传闻说加拿大人花了一大堆钱购买了出版分公司的一部分;后来谣言不攻自破。空头净额又增加了1倍。为保持收入状态,债务维持在非常高的水平。哈考特·布雷斯·贾维纳维奇公司耗尽了用以出售的资产,然后宣布破产。

得克萨斯航空公司:自由飞翔

如果不提及得克萨斯航空公司,就不可能很好地谈论哈考特·布雷斯·贾维纳维奇公司,因为在1989年夏季还有另一个股票使得空头们从骨子里感到疲惫不堪。得克萨斯航空公司从来没有去准备出售,但是华尔街断定它使收购进展顺利。

表8.2　　得克萨斯航空公司空头净额

1988年	卖空股份数量	1989年	卖空股份数量
1月	627 645	1月	1 088 449
2月	695 973	2月	1 570 924
3月	612 330	3月	2 726 953
4月	572 436	4月	4 069 267
5月	527 873	5月	3 535 667
6月	627 086	6月	3 459 665
7月	792 736	7月	3 679 215
8月	695 136	8月	3 673 092
9月	978 091	9月	3 363 949
10月	1 024 032	10月	3 820 634
11月	997 267	11月	6 229 967
12月	1 177 390	12月	6 872 002

得克萨斯航空公司,像哈考特·布雷斯·贾维纳维奇公司一样,是一个就其

组成部分来看,比作为一家经营公司而言价值更高的股票。换句话说,分析师们把它的所有零碎东西的价格加在一起,减去大量的债务,所得数字远远超过其股票的价格。得克萨斯航空公司股票价值大于 26 美元,他们说。得克萨斯航空公司股票一开始在 9 美元左右的价格上交易,后来大约在哈考特·布雷斯·贾维纳维奇公司股票价格达到 18 美元的同一时间暴涨到二十几美元。

多头一方建立在以下几个观点之上:航空公司很热销(所有的航空公司收购企业股票都在飞涨);集装箱货位和飞机值很多钱;以及,一旦弗兰克·洛伦佐(Frank Lorenzo)能够处理掉那个令人讨厌的企业同盟或者出售掉东方航空公司(Eastern),营业利润就将大为改观。多头一方受到卢米斯和塞尔斯公司(Loomis and Sayles)的肯·希布纳(Ken Heebner)、迈克尔·斯坦哈特(Michael Steinhardt)、德雷克塞尔·伯纳姆以及华尔街上的许多证券经纪行的支持。

空头一方以吉姆·查纳斯(Jim Chanos)为先锋。首先,空头们觉得,你不可能搞错像弗兰克·洛伦佐那样的履历:在其手中的几家公司已经破产,一个企业联盟似乎不喜欢的人物。其次,空头们相信清算价值要低于多头们的预期,在一个不稳固的航空公司的现金消耗可能是巨大的。截止到 1988 年末,得克萨斯航空公司的合并资产负债表显示,资产净值为负数,每股亏损在 1988 年为 18.88 美元、在 1987 年为 12.58 美元,其正的现金流量是靠新的债务和不动产出售(Property Sale)获得的。

在夏季战役猛烈进行很久之前,在该证券上的多头们已经计算出,如果他们设法摆脱掉那个讨厌的依附者之后,东方航空公司的财产净价值(The Net Asset Value,简称 NAV)和得克萨斯航空公司随后的股票价格。德雷克塞尔·伯纳姆公司的迈克尔·德钦(Michael Derchin)把东方航空公司的资产(飞机、民航运输机、南美航线、加勒比海航线、亚特兰大和迈阿密网络中心等)加起来,减去债务,认为营业净损失(Net Operating Loss,简称 NOL)和投资税收减免(Investment Tax Credit,简称 ITC)将隐蔽其利润,而得克萨斯航空公司将净赚每股 16～38 美元,当然还要加上大陆和第一系统公司(Continental and System One)。[5]所以,得克萨斯航空公司对于以每股 12 美元左右价格买进其股票的多头们来说,确实显得便宜。

直到 1988 年年底,事情才有了进展——对弗兰克·洛伦佐来说,从来没有片刻的愁眉苦脸。斯堪的纳维亚航空公司(Scandinavian Airlines System,简称

SAS)在10月宣布与得克萨斯航空公司结成联盟，引起多头们推测，斯堪的纳维亚航空公司可能与联盟联合起来买下东方航空公司。唐纳德·特朗普(Donald Trump)出价36 500万美元购买民航运输机，但是购买在法庭上被阻止。得克萨斯航空公司停止支付4种优先股股息，但分析师说不是因为现金约束——只是因为债务契约、负的资本净值以及诸如此类上的一点小问题。

新的一年来到了。斯堪的纳维亚航空公司宣布它拥有得克萨斯航空公司6.3%的股权，联盟与机械师的谈判料想有点儿令人恼火。德钦把他计算的东方航空公司的财产净价值降低到每股16～24美元，但是他认为大陆和第一系统公司的折现正常收益(减去令人厌恶的东方航空公司)为每股5～7美元。[6]到1989年1月底，得克萨斯航空公司股票价格为15美元(参见图8.2)。

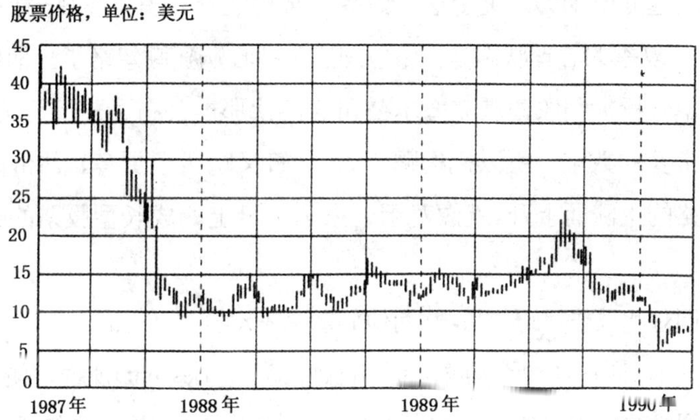

图8.2　得克萨斯航空公司1987年4月1日至1990年3月31日股价变动图

钱来得容易，不是吗？

空头们在东方航空公司罢工之前卖空了得克萨斯航空公司股票，接着，在1989年3月机械师们罢工时，空头们感到高兴但并不感到惊讶。当飞行员和机组乘务员出于同情而加入罢工行列中去的时候，空头们坐等一个很快就会出现的结果。然而，股票却使他们难以理解——它并没有下跌。

弗洛伊德·诺里斯(Floyd Norris)的《纽约时报》专栏在1989年3月9日扼要地重述了这场斗争。迈克尔·斯坦哈特说，得克萨斯航空公司“死了比活着更值钱”。诺里斯引用了一项估计东方航空公司能够以10亿美元的价格出售的多头预测(相当于每股27美元)，但是吉姆·查纳斯不同意。他指出，迈阿密检修设备的出租只剩下两年时间，并且他暗示，东方航空公司的飞机是用旧的。

洛伦佐以其惯有的信心做出回应：1989 年 3 月 9 日，他宣布东方航空公司破产，但是该措施并不太像其对于大陆公司那样执行顺利。时期已经不同了。但是，投资公众还没有醒悟，而股票还在上涨。

对于空头们来说，事态恶化了；他们不再像持续数月的罢工那样有高度的信心。第一彼得·乌巴勒斯公司(First Peter Ueberroth)决定购买东方航空公司，然后在与债权人的敌意冲突和未能就临时控制权达成一致之后，它又放弃了收购。分析师们非常确信，洛伦佐能够卖光零散的资产并重新组建一个中心。王牌民航运输机出售完成了。南美航线被出售然而后来没有售出。

得克萨斯航空公司事件中值得注意的部分是当越来越多的购买者趋炎附势时上升的速度或动力。关于这一点毫无合理之处可言：这是一种贪婪的疯狂。1989 年夏季的心理状态是许多经理感到被收购狂潮忽略了。他们迫切地渴望信任。分析师们像德雷克塞尔公司的德钦那样公布了一行行美好的、合计起来非常多的数字。所以机构购买了，接着又购买了更多。估价的数字随着股票价格的上涨而上升，就像对于一家蒸蒸日上的成长型股票的收益预测一样。

空头们对此只能目瞪口呆，然而他们却毫不动摇。正如凯尼奎斯联合公司(Kynikos Associates)分析师斯科特·贝森特(Scoot Bessent)所说，“使得得克萨斯航空公司成为相当出色的卖空头寸的因素是，即使你相信一些荒谬的估价，我们的模型却显示该公司在年底之前每股亏损将达到 18～20 美元。所以即使多头们在 8 月份是正确的，但是该股票到 12 月份将至少下跌 50%。”[7]

表现在像得克萨斯航空公司那样的股票上的最终价格疯狂和持续不断的成交量剧增的一部分原因是，在接近价格移动抛物线的末端，不坚定的空头们惊慌失措并补进抛空证券，而坚定的空头们用光了抛空余地。头寸的数量影响了通常是合理多样化的卖空证券投资组合的发展，经理们即使实在要卖空，但只能卖空较少数量的股票。所以存在丝毫未减的买进，没有上文第一部分所说的任何的摇摆不定或者犹豫不决：令人神经紧张的东西。空头们的结论是“卖空的帕金森定律”(Parkinson’s Law of Short Selling。译者注：帕金森定律是英国历史学家帕金森批评并讽刺英国政府官员的官僚主义而提出的一个讽刺性公式：机关人员经常按固定比例增加；消耗于内部扯皮的时间越多，人员增加越多；收入多，开支也大)。应当是:“股票价格膨胀以满足有效卖空容量和最后的一点耐心,尤其当股票像一只无头苍蝇时。”

在1989年10月联合航空公司(United Air Lines)股票发行结束之后,航空公司资产对股票购买者来说有点不那么有价值了。所以在秋季,得克萨斯航空公司由于其夏季的歇斯底里而衰落,并且因为东方航空公司打乱了其飞机和营业收入的计划数量而挣扎着,后来不再挣扎了。奥本海姆的罗伯特·麦卡杜(Robert McAdoo)在其1989年10月16日的报告中强烈地反对空头们:“持怀疑态度的人继续宣扬这种想法,认为卖空得克萨斯航空公司是一个很不错的主意……我们认为得克萨斯航空公司股票的目标价格仍然是到1990年春天时将达到的每股25～30美元,这是基于其未来在市场中的资产变现能力,到那时它将能够成功地解决其所面临的难题。”[8]他提出如果得克萨斯航空公司赚得美国航空公司(American Airlines)利润的1/3、1/2以至100%的话,他们将挣得多少利润——好像到了春天弗兰克就能把得克萨斯航空公司变成美国航空公司似的。

1990年1月,卢米斯公司的肯·希布纳抛售了500万股头寸,把股票价格打回到6美元。庞大到无法估计的亏损继续增加。麦卡杜的价格目标在1990年春天未能达到。洛伦佐最终在1990年4月从东方航空公司被赶了出去,而空头们付出了许许多多的努力后赚了一点点钱

凯珠宝商在年度拍卖中出售(或者设法出售)

凯珠宝商是一家有着众所周知的问题的成长型零售商。在《华尔街日报》1990年1月4日的“华尔街传闻”(Heard on the Street)专栏中,罗杰·洛温斯坦(Roger Lowenstein)指出,连锁商店销售额下降了,存货上升了,而应收账款正在恶化。显然,凯公司为了增加销售额,已经非常仁慈地提供了信用。当应收账款由NCNB垫付并代收从中收取佣金时,它们对凯公司而言是拖欠债款的追索权,所以凯公司承受了这些有问题的债务。应收账款出现的问题意味着损失,但是,更为重要的是,它同样意味着随后会采取更紧的信用政策以及更低的营业收入。

同时,顾客们几年来一直沉湎于无节制的购买狂热行为之中,而时尚珠宝在

美国中心商业街的采购袋中已经占据了一席之地。凯公司在商业街上已经拥有特定场所,但是那个位置可能会变糟,特别是随着商业街上的端位商场(译者注:端位商场是一种大型商业单位,如百货商场或超级市场,坐落在商业街的突出位置,通常是一端。端位商场需起到吸引顾客的作用,使他们能够光顾商业街的其他商店)由于百货公司的破产而大批倒闭时。

空头们对凯公司很感兴趣并意识到收购是有可能的,正如洛温斯坦提到过的那样。除了一个问题即债务问题以外,公司出售资产是明智的。凯公司早已举债经营了。它以前也一直是经常有被收购传闻的公司——在 1989 年 7 月——而其股票价格已经从每股 16 美元涨到了 23 美元(参见图 8.3)。那是在 1989 年春季由于呆账使得其账面价值减少了 600 万美元和公司官员们对于强有力的圣诞节紧急融资有了乐观的估价之后。一些空头在 1990 年 1 月卖空了股票。

然后,在 1990 年 2 月 1 日,凯公司暂停支付股息并宣布了一个无起色的季度报告。快到 2 月底的时候,凯公司宣布它已经雇请了第一波士顿来出售公司。在渴望的收购迷们对价格的推动下,该股票达到了 17 美元的峰值。空头们的行动是如此之快,以致所有可供借入用于卖空的可用股票一眨眼的工夫就被借光,所以随着看跌期权很快被过高定价,期权经受了空头净额的冲击。据说瑞士股东们对做某些事情(如买进或者卖出)特别感兴趣,然而他们渴望获得某种结果。

表 8.3　　凯珠宝商股份有限公司空头净额

1989 年	卖空股份数量	1990 年	卖空股份数量
10 月	42 244	1 月	1 340 903
11 月	228 943	2 月	2 013 435
12 月	366 868	3 月	1 856 247
		4 月	1 908 418
		5 月	1 894 047
		6 月	1 852 564

空头们认为以收入的 50%确定的售价是一个基准点,因为凯公司的每股最高收益只有 0.88 美元并且现金流量(负数)和账面价值(与零售不相关)是

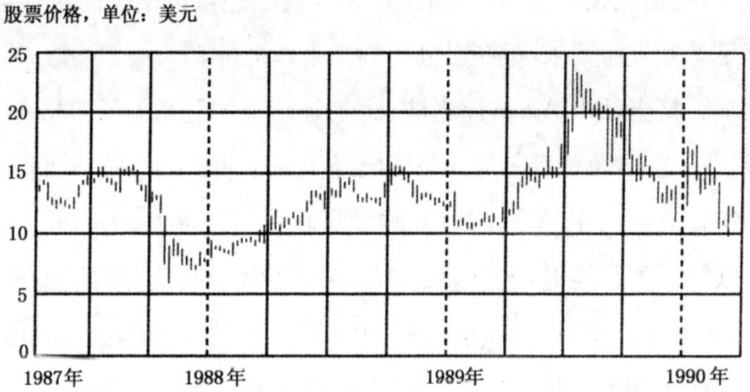

图 8.3　凯珠宝商股份有限公司 1987 年 4 月 1 日至 1990 年 3 月 31 日股价变动图

不重要的。那样估计收购价在 17 美元，所以股票在那个价格水平左右是卖空头寸。

3 月份，凯公司年终收益公布了，比前一年下降了 98%，同时收入仅仅上升了 2%。凯公司“膨胀存货和现金短缺”，《华尔街日报》如此评论道。[9]股票失去了活力，成了失灵的收购市场的牺牲品。

所谓的结果在 1990 年 7 月 2 日传开了，当时拉特纳斯集团（Ratners Group），一家英国珠宝连锁商店，提出报价：如果公司债券持有人同意修改债券条款的话，就以每股 17 美元的股票价值向凯公司的股东收购凯公司。那些为了快速获利而在最高价位买进股票的投机者们崩溃而亡，即使他们持有股票。那些坚持卖空的空头们在公告之后以 14.50 美元的价格补进了股票，所以他们赚了少量的钱。空头们从收购公告中得出了这样的结论，在“待售”候选公司上的卖空投机是一项比风险套购（译者注：可能但不一定相等的同时买卖的资产）风险更少的交易——尤其是如果你能够顶住新闻公告和股票上涨的尴尬境地时。

莫里森·努森公司

1995 年，威廉·艾吉（William Agee）的公司，莫里森·努森公司（Morrison Knudsen），在其收益遇到了难以逾越的障碍时，受到了新闻界的广泛关注。董事会成员们感到惊讶：《华尔街日报》指出，他们说过“他们最不满的是，关于资产负债表的危险状况，艾吉先生没有警告过他们”。[10]贯穿于 1993 年度财务报告的急剧变化，应当在股票价格达到最高点时，就已经告诉了任何董事会成员，艾吉为了满足季度收益要求，正在以公司的未来作抵押。

在比尔·艾吉(Bill Agee，译者注：比尔是威廉的昵称)于1988年加入莫里森·努森公司之前，莫里森·努森公司已经出现了两年的亏损，从而间接表明公司发放的每股高达1.48美元的过高的股息也许是不明智的。1989年，艾吉使公司重新恢复了营利能力，这一年公司从持续经营中所获得的经过充分稀释的收益达2.82美元。1990年的收益略好于1989年，达2.85美元，但是长期债务从原来的大约1 200万美元暴升至19 400万美元。浏览一下损益表表明，“其他收入”是收益的增长引擎——差不多有2 200万美元，比1989年的700万美元有了大幅度的增加。所以公司的业务看来在很久以前的1990年就是利息和股息，而不是有轨电车和建筑。

1991年的年度财务报告让身着鲜艳的红色和褐色相间套衫的、面带微笑的比尔预报了莫里森·努森公司新纪元的即将到来。“为真正打破纪录的20世纪90年代的10年……铺平了道路，”他说。[11]他是对的。收益已经略微下跌到2.59美元(来自“其他”的收入从5 800万美元下降到3 600万美元)，但是资产负债表上显示出有更多的现金，同时应收账款减少了而债务则与前一年持平。也许比尔已经为公司快速创造财富铺设了一条平坦大道。

1992年，比尔仍然眉开眼笑，他穿着更加使人宽心的蓝色羊毛衫，大谈“公司未来的可靠的框架”。[12]公司致股东们的信函几乎没有表明，1992年在通向更高收益的大道上，公司已经犯过一些错误：营业收入大幅度下降。那个令人惊奇的增长手段“其他收入”，与前一年相比虽然处在下降之中，但仍然是公司利润的支柱——在2 440万美元的营业收入中，其他收入占了2 370万美元。那是资产负债表开始严重恶化的一年。要不是短期债务增加的话，现金流量保持正值将已经很勉强。现金减少了，总负债增加了，而存货和应收账款都在增加。股票在1992年5月按1∶2的比例进行了拆股。

1993年的年度财务报告在1994年3月才摆到报摊上，当时股票价格接近30美元(参见图8.4)。比尔露齿而笑的表情消失了，他穿着桃红色衣服，谈论着“特别兴旺的一年”和公司“面对21世纪”是多么的“泰然自若、准备就绪”。[13]到那时候，除了公开吹嘘外，已经没有别的希望了。

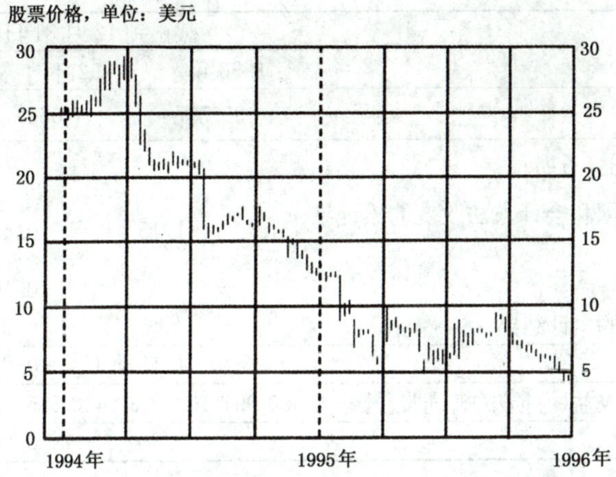

图 8.4　莫里森·努森公司 1994 年 2 月至 1996 年 12 月股价变动图

表 8.4　　莫里森·努森公司损益表　单位：千美元，股数数据除外

	截止到 12 月 31 日的年度		
	1993 年	1992 年*	1991 年
收入	2 722 543	2 284 931	2 024 791
收入成本	(2 646 081)	(2 233 624)	(1 942 877)
营业收入	76 462	51 307	81 914
一般费用和管理费用	(37 358)	(38 160)	(48 813)
研究和开发费用	(3 701)	—	
子公司股票出售收入	10 602	—	—
利息费用	(3 277)	(12 307)	(16 156)
得自未合并报表的关联公司的净收益(亏损)权益和利息	(5 757)	(133)	5 545
其他收入净额	25 827	23 676	35 964
扣除所得税、少数股权、特别费用以及会计方法改变的累计结果前的收入	62 798	24 383	58 454
所得税费用	(26 459)	(10 813)	(22 998)
在子公司净收益方面的少数股权	(572)	(134)	—
扣除特别费用和会计方法改变的累计结果前的收入	35 767	13 436	35 456
未摊销债务发行的账面价值削减产生的特别费用，按成本价格，除税净额	—	(3 096)	—
退休后医疗保健费会计方法改变的累计结果，除税净额	—	(17 403)	—

续表

	截止到12月31日的年度		
	1993年	1992年*	1991年
净收入(亏损)	35 767	(7 063)	35 456
普通股每股收益(亏损)			
扣除特别费用和会计方法改变的累计结果前的收入	1.15	0.44	1.24
特别费用	—	(0.10)	—
会计方法改变的累计结果	—	(0.57)	—
净收入(亏损)	1.15	(0.23)	1.24
用于计算每股收益(亏损)的普通股股数	30 991 169	30 410 585	28 544 432
每股股息	0.80	0.80	0.74

注:*经过重新编制以与1993年财务决算报告书保持一致。

表8.5　　其他收入(费用)净额

其他收入(费用)条目如下:

	截止到12月31日的年度		
	1993年	1992年	1991年
利息	$10 694	$ 6 222	$ 8 050
股息	2 733	10 860	9 371
可出售证券出售收入净额	22 402	22 648	13 546
可出售证券未实现亏损准备	(1 000)	(3 549)	—
外汇交易损失	—	(1 651)	—
终止非建筑合资企业的损失	—	(1 475)	—
应收销售额损失	(3 578)	(3 184)	(516)
承销费用净额	(1 480)	(2 807)	(1 316)
杂项费用净额	(3 944)	(3 388)	(345)
公司资产出售收入	—	—	7 174
其他收入净额	$25 827	$23 676	$35 964

无论是过去的年度财务报告,还是现在的,都表明税前收入中相当大的部分是来自非营业收入。损益表(参见表8.4)显示,1 060万美元来自销售利润,而2 580万美元来自其他收入净额。更进一步的公布事项(参见表8.5)表明,如果营业费用(如应收销售额损失和杂项费用)被扣除了,那么“其他”类目就要占到1993年税前收入的70%。税前收入令人满意地增加了,超过了前一年,但是,要

是没有非营业利润,公司几乎不能保证拆股之后的 0.80 美元的股息。

同时,现金正在消失:经营活动产生的收入为负 6 400 万美元,并且脚注说明,总租金收入已经从 1989 年的 2 300 万美元增加到 1993 年的 3 900 万美元,表明售后返租产生了现金。资产负债表上的资产一侧,存货也上升了 69%,而销售额只增加了 19%,超过未完成合同营业额的费用和收入从前一年的 12 700 万美元上升到 18 500 万美元。莫里森 · 努森公司 1993 年财务状况看来的确不正常。

1994 年股票开始下跌,艾吉宣布 1994 年年底公司出现营业亏损和巨额的资产账面减值。直到 1995 年初,董事会才对此做出反应,暗示比尔的大道上存在凹坑。出现在 1993 年 11 月的一封匿名信提出,比尔正在出售资产并投入现金以制造繁荣幻象。董事会同意艾吉在 1 月份退出,而银行家们赶紧声明,公司接近于不能履行责任。

自 1990 年以来,董事会 10 名董事中有 9 名一直在一旁观看艾吉作秀。当财务状况已经变得更加明确的时候,一个没有经验的分析师肯定能够指出,公司不是它表面上显示的那样,出售资产和金融市场投资收入不是长时期的战略,除了在非常短的时期内出现收益外,艾吉的戏法没有解决任何问题。股票以 1 美元的价格交易,而公司则申请破产。

◆ **注释**

[1]James Grant,"The Annotated Harcourt,"*Grant's Interest Rate Observer*,5 October 1987,5-10.

[2]Greg Johnson,*Los Angeles Times*,30 September 1988,2.

[3]Joseph C. Frazzano,"Weekly Research Review,"Oppenheimer & Co.,Inc.,6 December 1988,6.

[4]Thomas Hayes,*New York Times*,14 August 1989.

[5]Michael W. Derchin,"Research Abstracts."Drexel,Burnham,Lambert,23 August 1988,8054.

[6]Ibid.,16 February 1989,2077.

[7]Personal communication,June 28,1990.

[8]Robert McAdoo,"Daily Action Notes,"Oppenheimer & Co.,Inc.,October 1989,3.

[9]Vindu P. Goel,*Wall Street Journal*,19 March 1990.

[10]Joan E. Rigdon and Joann S. Lublin,"Call to Duty: Why Morrison Board Fired Agee,"*Wall Street Journal*,13 February 1995,B4.

[11]Morrison Knudsen Corporation,1991 Annual Report,3.

[12]Morrison Knudsen Corporation,1992 Annual Report,2.

[13]Morrison Knudsen Corporation,1993 Annual Report,1.

第九章　行业退化：主题股票

当非常严重的、呈现出行业性猛烈扭转特征的变化发生时，人们可以通过在一组股票中进行多头或空头交易而赚钱，这些股票围绕着一个主题而聚集在一起。大范围的行业变化可能由宏观经济事件、特殊产品的革命或者时尚的消失而触发。

当石油价格直线下跌时，任何与得克萨斯财富公司（Texas Wealth）有关的公司都适合于卖出。特别是得克萨斯的银行类公司，就是很有价值的候选公司，它们反映了乐观的经济预期和石油价格下跌之后持续数月的定价。亚利桑那州房地产业的衰败和未受规制的储蓄贷款协会（S&L）的违反操作规程提供了卖空全行业现象的另外两次机会。

行业退化也可能是华尔街的概念股的反面——产品变化可能导致一组公司衰退。例如，当一种工艺玩具过了鼎盛时期时（像民用波段收音机，英文为 CB Radios）或者当一种产品市场需求较少时（较高的石油价格使旅游居住拖车的销售额陷入摇摇晃晃、逐渐减少的状态），任何与这些产品有关的公司股票都是容易遭受暴跌攻击的对象。应用霰弹枪，而不是来复枪，来对付行业性赌注。

唐纳德·特朗普公司（Donald Trump）的传奇是上述两种现象的一个例子。房地产环境改变了，而大西洋城（Atlantic City）作为高成长的赌博环境的观念渐渐消失，所以银行家们担心一直是负数的现金流量。一连串地卖空任何一种特朗普公司债券都将产生比较好的投资回报。

所要花费的全部精力就是留心趋势，因为华尔街变得像女王伊丽莎白二世(Queen Elizabeth Ⅱ)：在第一波下降趋势之前有一大堆时间站稳脚跟、牢牢把握市场，接下来是“告诉我它不是如此”的反弹，股票下跌了。华尔街大肆宣传一种新时尚比放弃旧时尚要快得多。

亚利桑那州房地产竞赛

在 1988 年早期的某一时候，去亚利桑那州(Arizona)旅游的游客们开始回忆起奇特的传说。看起来建筑过多。起重机合计数仍然是惊人的高，尽管出租住房空闲率还在上升而成长缓慢。分区限制的缺乏意味着，在美国，每一个投机赚钱的开发商都正在那儿浇注混凝土——并且正在获得建筑银行贷款。

即使是对健忘的华尔街记忆来说，因为得克萨斯大崩溃就是眼前刚刚发生的事情，所以空头们直流口水。在得克萨斯，不可避免的萧条是并非那样永久的繁荣的必然结果，而房地产崩溃与石油价格崩溃混合在一起，使得所有那些高高兴兴地、积极主动地把钱贷给了任何一个有发展渴望的人的银行沉没下去。

得克萨斯给了投资者们这样的教训，当一个地区和它的经济是建立在成长性之上时，在成长引擎方面的减速变化会把整个结构引向崩溃。一个败落的房地产市场使得经济随之衰退，包括商业贷款和基本的银行业务，甚至神圣的单身家庭抵押贷款违约率也会逐步升高。对银行调节员们来说不只是建筑贷款会成为炮灰。

银行是历久不衰的卖空候选对象，因为借贷周期只是与最近涌现的一批银行家们的信用经验一样长。华尔街分析师们忘记了不可避免的周期并且未能把得克萨斯州的教训推广到亚利桑那州，然后推广到新英格兰地区(New England;译者注:新英格兰是美国东北的一个地区，由现在的缅因州、新罕布什尔州、佛蒙特州、马萨诸塞州、康涅狄格州和罗德岛组成)。亚利桑那州的银行崩溃是由繁荣转向萧条和如何通过反转得益的一个经典的例子。

当一个地区作为一个作战地带而被隔离起来时，第一步是找出相关股票的名单。在亚利桑那州的案例中，一家当地的报纸可以提供整个地区的股票名单——银行和储蓄贷款协会很容易被发现。当地的流言可能特别有用，因为市中心的开发商们通常知道所在区域中谁是激进的贷款者,分期付款中最后一笔较大金额的付款是否达到常规标准,以及谁有最不保守的估价准则。考察那些称赞贷款者和类似的开发商的建筑物上的广告牌所获得的第一手资料,可能是获得那些名单的另一个快捷的消息来源。西部储蓄贷款联合公司(参见第六章)已经是家喻户晓了,所以卖主们开始在岩石下面寻找类似的房地产把戏。有三家公司浮出水面:美洲大陆公司和太阳州储蓄贷款公司,这两家公司都是储蓄贷款协会,以及一家商业银行——瓦利国民银行。

美洲大陆公司:争吵究竟是为了什么?

美洲大陆公司(AMCC),是林肯储蓄贷款公司和一家地产开发公司的大型控股公司,其财务报告适合精读,甚至在查尔斯·基廷(Charles Keating)在华盛顿听证会上开始花费更多的时间之前。下赌注于房地产低迷时期意味着卖空具有巨大房地产风险的公司股票。美洲大陆公司到1987年年底时,几乎全部是房地产而没有什么资产净值。

表 9.1　　美洲大陆公司空头净额

1988 年	卖空股份数量	1989 年	卖空股份数量
7 月	635 554	1 月	888 459
8 月	677 242	2 月	827 776
9 月	730 614	3 月	832 189
10 月	922 225	4 月	867 920
11 月	1 073 273	5 月	831 429
12 月	874 049	6 月	未公布

空头们被1990年关于查尔斯·基廷和他的储蓄贷款协会林肯储蓄贷款公司的争吵搞糊涂了。在1988年,即使没有X光,加上或者减去一些肿瘤,任何人都可以看出骨骼看上去像什么。空头们对美洲大陆公司的透视图,对于那些感到证券交易委员会在一场暴风雪中没有给股东们留下一条毯子的投资者来说应当是可靠的。截止到1987年12月31日的年度10K和年度财务报告,是空头们首先阅读的文件。事实是清楚的,尽管其中的一些细节将在很长时间内不可能

搞清楚。或许财务报告公布事项并没有包括所有需要了解的内容，但是其中的数据提供了一条很好的线索。

是一家房地产公司还是一家储蓄贷款协会？

美洲大陆公司是一家总部设在菲尼克斯的控股公司，在 1984 年以 5 100 万美元的价格收购了林肯储蓄贷款公司之前，它一直主要从事房地产业。在被收购以前，林肯储蓄贷款公司的主营业务是单身家庭抵押贷款；美洲大陆公司重新调整了林肯储蓄贷款公司的经营方针，以加强超过 100 万美元的抵押贷款。在收购之后，美洲大陆公司逐渐停止了它自身的住宅建筑业务，但是仍然从事地产开发、组织辛迪加、销售和经营领域的业务。在 1987 年，税前收入的 86%来自金融服务机构，其中大部分来自林肯储蓄贷款公司。

因为林肯储蓄贷款公司是美洲大陆公司收入和资产的最主要的部分，所以空头们首先需要确定有多少收入来自基本的储蓄贷款业务，以及有多少是来自于房地产相关的偶生业务。

母公司美洲大陆公司 1987 年在支付优先股息前的合并收益为 1 930 万美元。1987 年，林肯储蓄贷款公司净收益为 4 100 万美元，因此母公司的确依靠子公司维持生计。

林肯储蓄贷款公司的经营情况汇总表（参见表 9.2）表明，净利息收入，即老式的储蓄贷款收益的主要部分，达 1 610 万美元。汇总表的注释提到，这是在将 6 500 万美元的利息费用资本化之后的数据，但是它包括了 1 400 万美元与贷款利润分享有关的附加利息。10K 继续解释道："在 1987 年 12 月 31 日，林肯储蓄贷款公司的有息负债（Interest-bearing Liabilities）比其生息资产（Interest Earning Assets）超出了 108 600 万美元。"[1]林肯储蓄贷款公司还拥有 62 200 万美元的公司债券，"实质上所有这些证券被评定的信用等级都低于投资等级"，引人注目的是这些债券都被加到了利息收入之中。[2]因此净利息收入不是来自储蓄存单存款（Deposits for CDs）与单身家庭抵押权人贷款之间的传统的存贷差额。

大多数收益从哪里来？在出售投资证券、贷款及有抵押票据、未合并报表关联公司的分配方面的净收入占 8 960 万美元。其他收入（包括 7 870 万美元的房地产收入）为 9 260 万美元。而 1987 年不是异常的一年；事实上，净利息收入占净收入的百分比高于前一年。因此，美洲大陆公司不是一家夫妻老婆店式的贷款者。

表 9.2　　林肯储蓄贷款公司收入汇总　　单位：千美元

	截止到 12 月 31 日的年度		
	1987 年	1986 年	1985 年
利息收入	292 113	269 356	235 103
利息费用	275 979	268 838	231 964
净利息收入	16 134	518	3 139
出售投资证券、贷款及有抵押票据、未合并报表关联公司的分配方面的净收入	89 657	131 407	120 129
其他收入，净额[1]	92 569	79 689	55 977
一般费用、管理费用和其他费用	135 210	129 925	78 895
扣除所得税和所得税会计处理方法改变的累计结果前的收益	63 150	81 689	100 350
所得税	25 205	32 731	20 500
扣除所得税会计处理方法改变的累计结果前的收益	37 945	48 958	79 850
所得税会计处理方法改变的累计结果	3 075	—	—
净收益	41 020	48 958	79 850

注：[1]“其他收入”包括截止到 12 月 31 日的 1987 年、1986 年、1985 年期间分别获得的 78 708 000 美元、73 924 000 美元和 47 567 000 美元的房地产收入。参见“公司——房地产业务”。

资料来源：美洲大陆公司，1987 年 12 月 31 日 10K 表格。

空头们接下来要考察的是林肯储蓄贷款公司的资产负债表（合并报表的母公司总资产为 50 亿美元，股东权益，包括优先股，为 13 700 万美元），了解如果发生预期的房地产业崩溃时，资产的稳定性和流动性将如何（参见表 9.3）。股东权益为 22 100 万美元。商誉为 10 600 万美元，房地产为 82 700 万美元，而其他资产为 53 100 万美元（包括在未合并报表的子公司中的投资 6 000 万美元）。所以通过减去无形资产，把房地产削减 10%，并且任意地划掉子公司，可以得出余额为负的 2 800 万美元。一个成功者——而那是在没有增加不履约资产或者在没有扣除 62 200 万美元垃圾债券投资组合中的问题资产的情况下。调节员们不像杠杆收购（LBO）经理们那样喜欢负的资本净值，即使是在 1988 年以后。

为了找到一些更加详细的资料，空头们转到贷款组合中，了解有多少建筑贷款:1987年建筑贷款为22 580万美元,比1986年的13 800万美元增加了。收购和开发贷款是一笔巨大的数目,达76 060万美元,从48 270万美元上升而来。传统抵押贷款为微不足道的17 900万美元,与1986年的25 050万美元形成对比:这里没有平凡的、普通的、单身家庭贷款者,就像他们在10K中所说的那样。

美洲大陆公司其他的业务特长是房地产,在1987年它贡献了22 100万美元收入和360万美元税前收益。腓尼基人旅馆(Phoenician),一家耀眼的、豪华的旅游胜地旅馆在建设之中,并有传闻说超出了预算限制。收益与固定费用,包括所有非现金费用和资本化的利息(另外的6 500万美元)之间的比率,1987年为1.18倍。所以,母公司同样受到了房地产的影响。

表9.3　　林肯储蓄贷款公司资产负债表　　单位:千美元

	截止到12月31日的年度		
	1987年	1986年	1985年
现金和现金等价物	242 612	358 681	843 607
投资证券——股票	157 699	96 249	90 879
投资证券——债券	1 298 190	1 193 453	426 750
应收贷款和有抵押证券[1]	1 585 820	902 021	929 519
房地产	827 272	777 165	553 696
其他资产[2]	530 622	466 974	258 653
卖价高于所得净资产部分	106 252	109 184	108 654
资产合计	4 748 467	3 903 727	3 211 758
储蓄存款	3 374 531	2 821 375	2 406 958
借款	813 874	629 890	570 173
其他负债	338 775	259 438	89 047
股东权益	221 377	193 024	145 580
负债和股东权益合计	4 748 467	3 903 727	3 211 758

注:[1]"应收贷款和有抵押证券"包括截止到12月31日的1987年、1986年、1985年各年度相应的472 461 000美元、67 135 000美元和58 364 000美元。

[2]"其他资产"包括在未合并报表的关联公司的投资,1987年为60 525 000美元,1986年为69 996 000美元,1985年为105 895 000美元,相当于公司在确定公司中根据成本和权益方法计算的股权。参见合并财务报表中的注释(A)。

资料来源:美洲大陆公司截止到1987年12月31日的10K表格。

内部人出售股票——给美洲大陆公司

在10K背后的集团内交易给管理层增添了特色。自1985年到1987年，公司和雇员股票拥有计划（Employee Stock Ownership Plan，简称ESOP，译者注：即促进雇员拥有本公司股票的计划）从董事长基廷手里，从公司董事们、高级职员们和其他人手里分别以合计10 742 000美元和8 000 000美元的价钱购买了1 141 878股和1 014 561股公司股票——设法逃避了佣金支付。1986年5月，董事长从一家子公司以345万美元购买了有限责任合伙股权。一系列合伙股权的购买和出售从那里继续下去。公司的薪水是惊人的：基廷在1987年拿了1 954 914美元，加上飞机和其他工具设备的使用权。他的儿子和3个女婿在他手下工作。儿子查尔斯（Charles）挣得863 494美元，而女婿罗伯特·沃泽尔巴彻（Robert Wurzelbacher）挣得647 129美元。

1988年春天，林肯储蓄贷款公司做成一笔著名的20 000万美元债券发行的业务。该业务据推测把储蓄存单持有者名副其实地抛到了没有价值的、对林肯储蓄贷款公司没有偿还请求权的美洲大陆公司证券里面。空头们对发行文件感到十分高兴，大为吃惊的是它竟然还有市场。债券销售说明书骇人听闻地、详细而扼要地重述了应当卖空的情形：较低的利率差额，对子公司没有偿还请求权，大量的垃圾债券投资组合，取决于一次性收益的盈利能力，有风险的房地产贷款、房地产经营，实质上所有业务都是通过子公司实施（而对于这些子公司又没有偿还请求权），正在进行的美国联邦住房贷款银行委员会（FHLBB）和证券交易委员会（SEC）的审查，以及没有市场可供新证券交易。不管是谁，又怎么能去认购有着像那样情形的文件的证券呢？

因此，仅仅只需一个小时就可以读完美洲大陆公司的财务文件，并对公司的状况作出一个判断，然后在1988年的上半年卖空它。那是一件很容易的事情。

空头轧平

困难的部分是，在被信以为真的、不久就到眼前的、基廷把空头们轧空得晕头转向的攻击之中，仍然坚持卖空股票。关于收购和美洲大陆公司通过阻止借出股票而侵扰股票出借人的流言四起。1988年12月26日，《福布斯》杂志详细地说明了轧空的策略:基廷有一个双管齐下的计划。[3]首先,银行将借钱给股票的拥有者,让他们从其证券经纪行中的保证金账户中把股票取出来,从而使得股票不会被经纪人借给空头们。其次,股东们被要求交付150万股保存在两家经纪人事务所的股票,因此把流通股减少到200万股左右,空头净额减少到100万股。此外,他们雇用了一家代表权兜揽公司(Proxy-soliciting Firm),去请求股东们把股票从保证金账户中交付出来。美洲大陆公司的既定目的是,使市场确信交易是不能立即变现的。

早在1987年9月,《国民抵押新闻报》(*National Mortgage News*)发表了第一篇关于"基廷五人帮"(Keating Five,译者注:基廷及其儿子和3个女婿)的故事,然而,在1988年秋天,受规制的康采恩再次涌现了出来。不管轧空与否,基廷都正在被包围着。

当8K公布公司财务人员变动时,留下来的空头们由于其对于不同寻常的警钟的百折不挠而获得了令人满意的回报。亚瑟·杨(Arthur Young)由于不同意资本利得的时间安排和拒绝参与1987年12月31日之后的任何财务报告而辞职了——在一个会计师们看上去昏昏欲睡的时期内,这是一个令人钦佩的表现。然而它给空头们带来的很多好处恰恰是:股票价格没有下跌。

亏损仍在增加,资产净值下降了,而查尔斯·基廷继续责怪调节员们给他造成了难题。1988年前9个月的现金赤字为10 000万美元。证券交易委员会正在审查美洲大陆公司的会计。

1988年12月,《巴伦——道·琼斯商业和金融周刊》刊载了一篇题为"菲尼克斯在衰落"的文章,详细地研究了房地产市场和相关的贷款人。[4]自然地,美洲大陆公司被给予了显著的地位,与太阳州储蓄贷款联合公司、西部储蓄贷款联合公司和瓦利国民银行摆在一起。

美洲大陆公司的股票价格直到1989年才真正地开始猛跌,接着,到了3月1日,它下跌到3美元左右(参见图9.1)。一个被提名的林肯储蓄贷款公司的救世主成为泡影,并且司法部正以欺诈罪名对两名公司官员展开调查。4月底,股票以小数的价格交易。到那时,调节员们已经查封了银行,据报道这是代价最高的两次紧急援助之一,而查尔斯·基廷刚刚才开始他在华盛顿的长篇传奇。

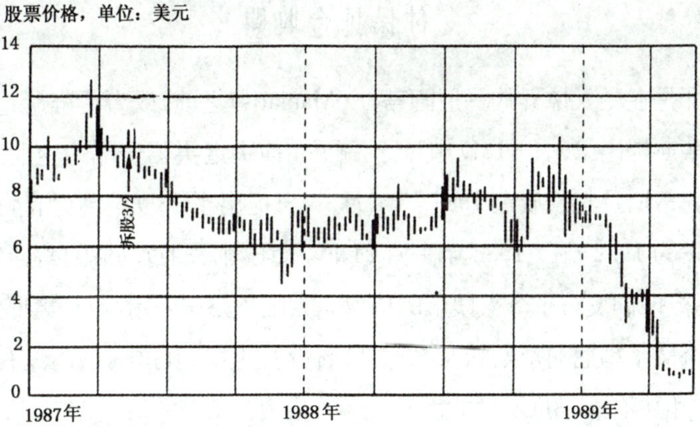

图 9.1　美洲大陆公司 1987 年 1 月 1 日至 1989 年 5 月 31 日股价变动图

被付保证金收购的太阳州储蓄贷款联合公司

对于空头们来讲，《巴伦——道·琼斯商业和金融周刊》的标题——“菲尼克斯在衰落”，是轻率和短促的很不错的结合。太阳州公司是一家典型的“废物”，任何能够从它那里贷款的人都玩得很开心。

太阳州储蓄贷款联合公司(Sun State Savings and Loan Association，简称SSSL)在 1980 年开始经营。到 1987 年 12 月，按照最好的亚利桑那州传统，它已经成为一家完全成熟的从事房地产贷款与开发的储蓄贷款协会(S&L)。股东权益为每股 7.90 美元，已发行股票 585 万股，每股年收益 1.10 美元。

财务报告稍微有些不正常。收购、开发以及未改良地产贷款总计占 21 800 万美元贷款组合的 33%。建筑贷款另有 8 900 万美元。非自然生息贷款(Non-accruing Loans)为 1 700 万美元，预留贷款损失准备为 240 万美元。在房地产方面的投资为 2 900 万美元，在合资企业方面的投资为 5 000 万美元。合资项目把全部资金投资在未开发地产上并承担所有的损失，而合伙人在规划、分区布局和开发方面提供专有技术提交给第三方开发商。而且，那是在资产净值为 4 280 万美元，而丧失抵押品赎回权从 1986 年的 740 万美元上涨到 1987 年的 2 840 万美元的情况下。太阳州公司看来随时准备从高台跳水板上跳进没有水的游泳池中去。

支付保证金收购

然而那是在令人惊异的马尼阿蒂斯(Maniatis)之前,或者更准确地说,那是在马尼阿蒂斯提出第一份13D申请之后而在他决定买下全部的企业之前。大卫·马尼阿蒂斯及其家族在1987年4月14日提出了13D申请,当时他们拥有公司普通股的19.27%。1988年1月21日,太阳州公司对马尼阿蒂斯集团提出了控告,指控他们发布了令人误解的信息。太阳州公司表示,亚利桑那州的银行督察已经否认了马尼阿蒂斯购买超过15%股份的权利,这一点还没有被披露,此外,其头寸并不像13D所说的那样是为了投资。

因此,马尼阿蒂斯提出了一个修正案,该修正案附上了注明日期为1987年10月20日的银行督察的否认意见。银行督察的信函提出了一些引起争论的观点。该信函陈述道:"申请者的财务状况是这样的,以致可能危及联合公司的财务稳定性,"并且"大卫·P. 马尼阿蒂斯总的品行或诚实性表明,如果允许他控制联合公司,那将对存款人、收款人、债权人或股东们不利……"[5]非常刺耳——而这还是发自查尔斯·基廷所在的州。

表9.4　　太阳州储蓄贷款联合公司空头净额

1988年	卖空股份数量	1989年	卖空股份数量
7月	171 662	1月	952 268
8月	188 372	2月	1 030 137
9月	101 910	3月	1 182 150
10月	315 359	4月	934 277
11月	916 638	5月	664 630
12月	912 561	6月	未公布

战事在秋天逐步升级,在它激起了空头们的兴趣时。1988年10月21日,太阳州公司收到了马尼阿蒂斯主动提供的以每股11美元价格收购的提议。他的集团拥有了他们通过其经纪人布伦特、埃利斯和洛伊公司(Blunt, Ellis & Loewi)支付50%保证金购买到的140万股太阳州公司的股票。

收益继续下降,但是收购出价未降

1988年10月25日,太阳州公司公布了季度亏损,从而使9个月的亏损总额达到了 260 万美元。不履约者和那些合资企业看来似乎损害了收益。公司负责人表示，“没有问题。”他接着又说，由于地区房地产存在的问题，城里的大贷款人已经减低了贷款。太阳州公司乘机利用这种撤离把其贷款起点增加了 30％！[6]

太阳州公司以不太明确的理由拒绝了马尼阿蒂斯的出价，尽管布伦特、埃利斯和洛伊公司的信函提出他们可以为它筹措资金。一位发言人也在 1988 年 11 月 7 日的《商业日报》（*The Business Journal*）上表示，马尼阿蒂斯以平均每股 9 美元的价格支付保证金购买太阳州公司股票，是其提出上述报价的原因，他企图推动股票价格上涨。马尼阿蒂斯回应道，“他的追加保证金通知是与此毫不相干的。”[7]

坚持不懈的马尼阿蒂斯在 1988 年 12 月又重新提出了另一个可供选择的交易方案，并附有“一封来自布伦特和埃利斯异乎寻常的、留有余地的、非常自信的信函”。[8]它看起来是不同寻常的，因为它不含有任何筹措资金的细节——或许他们计划追加更多的保证金。

1989 年 1 月 20 日，太阳州公司公布了一份很成问题的季度报告，税后亏损从 600 万美元增加到 1 600 万美元。会计师们还不能确定。事实上，美国联邦住房贷款银行委员会已经给太阳州公司发去了一封信函，告诉他们限制发展和减少风险侧面(Risk Profile)。马尼阿蒂斯又考虑了又一个提议。你会问，这是一篇芒蒂·派森(Monty Python)的幽默故事吗？为什么这个人一再出价竞买正在消失的资产呢？

股票交易价格在 1989 年的第一季度在 6～7 美元之间，大概是受到了这种公开出价的支撑吧。然后，在 3 月的下半月，它一下子翻转下跌到 2 美元(参见图 9.2)。大约在 1989 年 3 月 31 日，公司对与审计师们有关的问题变得更加明确了：房地产估价，涉及地下市场利率的会计事项，贷款损失准备金。看来很清楚，公司说，“我们将不能满足现行规章规定的 3％的最低资本需求量要求。”[9]所以董事会决定与马尼阿蒂斯会见——或许银行督察面临日益严重的雪崩时，已经不再考虑道德和财务问题了——但是已经完全无用了。

贷款问题依旧，直到资本急剧减少，然后，在 1989 年 6 月 16 日，西部储蓄贷款联合公司和太阳州储蓄贷款联合公司一起都被银行调节员查封了。

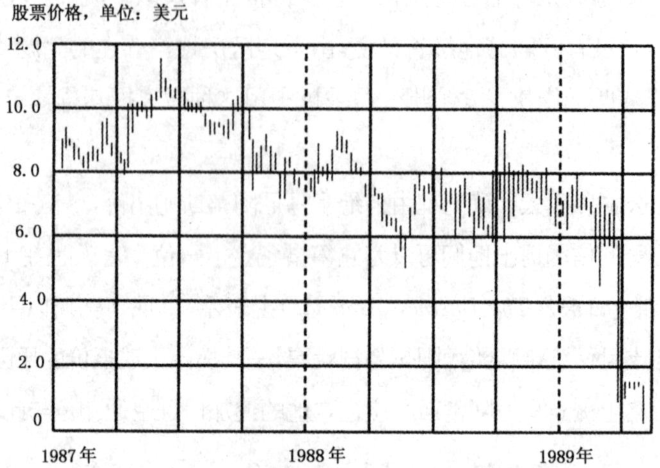

图 9.2　太阳州储蓄贷款联合公司 1987 年 1 月 1 日至 1989 年 6 月 30 日股价变动图

瓦利国民银行：不同寻常的华尔街论战

菲尼克斯区域内的大商业银行是瓦利国民银行股份有限公司（Valley National Corporation），它多少也算是华尔街的宠儿。与亚利桑那州的其他行业性赌注不一样，它有广泛的机构股东，并且在华尔街上的几乎每一个商行都有它的分析师。空头们没有太多地考虑该股票的供给和需求，对股票价格的影响和头寸持续期间就闯入了。专业分析师们之间短期的相互影响，在 1988 年以前的很长时间内一直是很小的（在哈考特·布雷斯·贾维纳维奇公司和得克萨斯航空公司之前）。在此期间，华尔街上的银行分析师们没有察觉到，一些空头正在亚利桑那州那边独自气得口吐泡沫。所以瓦利银行是独一无二的。

首先，财务状况。1987 年年底，年报显示，股东权益为 58 000 万美元。合计未履约资产达 29 470 万美元，其中逾期 90 天的贷款合计及其自然生息达 3 430 万美元。大多数不履约资产是房地产——这在那里丝毫不令人感到惊讶。信用损失备抵（Allowance for Credit Losses）为 19 500 万美元。瓦利银行的情形因此看来并不好，然而它也不像美洲大陆公司和西部公司那样糟糕。

引起空头们注意的数字是建设与开发贷款——12.64 亿美元，与大约 80 亿美元的国内贷款组合不相称。如果菲尼克斯确实在膨胀，那么不履约资产也将迅猛增长。那是在1988年春天，股票价格在24美元左右。

一些媒体的关注引发了讨论

1988年4月15日一期的《格兰特利率观察家》记载了瓦利银行的故事，特别提到它的全部房地产占资产净值的比率在一个糟糕的房地产环境中高达25%。[10]《福布斯》杂志在1988年5月30日那一期评论房地产问题和价格展望的短评上详细描述了瓦利银行——其结论是股票价格将下跌。[11]然而，股票价格没有理睬不断增加的意见和尖锐的批评。

表9.5　　瓦利国民银行股份有限公司空头净额

1988年	卖空股份数量	1989年	卖空股份数量
1月	2 535	1月	1 922 930
2月	33 811	2月	2 148 008
3月	未公布	3月	1 890 543
4月	24 673	4月	2 088 248
5月	118 616	5月	2 584 052
6月	148 727	6月	3 445 731
7月	218 514	7月	3 689 062
8月	153 080	8月	3 562 404
9月	202 519	9月	3 682 334
10月	247 378	10月	3 671 649
11月	595 548	11月	3 648 937
12月	1 114 252	12月	4 713 386

论战从那里逐步升温，因为那是表明华尔街在瓦利银行价值上存在着显著不同看法的第一个线索。一些分析师改变了预测和信用等级，并对菲尼克斯经济进行重新评价。银行分析师们在审视银行贷款组合时把特定地理区的房地产环境考虑进去，这在1988年是罕见的。请记住，房地产价格自从1974年以来一直在上涨(除了在得克萨斯州，而这是一个意外的挫折)。他们大多数盯着数字、听银行官员们说。亚利桑那州对新英格兰地区来说是一个很好的热身运动地。

基德皮博迪公司的查尔斯·皮博迪是在1988年10月主张强有力出售而脱离群体意见的第一个大名鼎鼎的银行分析师。他从等级2转到了等级4(从买转到了卖),这在华尔街是完全不同寻常的,因为在华尔街,在每件事情上总是慢半步、采取慢动作以避免冲突。他说,管理层没有处理问题,而且他认为,他们吹毛求疵、闪烁其词,而不是采取主动重组的姿态。他的结论是卖出。

管理层在10月底到场参加在纽约证券分析师协会举行的盛大表演。当他们再次向听众们保证说准备金充足时,他们让华尔街有点更加惴惴不安,因为直到问答对话期间,他们才谈到房地产崩溃。他们确实谈论了削减成本和增加利润,但每个人自然都想知道有关致命损伤的详细情况,而不仅仅是装点门面的工作。

所以1988年到1989年的冬末变成了有点像是分析师们之间的推挤比赛:“准备金足够吗?”“是不够的。”“股票是便宜的。”“也不便宜。”每个人都提出一连串的统计数据,然后想出对房地产方面的衰败和变化进行考察的各种各样的方法。他们假设准备金是适当的,然后设计了用以计算这些衰败和变化对收益和适度水平准备金的影响的不同公式。随着不履约资产的攀升,在发展趋势变得可辨认之前,一部分分析师们变得不知所措并转到“持有”。

空头们不再采取行动,而是在一旁观察着。由于房地产价格对于每日的市场来说变化并不明显,所以总是要过一段时间之后它的价格变化才能看得出来。股票则时而上涨,时而下跌。

混乱加剧

然后,在1989年1月前后,事情开始变得严重了。空头们一反往日的克制与多疑,已经开始相互闲聊瓦利银行。喋喋不休的闲言碎语像滚雪球似地迅速增多。没有经验的、新近产生的空头们卖空了瓦利银行,而这引起了两件事。首先,股票的供给消失了,所以未加计划的补偿购入开始出现,在股票价格急剧上升时已没有股票可供借入以卖空。第二,新生的空头们没有信心或经验,所以每次股票出现短暂波动时,他们就惊慌失措地补进,从而又把股票价格抬高了一些。狂热的空头怀恨在心者不可能富有成效地制订出行动计划。

巴尼·史密斯公司(Barney Smith)的汤姆·布朗(Tom Brown)前一年在美国银行上刚刚获得了巨大的利润。他在过去和现在都是机构所公认的最好的银行分析师之一。他从1988年6月以来就把瓦利银行评定为买进的等级,但是,到了1989年1月,他把这个股票挑选为他为该年推荐的股票。菲尼克斯,他认为是过时的新闻。《巴伦——道·琼斯商业和金融周刊》的文章对交易的当事人来说是滞后的，他争辩说。1986 年恰逢亚利桑那大崩溃的一年，而环境正在改善。他说："我相信，瓦利银行涉及不履约资产的房地产将在第四季度在这里达到最高峰，然后将在整个 1989 年一直下降，这样将没有必要提供一项特别贷款损失准备金来增加准备金。"[12]他继续说道，空头们"已经压低了股票价格，他们将是帮助推动股票在 1989 年上涨得更高的人们"。[13]股票对此做出的回应是从 24 美元上涨到了 27 美元。

查尔斯·皮博迪对他的对手的推荐做出了回应，并对 1989 年 1 月 18 日公布的瓦利银行第四季度收益报告进行了评论。房地产不履约资产（Real Estate Nonperforming Assets，简称 NPAs）从 29 270 万美元增加到 31 910 万美元，同时贷款损失准备金从 18 730 万美元减少到 17 880 万美元。准备金总额占房地产不履约资产的比率从 47.3％下降到 39.7％。他断定评定为等级 4 被证明是有道理的。"没有吸引力，"佩因·韦伯公司（Paine Webber）的桑德拉·弗拉尼根（Sandra Flannigan）赞成这种意见。[14]"极好的投资机会，"汤姆·布朗说，"第四季度 EPS（译者注：EPS，即每股收益）是完全准确的。"[15]

所以瓦利银行的表现就像是被通过发出声响、敲击和制造混乱来显现自己的恶作剧的鬼缠住了似的。价格反应与公告，或者与任何明白无误的事实没有关系。在假日前的一天下午，公司重新宣布以前宣布过的资产出售，股票价格涨了 2 点（2 美元）。没有人来告诉任何人考虑什么或者做什么，所以一些盯着行情报价器（Quotrons）看的不善于分析的人们常常由于惊吓而采取行动。随着交易转向在遥远的周期中表现出高度的内在不稳定性的看跌期权，期权自身的活力受到了挑战。这是疯狂的。而且，它提醒了年老的、头发斑白的空头老手们，为什么他们从来不找任何人谈话：所有那些没有能力的空头们卷入并推动了价格波动。

房地产对银行的影响

关于瓦利银行的争论似乎持续了很长时间，并围绕着一个非常重要的观点。恶劣的房地产环境会对银行造成多大的损失？大多数年轻的分析师们可能不会记得 1974 年的房地产低迷时期和随之而来的银行崩溃，因此他们缺乏可依照作出衡量和判断的基准点。房地产专家们知道，当恶劣的房地产环境出现时，它将持续很长时间——摆脱其威胁最少也要三四年时间，这期间银行股票的交易价格将跌到其账面价值的40%。而且，从根本上说，没有人唤醒经常是模糊的记忆。股票只是开始悄悄地倒退，但促使股票价格离开低位，却要花费超过一个季度的收益。

所以空头们感到轻松，关于银行准备金、核心收益以及不履约资产变动率的全部的华尔街电子数据表将不可能把极端混乱状态缩合成一个核心数据。他们只是关注着。

他们知道买进银行类股票或者储蓄贷款类公司股票就像购买委任企业同盟股票一样。买主从来不知道他们有什么，所以宏观环境最好是正常的。这一点在瓦利银行争论中再一次得到强化。例如，一个非常著名的分析师说："瓦利银行没有沿路边的商业中心贷款。"另一个同样有名的预言家说："瓦利银行在商业中心上的贷款占总贷款的9%。"空头们说："谁在意呢？这不是重点，伙计们。"

在经历了一年的糟糕时期之后，相当多的分析师们判定，形势不久肯定会好转。所以他们鼓起勇气重新推荐这个股票。而这种推拉将重新开始。第一波士顿公司加入了史密斯巴尼公司一方；它们两家公司都认为股票价格充分反映了困难。查尔斯·皮博迪继续建议卖空股票。《华尔街日报》的"华尔街传闻"专栏和《纽约时报》在1989年2月21日对这场冲突进行了概述。《华尔街日报》的罗杰·洛温斯坦(Roger Lowenstein)引用了布朗和皮博迪的话，他们就像念曼特罗(译者注：曼特罗，一种神圣的语言形式，在祈祷、冥思或咒语中重复，如呼唤神灵、神奇的咒语或有神秘内涵的经书上的一个音节或一部分)那样到处乱用银行专业语言。皮博迪重复说，与在前进途中有着更多创伤的行业80%的平均水平相比，瓦利银行国内贷款损失准备金占不履约贷款的比率只有47%。布朗说不履约资产将会减少而准备金看来将是足够的。瓦利银行支持布朗的看法；与瓦利银行有投资关系的埃利奥特·罗森(Eliot Rosen)说："汤姆·布朗在过去的一年里已经3次到这里踢轮胎了，他已经做好了准备工作。查尔斯·皮博迪的报告不是非常富有洞察力的。这是你从新闻稿上就可以读到的一类东西。"[16]

1989年4月底，在一系列他们认为是绝对的误传的事情之后，瓦利银行官员们终于脱去了手套用拳头回击。皮博迪说，由于向马尼阿蒂斯(太阳州公司保证金收购传闻中的)的一家房地产合伙企业贷款1 450万美元，瓦利银行受到了他的影响，而且皮博迪也把瓦利银行与美洲大陆公司联系在一起。瓦利银行官员们提出了一项正式的否认声明，声称“该信息完全是错误的”。[17]“请记住，”他们本应说，“它是一家委任企业同盟。”公司执行官们再一次提醒分析师对他们自己保持诚实的意见。“缄口不语和记笔记”是其要旨。出来参观吧，我们会给你需要的情况。

公司在第二季度尽了一切努力后，亏损了 9 000 万美元，总算是平安无事。

收益公告澄清了争论

1989 年 10 月，每个人都感到惊讶，但是没有人比汤姆·布朗更感到意外的。公司宣布第三季度再次出现 7 220 万美元的巨大亏损并暂停支付股息。不履约资产达 52 320 万美元。股票价格下跌了，或者更准确地说，股票价格跳水到 13.50 美元，然后在此区间颠簸而行了好几个月(参见图 9.3)。

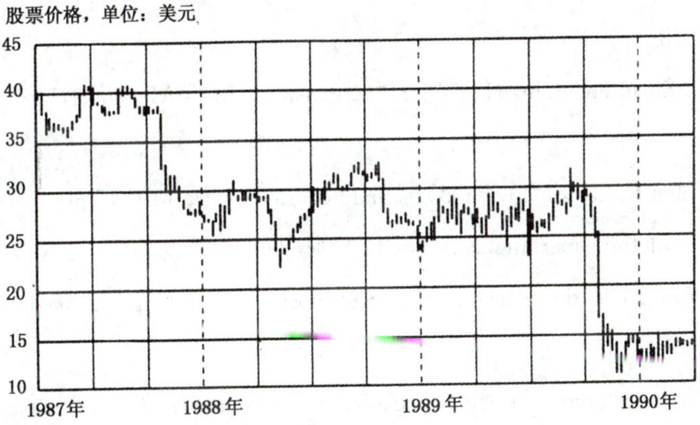

图 9.3　瓦利国民银行股份有限公司 1987 年 4 月 1 日至 1990 年 3 月 31 日股价变动图

传闻继续四处传播。按照最愚蠢的顺序(然而并不罕见的)，道氏(Dow)磁带显示，1990 年第一季度收益为 0.62 美元，与濯足星期四(Maundy Thursday)(译者注：耶稣受难节)傍晚的 0.62 美元相对。股票兴高采烈地上涨了 2 点(2 美元)。很少有人注意到它们是错误的收益——那些是新泽西州(New Jersey)瓦利银行的收益。在下一周的星期二，当实际数据传出来是 0.03 美元而不是 0.96 美元时，股票就下跌了。

到那时，银行分析师们还有新英格兰地区和东海岸需要考虑。更为流行的争论已经使菲尼克斯蒙上了一层阴影。当再也没有人真正地关注时，往往是到了该买空(Buy Long)或者至少是到了买回卖空出去的股票的时候了。在亚利桑那州银行进入低迷时期之后的几年里，当银行查账员在20世纪90年代的流动性净化中一直严厉申斥时，空头们云集于他们之后。

银行，由于其鲜为人知的专门术语，分析起来是令人厌烦的，在这一点上银行非常像保险公司。作为一个群体，银行被认为是神圣的、不可侵犯的，受到政府和许多保险规划的保护。事实上，它们是高度举债经营的公司。当资产净值仅占总资产的5%时，要不了多久就会把公司的基础一点一点地吞噬光。所以银行对于股东们或者股票出售者们双方来说都可能是可盈利的和可预测的，特别是如果股东们或者股票出售者们在他们自己的后院数着起重机的数目来测定相对于感觉到的城市经济增长而言，房地产扩张的速度是如何的狂热。

◆ **注释**

[1]AMCC Corporation, Form 10K, 31 December 1987, 4.

[2]Ibid., 13.

[3]Allan Sloan and John H. Taylor, "Mr. Keating, Meet Mr. Short," *Forbes*, 26 December 1988, 35-36.

[4]Jonathan R. Laing, "Phoenix Descending," *Barron's*, 19 December 1988, 8.

[5]Letter of the superintendent dated 20 October 1987, attached to Maniatis Group Amendment No. 13 to the Schedule 13D, Sun State Savings & Loan Association, Form 10K, 31 December 1987, 39.

[6]Sun State Savings & Loan Association, press release, 25 October 1988.

[7]Pat O'Brien, "Maniatis Determined to Gain Control of Sun State Saving," *The Business Journal*, 7 November 1988.

[8]Sun State Savings & Loan Association, press release, 8 December 1988.

[9]Ibid., 31 March 1989.

[10]"Real Estate Lenders," *Grant's Interest Rate Observer*, 15 April 1988, 9.

[11]"Down in the Valley," *Forbes*, 30 May 1988, 330.

[12]Tom Brown, Smith Barney, 3 January 1989, n. p.

[13]Ibid.

[14]Sandra Flannigan, Paine Webber, 18 January 1989, n. p.

[15]Tom Brown, "Valley National Corporation," Smith Barney research, 30 January 1989, 2.

[16]Eliot Rosen in Roger Lowenstein,"Heard on the Street,"*Wall Street Journal*, 21 February 1989,C2.

[17]Valley National Corporation,press release,26 April 1989.

第十章　集大成者:克雷齐·埃迪公司

高度发展的泡沫公司,华尔街的偶像公司,以及把前面各章中的所有种类公司的贪欲集中于一个卖空头寸里,获得的全明星组成的名单就是——克雷齐·埃迪公司(也可以参见第一章)。首先,财务状况如梦一般,债务和存货不断地增加。其次,华尔街的大肆宣传推动这个泡沫越涨越高。最后,在泡沫破裂时,显著的腐败和贪婪程度特别让空头们感到满意。而所有这一切在 1986 年 6 月的可转换证券招股说明书中就摆在那里以供阅读,过了很久之后,在 1986 年 10 月股票价格才开始大幅度下跌——而并非在整个传奇中都是空头轧平或者补偿购入。

一个可识别的题材股票

1986 年 6 月,克雷齐·埃迪公司在纽约大城市区拥有 24 家电子消费品零售店。电视广告使得公司对于该地区的每一个分析师和证券组合经理来说是引人注意的:甚至那些没有到过商店的人也知道克雷齐·埃迪公司,知道它的商店,因为演员克雷齐·埃迪在电视上兜售商品和价格。容易识别的名称也帮了股票价格的忙:它从 1984 年下半年的 4.50 美元上涨到 1986 年第二季度的 37.50 美元。在那个时候,15 个分析师报道了该股票,其 41%的股份为机构所持有。

公司起初因为估价而引起空头们的注意。1986 年 3 月 2 日公布的克雷齐·埃迪公司年终每股收益为 0.96 美元，所以股票正以 39 倍于收益的价格交易。公司已发行股票大约为 1 550 万股，资本总额为 58 000 万美元，或者说每家商店 2 400 万美元（这大约为收入的 2 倍）。克雷齐·埃迪公司租用了这些商店，所以没有潜在的房地产使股价膨胀。每家商店一年平均销售额为 1 300 万美元，税后净得利润占销售额的 5%。而这是一家在美国竞争最剧烈的市场中销售高度竞争性日用商品的公司。为了加深读者对这一点的印象，可以以肯德基炸鸡公司（Kentucky Fried Chicken）作为参照，肯德基公司大约在同一时间把他们的商店以每家商店 700 000 美元左右、相当于营业收入 1.4 倍的价格出售了。

所以克雷齐·埃迪公司股票看来估价有些过高，但是在 1986 年夏季许多股票都是如此。显然，华尔街分析师们指望公司的成长性。而那是在招股说明书开始填补估价活动结束的空白之时。首先，它表明连锁商店销售额在截止到 1986 年 6 月 1 日的季度内增长了 10%——并不引人注意，它意味着成长毫无疑问地来自新商店。财务报告支持了最重要的收入增长是公司的关键的看法。在那时，读者的视线转到了将负责雄心勃勃的商店开张计划的人们的个性上。

是一家私人家族银行还是一家电子连锁商店？

克雷齐·埃迪公司故事真正的精髓是内部人。招股说明书中有着格外丰富的细节；没有人能编制出这份东西。从哪儿开始呢？

公司组织结构图由安塔尔家族成员或安塔尔家族的嫡亲们牢固地组成。克雷齐·埃迪·安塔尔（Crazy Eddie Antar）亲自（是的，真的有一个人叫作埃迪）掌舵：他 38 岁，而另一个萨姆·沃尔顿（Sam Walton）唯其马首是瞻。堂弟萨姆·E. 安塔尔（Sam E. Antar）是会计，在不久之后他 29 岁时成为首席财务官（Chief Financial Officer）。弟弟米切尔（Mitchell）是销售部执行副总裁。叔叔埃迪是财务总管。堂弟莫特·津迪（Mort Gindi）是商店开发部副总裁。另一个堂弟所罗门·安塔尔（Solomon Antar）是高级副总裁和总顾问。虽然如此，最高管理部门中还是有两位成员不是安塔尔家族成员。

接着,到 1986 年 6 月可转换证券招股说明书公布日时,萨姆和埃迪·安塔尔已经卖掉了大约价值 7 150 万美元的股票。公司 6 年累计净收入只有 2 420 万美元。安塔尔家族认为他们应该以其天赋获得报酬,而股东们可以等待股票价格增值。

可转换证券招股说明书再三地提到在年会上决定的适用于董事长、总裁兼首席执行官埃迪·安塔尔的新雇佣合同条款。他通常领取 30 万美元的报酬,增加的报酬一直延期到那时。

股票期权计划看起来是慷慨的,然而,此外一项新的总计达 100 万股的期权计划在即将来临的年会上可能获得通过。

在 1986 年 7 月,克雷齐·埃迪公司开始了一项与可转换证券招股说明书中由家族控制的施舍相一致的股票增值权利(Stock Appreciation Right,简称 SAR)计划。如果股票价格增值了,公司就定期给予收受人大量的现金。例如,内部人有 264 200 股平均价格为 8.29 美元的 SAR 期权。股票以 40 美元左右的价格卖出。SAR 计划给予期权拥有者 31.71 美元的现金。不必承受股票市价损失,也不用申报证券交易委员会(SEC)表格 144。在过去的某一时间,公司有 605 000 股期权价格为每股 34 美元的已发行期权;对于股票每增值 1 美元,股东们就要为支付给他们的执行官们的 605 000 美元额外报酬买单,从而影响到下个季度的收益。在 1987 年度总计有 200 万股专供发行之用。

现金购买养老金(Money Purchase Pension)计划也为每一个符合条件的参与者提供了 25%的雇员缴纳税收补偿(W-2 Compensation;译者注:W-2,详细登录雇员纳税金额的表格,在每年 1 月 31 日前交给雇员,上面记载了上一年度公司代扣税收的收入和现金总额)。这种不同寻常的福利使得埃迪从公司拿走了另外的 267 001 美元。

可以把医学院当作纵向联合吗?

招股说明书的"确定性交易"部分格外有趣,其复杂性不如吉菲润滑油公司,但其中不计后果的放肆在华尔街宠儿中很少可以找到。首先,公司从家族成员手里租用了两家不是太糟糕的商店。其次,妹夫和妹妹拥有的一家公司——贝内尔批发商公司(Benel Distributors)——与克雷齐·埃迪公司来来往往地进行了大量的零星交易,包括存货销售、租赁和联合广告费。

然而就其足够的重要性来说,最精彩的部分是"与其他关联公司的交易"。在首次公开发行股票(IPO)之前,克雷齐公司与许多家族拥有的企业做过生意或者借款给它们,包括制造扬声器的声相公司(Acousti-phase);销售预录盒式磁带的零簇唱片公司(Disc-0-Mat);销售无以名状的家庭娱乐节目的 S&M Discount 公司;以及最引人注目的圣露西娅大学医学院有限公司(The University of St. Lucia School of Medicine,Ltd.)和国际教育工作者公司(Educators International)。安塔尔家族经营它自己的加勒比海岛医学院(Caribbean Island Medical School)和一家名为"教育工作者"(Educators)的医学院招生公司(Medical School Recruiting Company)。这简直就是出自加里·特鲁多(Garry Trudeau)的讽刺性连环漫画《多恩斯伯莱》(*Doonesbury*;译者注:加里·特鲁多是美国漫画家,因其讽刺性连环漫画《多恩斯伯莱》而成为 1975 年的普利策奖得主)。你怎么能不卖空一家经营医学院的电子零售公司呢?

另外,在 1984 年 5 月首次公开发行股票之前,公司给了埃迪、萨姆和其他家族成员无息贷款;公司不能确定贷款的精确数量。公司还为萨姆的另一家公司舒泰姆公司(Shoe Time)的借款作了担保,这家公司已经申请破产。克雷齐·埃迪公司具有安塔尔家族私人银行的全部的特征,或者说,也许是具有私人造币厂的全部特征。

华尔街歇斯底里症与家庭购物

那么,为什么华尔街会感情迸发地、兴高采烈地接纳了该公司呢?分析师们喜欢这个行业。它看来不错,有动力。盒式磁带录像机(Video Cassette Recorder,简称 VCR)的销售额在 1984 年和 1985 年迅速增加,分别上升了 86%和 56%。电视机和录像机占克雷齐公司销售额的 53%。华尔街用他们共同的电子数据表直线预测盒式磁带录像机的成长性。流行的意见表示,每一个盒式磁带录像机拥有者都愿意将旧的折价换取更贵重的新盒式磁带录像机;每一个家庭都将拥有许多盒式磁带录像机——将经常地替换它们。真是不可思议!激光唱片(CD)机正风行于商店之中,并且,明显地,人们愿意以很高的价格购买许多激光唱机——没有竞争,永远只有充满喜悦的高利润。

分析师们特别喜欢公司做生意的方式、公司的战略。相对而言，克雷齐·埃迪商店电子商品的价格实际上不是那么低。顾客们被认为会为达成一个便宜的价格而讨价还价、争论、谈判，而克雷齐·埃迪公司将会应允。然而大多数人不喜欢对耐用商品讨价还价，所以克雷齐·埃迪公司的商店因低价而没有保持始终如一的价格竞争力的财务负担而出名。分析师们喜欢蒙蔽顾客的那种感觉——事情的结果确实具有讽刺意味，因为埃迪·安塔尔在欺骗聪明的华尔街分析师方面，比在欺骗熟悉都市生活方式和世态的纽约人方面终究更为成功。

德雷克塞尔、所罗门、摩根士丹利、第一曼哈顿(First Manhattan)和弗塞姆(Wertheim)喜欢这个股票。弗塞姆是格外狂热的倡导者。其报告读起来像是克雷齐·埃迪公司的电视广告："我们判断结果至少是突出的，特别是已知的公司有名的稳健会计实务……埃迪·安塔尔喜欢打败收益预测，而我们找不到理由否定他这种乐趣，如果公司继续表现得格外好。"[1] 这是一个股票还是一个神物？

德雷克塞尔分析师巴里·布赖恩特(Barry Bryant)也同样是热情洋溢的："到1990年，我们相信克雷齐·埃迪公司可以完成10亿美元销售额，成为东北海岸上最有势力的电子消费品零售商……按照我们的看法，未来可能不会出现更好的买进机会。"[2] 到夏天时，布赖恩特的1月份报告是非常过时的：他预测过已发行股票年度增长将达8%，随着新的股份发行加上可转换证券和股票期权，公司已经突破了他1990年数字的5倍。他仍然继续抬高他的每股收益预测。

在夏季期间，财务状况变得更加有趣。因为克雷齐·埃迪是做日用品生意的，税后利润率只有5%，它必须迅速周转存货创造足够高的回报率以支撑股票价格。然而，存货周转速度正在下降。存货正在增大。而存货会计制度是手工的。令人惊异！店员们在晚上手工开发票，而公司计算出商店里有什么，什么已经卖掉了，在2天内需要订购什么。埃迪强调说，计算机系统不能管理零售企业。华尔街分析师们对其生气勃勃的零售本领拍手喝彩。

情节逐步展开

埃迪·安塔尔不满足于39倍的市盈率——他努力去寻找发财的机会。

心平气和的空头们像陷入泥潭中的猪一样守着他们的头寸，等待股票慢慢地下跌。7月底一个星期五的下午，他们受到赶牛杆(Cattle Prod，译者注：赶牛用的通常带电的杆)的电击，震惊得不敢看他们共同的行情报价器，股票开始快速巨幅上涨，上涨了5点(5美元)，达到40美元。随后，许多电话铃声和许多计算器按键声(乘以收入，乘以现金流量，乘以收益)响了起来，原因被证实了。克雷齐·埃迪·安塔尔正加入家庭购物行列。他买了一台无线电发射机应答器，不管那是什么，就在亚特兰大的一次交易展览上宣布电子零售前景的高潮。“蛋糕上的糖衣，”多头分析师们叫喊着说。“领先了竞争对手一大步，”他们叫喊着。空头们叹息着并平静下来等待夏季的第二次家庭购物的围攻。

分析师们很快就兴高采烈地对新购物服务的影响做出了评价。德雷克塞尔分析师巴里·布赖恩特到星期一时就做出了一项评论，不久之后又提出了一篇很长的报告，把价格目标从50美元上移到55美元，遵循了老分析师们的格言：如果价格变动了，就相应地改变价格目标和收益预测。他说家庭购物将在1987年收益中贡献0.20美元。他经过了认真的思考之后得出了这个数字：他设想，克雷齐公司将“以其上半年在全国广播上的家庭购物网络中获得的一半的盈利能力完成一半的销售额”。[3]在他的报告中，他还提到，克雷齐说过新电台节目的主要市场是150万圆盘式卫星电视天线用户。然而，他忘了指出，为了达到其6 500万美元的收入目标，每个卫星天线用户都将必须一年购买43.33美元的商品。

戈德曼·萨奇(Goldman Sachs)的分析师加里·博尔特(Gary Balter)很有见地地评论说，家庭购物公告将因为华尔街对家庭购物股票的流行看法而主要地影响股票价格和市盈率(而不是收益)。可是，他没有建议卖出。[4]

所罗门分析师布鲁斯·米塞特(Bruce Missett)敲着桌子说：“高需求的生产线，强有力的购买组织，良好的资产负债表。”[5]他也把股份的数字搞错了，并为有效控制费用作了计划，显然不相信埃迪对个人财富的贪求或者其家族对薪水和股票期权的胃口。

1986年9月，华尔街高级零售分析师，摩根士丹利的沃尔特·勒布(Walter Loeb)趋炎附势地提出了一项热烈的购买建议：“我强烈地建议购买……今年晚些时候打算推广的卫星电视家庭购物网络将会突然把公司捧出名，把公司推入全国著名公司行列。”他继续说道，一批新电子产品将在5年内每年推动销售额上升35%。他说，珠宝也是，他们正在试销售珠宝。[6]

克雷齐公司相对平静地度过了早秋。10 月公布了股票拆细和第二季度的收益。新闻稿说,第二季度连锁商店销售额上升了 15%,净收入在净销售额增长 41%的基础上上升了 57%。股票价格下跌了,尽管数字很不错。分析师们解释说,股东们习惯于收益超过华尔街舆论,而目标数字低于某些所有者的异乎寻常高的期望值。那是开端。

在 1986 年 10 月中旬,埃迪·安塔尔告诉机构投资者们,第三季度收益可能略低于某些华尔街预测数字。股票下跌了 15%,跌到按一拆为二的比例拆股之后价格计算的 15.25 美元。分析师们顺从地跟着公司负责人,也"略微地"调低了预测:每股季度收益调低 0.02 美元,巴里·布赖恩特的年度收益预测丝毫也没有变化(不可思议的是,巴里的新家庭购物导致的价格目标 27.50 美元回落到 25 美元)。也许除了股东们之外,没有人过于关心。分析师们总体表示,费用增长是由于新的主营业务的拓展,纽约市的竞争对手造成了价格下跌,连锁商店销售额的逐渐减少是由于商店的数量已经反常。没问题!现在就买!股票价格是终生的机会。空头们点头同意,然后就满仓了。

10 月份公布的第二季度的 10Q 显示,存货增加了 147%,销售额增加了 42%。一般费用增加了,利息费用增加了。更重要的是,没有人注意到,激励股票期权和无条件期权 735 360 股已经于 1986 年 8 月向管理层发行了——股数越多,意味着每股收益越低。另外一个奇怪的观点是,新闻稿说"连锁商店销售额第二季度增加了 15%,上半年增加了 13%",但 10Q 说在 3 个月内"连锁商店销售额增加了 5%",上半年增加了 12.8%——奇怪的不一致。分析师们阅读的显然是新闻材料,而非财务报告。

在这里,关于克雷齐·埃迪公司广告人员的一个恰当的词就是,科洛坦集团(Colloton Group)的埃德·科洛坦(Ed Colloton)。他是最优秀的——温文尔雅、充满热情、乐于助人。他熟悉华尔街的所有分析师,总是能从埃迪·安塔尔那里得到最新消息。华尔街分析师们只需要记下埃德·科洛坦告诉他们的消息,就不需要为凌乱的财务资料而费心。然后,他们就能够沉湎于埃迪·安塔尔自己的销售魔力,感到轻松自在、万事大吉。

在此期间,布卢明戴尔斯公司(Bloomingdale's)离开了纽约的电子市场——因为竞争太激烈了。3 月份,拉斐特无线电公司(Lafayette Radio)退出了。特雷德·合恩(Trade Horn)公开出售。"机会是留给精明的专家的,例如克雷齐·埃迪，”第一曼哈顿评论道。[7]

不和谐的线索接二连三。1986 年 11 月，克雷齐·埃迪·安塔尔因为税收原因出售 150 万股，价格是每股 13.875 美元。12 月份，他出卖了 50 万股，把他持有的头寸减少到 290 万股。

1986 年 12 月 23 日，克雷齐·埃迪公司宣布重新购回 300 万股。“董事会的信心反映了股票被低估了，”摩根士丹利的沃尔特·勒布说。[8]但是，他没有对主要执行官埃迪对于股票估价的看法做出评论，埃迪以其在 12 月初抛售股票的行动表明了他对他的公司前景坚决不看好的态度。

巨大的下跌

1987 年 1 月 5 日，股票下跌 1.375 美元，成交量放大到 130 万股，股票价格达到 9.875 美元（见图 10.1）。收盘后，克雷齐·埃迪公司宣布，1986 年 12 月间的连锁商店销售额减少了 9%。1 月 9 日，公司宣布埃迪·安塔尔已经因私人原因辞职，立即生效。自 12 月份起一直在散布的传闻说他得了致命的疾病。该季度连锁商店销售额增加了 5%，公司将重新购回另外的 200 万股。公司还公布说，收益从 0.09 美元增加到 0.12 美元。

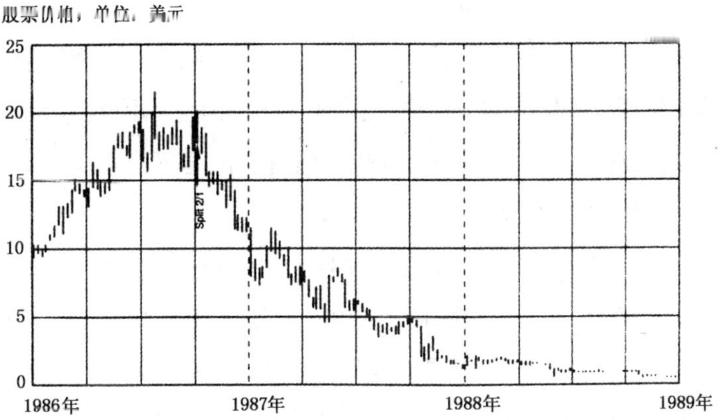

图 10.1　克雷齐·埃迪股份有限公司 1986 年 1 月 1 日至 1989 年 12 月 31 日股价变动图

打电话给乐于助人的埃德·科洛坦，得到了他已经不再为克雷齐·埃迪公司工作的消息。现在克雷齐·埃迪公司已经缺少了主角埃迪·安塔尔和街头代言人埃德·科洛坦。华尔街只给了较少的关注，但不是恐慌的。“持有，”摩根士丹利说，“我们期待着这些非常能干的执行官们（米切尔、萨姆和安塔尔）坚持不懈地追随首席执行官的脚步并且继续公司的发展。”[9]

这里是空头们犯了最大错误的地方。他们中的一些人补进了头寸：空头净额从 1986 年 12 月的 460 686 股减少到 1987 年 1 月的 227 720 股。埃迪已经辞职并且抛光了股票。10Q 随便哪一天就会公布出更多令人困惑的东西。越来越多的证据表明，克雷齐·埃迪公司的情况要比以前想象的要糟糕得多，从 20 美元跌到 10 美元，竟暴跌了一半。

在 1 月中旬，10Q 公布了。10Q 可能是空头最喜爱的文件；它告诉空头是对还是错，是补进、持有，还是更多地卖空。克雷齐·埃迪公司的 10Q 就是一个很好的例子。首先，关于初始情况的主要线索之一是存货：年增长 134%（扣除季节性因素），而 9 个月的销售额增加了 42%。换种方式说，存货周转速度继续降低，从上一年的 4.3 次下降到 2.9 次。情况看起来更糟了。总负债为 17 800 万美元，资产净值为 9 200 万美元。拟回购股份，可达 500 万认可股数，将会进一步增加债务。毛利润率较上季度下降了 1.6%。公司还继续担任其雇员银行的角色，贷给雇员埃德蒙·利维（Edmond Levy）的最新贷款 275 000 美元。尽管短期投资达 10 000 万美元，2 270 万美元的商业票据（用于营运资本）很突出，表明现金余额有限。卖空更多的股票吧，财务状况 B 表明应该如此。

经营状况没有好转。1987 年 3 月 10 日，新管理阵容宣布该季度同店销售额下降了 19%，而销售量上升了 22%——与分析师们增长率超过 50%的期望相距甚远。管理层提供了解决办法：克雷齐现在将销售家用电器，如冰箱以及珠宝；但最好的措施是，克雷齐将安装操作系统，包括销售网点系统。换句话说，克雷齐正在购买计算机以跟踪销售和存货。

1987 年 4 月 28 日，第四季度每股收益公布了——0.02 美元，与去年同期的 0.26 美元形成对比，在这个税后利润很少的业务上，毛利润率再次下降，一年之间从 25.9%下降到 22.8%。股票价格继续缓缓向下移动。

5 月，埃迪回来扭转败局。他以每股 7 美元出价购买公司，不料竟会被埃利阿斯·齐恩的娱乐营销公司（Alias Zinn of Entertainment Marketing）以每股 8 美元的出价超过。双方的出价受到一份既定协议和其他意外费用的支配。在接管会谈期间，股价突然涨到 8 美元之上。

6 月份，证券交易委员会宣布一项质询。克雷齐公司 10K 披露化学银行

(Chemical Bank)已经停掉了授予它的5 200万美元信用额度。10K也披露了5页的法律诉讼,其中包括纽约州总检察长对公司销售的空调设备没有达到州标准提出的诉讼。它还记录了大萨姆1987年3月17日从董事会辞职。5月份,公司借给小萨姆100 000美元。这个老家族的借钱习惯原来是很容易上瘾的。

1987年的10K保持了空头们在前一年的招股说明书中揭示的、让他们感到鼓舞人心的发展趋势。埃迪的薪水已经是1986年9月的2倍,达到600 000美元,尽管他1月份辞职了,但是他依旧拿薪水。股东提起的诉讼迅速激增。贝内尔批发商公司,一家克雷齐公司曾考虑过收购的埃迪的磁带批发公司,已经申请破产了。

然后在8月份,埃迪在暗示他的集团在收购融资方面可能遇到困难后,降低了其收购出价。克雷齐公司股票价格跌到3.5美元,埃迪再次被谣传是个得了重病的隐退者。华尔街对此没有发表看法或者建议投资者购买便宜的股票。

1987年11月,空头们获得了精神上的满足;前一年不断增加的存货终于得到了解释。新管理层表示,他们遗漏了4 500万美元的存货。埃利阿斯·齐恩以其成功的出价,在11月1日接管了克雷齐公司并关闭商店清点存货:他的审计显示,存货不是12 670万美元,而是7 500万美元。亏损增加到6 500万美元,审计师皮特(Peat)和马尔威克(Marwick)出具了保留意见。(会计师是如何真正地清点存货的?)

由于财务困惑依旧非常明显,公司指责埃迪伪造了存货和利润报告,创造了虚构的存货,为了"人为夸大公司资本净值"和股票价值而以掩盖手段毁坏了记录(没错,那就是为什么他们没有采用计算机系统的原因),埃迪还通过把利润较低的批发销售额计入收入数字中来夸大连锁商店销售额的数字。

埃迪掠夺了公司,利用内部信息抛售股票(必定有人了解那些伪造的存货),把华尔街当作是寻求乐趣、追求刺激的一次最好的高速驾车兜风。

公司终于在1989年6月申请破产。埃迪在潜逃之中,留下许多不幸的前参与者们设法从他在国外的五花八门的现金中进行索偿(宣称有6 000万美元)。1990年2月,他向美国联邦法院执行官自首。

克雷齐·埃迪·安塔尔教育了投资者,污点就是污点,是不会改变的。对于那些阅读了代表权委托书和10K中"确定性交易"部分或者招股说明书的人以及那些密切注意内部人出售的人来说,一个毋庸置疑的轮廓出现了。为了了解一个人，必须优先考虑的事情就是根本不必与他见面。

◆ 注释

[1]Robert J. Schweich, "Specialty Retailing Notes," Wertheim & Co., Inc. , 9 July 1986, 1.

[2]Barry Bryant, "Crazy Eddie," Drexel, Burnham, Lambert, 24 January 1986, 1.

[3]Barry Bryant, "Crazy Eddie" Research Abstracts, Drexel, Burnham Lambert, 29 July 1986, 5466.

[4]Gary Balter, "Crazy Eddie," Goldman Sachs Research, 28 July 1986.

[5]Bruce M. Missett, "Crazy Eddie, Inc., New Venture Adds to Company Prospects," Salomon Brothers, Inc., 5August 1986, 1.

[6]Walter F. Loeb, "Crazy Eddie," Retail Purchase Recommendation, Morgan Stanley, 18 September 1986, 1.

[7]Cathleen W. Mackey, "Crazy Eddie," First Manhattan Co. Research, 24 October 1986, 3.

[8]Walter F. Loeb, "Crazy Eddie" Research Comment, Morgan Stanley, 12 January 1987, 28.

[9]Ibid.

第三篇

历史记录与一般教训

第十一章　不足之处

空头与大部分机构经理有些不同，因为他们花费相当多的时间和精力来分析他们所犯的错误——可能因为错误是极其可怕的和损失惨重的，或者因为他们的自负使得承认失败格外的困难。空头们在价格暴涨之后的作业是，确定在哪方面线索是不够的，为什么价格会涨起来，以及为什么正常而准确的线索信号是令人误解的。

空头的三大过失

懒　惰

在股票选择上不是站在空头一边就是站在多头一边的失败的第一个也是最重要的原因是分析不够。尤其是站在空头一方会遇到变幻莫测的风险，如果缺乏经过小心谨慎地推理所得的证据，就可能导致令人痛苦的后果。因为就其本性而言，空头们不会责备分析师、朋友甚至助手们的错误。分析上的懒惰是致使空头等同于刚毛衬衣（Hair Shirt，译者注：刚毛衬衣是宗教禁欲者苦修时直接穿在身上的一种粗糙的粗毛衣服）和精神鞭挞的原因。

通常，懒惰是由于怠慢其他人的想法所引起。如果空头们在贪求新概念时，没有经过正常的、艰苦的资料收集，电子数据表的积累和绞尽脑汁的分析，就卖空股票，那么股票将总是很快地上涨，这吓得这些魔鬼们不敢再做受到严惩的空头。但是他们不会承认，当时他们没有做这些工作，他们毫无理由地卖空(极端地违反了卖空原则)，所以他们补进。正如一个对冲基金经理所说："卖空很容易。你卖空一只股票，加倍地关注它，在恐慌中补进，然后等待不可避免的破产。"——像卖空得克萨斯航空公司或者哈考特·布雷斯·贾维纳维奇公司而且在它们跌至谷底时补进，如果其他人已经做了这些工作。

傲　慢

第二个主要的过失是傲慢。空头们有首席女演员那样自负的问题，就像有百万美金收入的华尔街其他人士那样。但就投资银行家和共同基金经理们来说，那是其他人的钱。当空头得了大头病时，他们自己的钱包和傲慢遭到彻底的打击。空头们常常沉湎于多、空双方之间的争论；他们喜欢与别人意见不同，他们广泛地倾听各种意见。当他们不这样做时，就会出现显著的失误。当然，成功是失误的原因。在长期，永远正确没什么好处。

在两个主要的分析错误中，傲慢是显而易见的：(1)草率地应用严格公式；(2)卖空优质公司。当空头们开始像华尔街分析师们那样表现，未经思考就对一组股票应用同一公式或电子制表软件或估价方法时，就会产生严峻的公式问题。如果他们看到6家有着相同特征的储蓄贷款联合公司破产，不用担心，他们很容易就会卖空第7家储蓄贷款联合公司。而正是这一家公司将会咬伤他们：某些事情也许已经改变——像房地产环境或者政府——但是他们却不去关注，因为公式在以前是有效的。皮纳克尔·韦斯特储蓄贷款联合公司(Pinnacle West's S&L)是一场灾难，与亚利桑那州任何一家储蓄贷款联合公司一样险恶。空头们卖空了皮纳克尔·韦斯特，但他们低估了政府的边际愚行(Marginal Stupidity)及其帮助好像与纳税人或者规制行业有点关系的任何东西摆脱困境的倾向。空头们开始认为事情是合理的，然而皮纳克尔公司使他们在其头寸上亏本了，因而让他们在他们的纳税口袋之外再次掏钱。具有讽刺意味的事情不是白费的。

第二个傲慢过失是优质公司错误。大部分专业人士在他们身体的某个地方打上了这样一个烙印；大部分非专业人员没有认识到这就是为什么他们再也不喜欢卖空股票的原因。朱利安·罗伯逊(Julian Robertson)和吉姆·查纳斯(Jim

Chanos)都把这种现象看成是主要的空头过失。卖空优质公司总是有风险的。优质公司是具有精明管理层的公司,他们重视行业发展趋势、关心消费者,他们使得财务报告能反映那些不一定有希望成功的成败得失可能性兼备的混合事项。如果仅仅因为估价过高就卖空股票,那么市场行情马上就反映出可能达到的收益倍数是多么的高,从而使空头的卖空失策。作为替代,可以购买看跌指数期权(Index Puts);估价空头(Valuation Short,译者注:即仅仅由于股票估价过高而卖空股票的空头)与市价赌博(Market Bet;译者注:即对市价涨跌进行预测,猜错的一方必须按照约定交给另一方某种东西的一种赌博)没有什么不同。如果因为察觉到的临时性问题,因为过高的估价而卖空股票,那么优秀的管理层就能够很快地解决这些问题,从而可能使空头蒙受损失。

吉姆·查纳斯谈论了有关卖空联邦快递公司(Federal Express)的问题。他说相对于其收入预期而言,联邦快递公司的定价过高。公司还遇到了与邮件快递公司(Zapmail)和导致营业利润问题的新竞争者们竞争的临时性问题。公司告诉他这些问题是可以解决的。“我不知道这是否过于自信、过分傲慢,或者别的什么,但是我没有相信他们,”他评论道。[1]在他们公布季度报告时,情况突然好转,于是股票上涨了40%。

大多数杰出的空头是投资者,而不是短期交易者。有时,他们可能根据财务报告的暂时失衡进行有利可图的交易。但总的来说,即使他们了解公司失去了生机与活力,也不可能预先知道卖空它的时机。当他们在这些公司身上下赌注时,他们卖空是因为他们知道这些公司违背了基本常识;并且,如果这种赌博没有很快起作用,那么他们就敏捷地退出。新手、蠢人和零售经纪人为了迅速交易而卖空。

时机选择

时机选择,即第三个主要过失,是空头们对之没有解决办法的一种判断失误。正是这种过失把一个有利可图的、有巨大卖空价值的破产公司变成了一个使空头的年投资报酬率只有2%的公司,因为空头们太不切实际了。时机选择过失是又一个把空头新手们吓得只敢做永久的短期国库券投资者(T-bills;译者注:短期国库券,美国财政部发行的一种短期债券,期限为一年或少于一年到期,以票面价值打折的形式出售并在到期时按其票面价值赎回)的过失。因为职业空头们根据空头净额获得收益，他们等待获取报酬；大部分人消费不起这种奢侈品。时机选择问题是反对人们卖空的普遍的、最有影响的理由——它抛开了风险/收益关系，认为人们应当运用卖出或者不持有股票的方法，而不是卖空的方法。

时机选择不当的第一个原因是低估了公众的疯狂，公众的疯狂是造成20世纪90年代多头市场中众多空头被摧毁的一个问题。面对失败时的乐观主义是我们这个国家的传统，在哈里尔公司、克雷齐·埃迪公司和其他许多公司股票上卖空的空头们可以证明这一点。投资者的热情能够保持一只股票价格上涨多年，尽管这个公司没有收益，甚至没有产品。传真电话公司通常被认为是股票中的“拉斯普廷”(Rasputin；译者注：拉斯普廷·格里高利·埃费默维奇，1872～1916年，俄国农民医生，其迷人的性格以及为沙皇王子医好了血友病使其在尼古拉二世宫中大受宠爱。由于其行为淫荡，王公贵族们因怕他毁了王室而暗杀了他)。尽管在每次年会上，公司总是没有产品(传说中的平面计算机显示器)和产品问世的守信承诺，股票交易价格照样从9美元涨到12美元然后重新回落。新药类公司的股票价格从不下跌：谁知道它们的前景如何？但是其前景或许非常美好。

时机选择问题的第二个原因是低估了投资银行家推销另一轮融资的能力，尽管公司营业计划有着严重的缺陷。持续的融资流可以让一个濒临死亡的公司戴着呼吸器存活多年。综合资源公司无疑比救助它的机构活得还长；不合时宜的幸存者得到了那些没有阅读财务报告就购买了公司有价证券的银行家和投资者们的支持。

不幸的是，在某些场合，在发现致命缺陷和公司终结二者之间的时滞导致宏观环境发生变化，从而帮助陷入困境的卖空候选对象摆脱了危机。麦克比尔举了资本城公司(Capital Cities)和范妮·梅公司(Fannie Mae)的例子加以评论。利率变动将范妮·梅公司从糟糕的经营业绩中挽救出来。就资本城公司来说，公司的一些盈利项目得到加强，从而挽救了正在亏本的基本业务。

同样有趣的是，一些卖空交易之所以会失败，是因为空头们低估了举债经营的公司扩大其规模、解决问题的能力——例如，主营业务增长快于债务资本化。20世纪80年代，在空头们第一次受到杠杆收购(LBO)公司资产负债表的挑逗而感到心里痒痒的时候，他们未能认识到，在公司所处环境良好时，要经过多久债务才能拖垮公司。空头们用了几种方法来回答这个问题。迈克尔·墨菲(Michael Murphy),一位空头兼时事通讯撰稿人,在价格爆升25%之后自动补进,等待再次卖空。墨菲认为如果价格走得那么远,那么一定是出了什么问题,或者是时机选择不当,或者是分析出了问题,他还认为空头犯了与多头同样的错误——他们削减利润而让亏损蔓延。在收益和价格动量已经减缓、股票价格出现第一次下跌之后,其他经理们一直等到股票价格崩溃才开始卖空。乔·迪曼纳(Joe DiMenna)从不卖空市价相对非常坚挺的股票,例如上涨之中的家庭购物公司(Home Shopping)股票。

对空头们来说,几乎所有的空头净额都维持了太长的时间。一旦他们解决了难题,他们就认为每个人都应该知道答案。另一个约定俗成的时机选择错误是,在崩溃最终来临时,毫不畏惧地增加空头净额。在一些股票面对种种传闻而快速上涨至新的高度时,如果信心使你陷入了这些股票之中,那么当哈考特·布雷斯·贾维纳维奇公司以非常少的钱出售了沙穆公园,或者当埃迪·安塔尔出售了他的股票时,信心就该需要额外的投资了。

还有好多轻松歌舞剧

商品周期

做可可豆生意吧,如果你想的话,但不要在无意之中使风险加倍。如果你一直认为卖空的股票受到商品价格的影响,那么就跟踪基本的商品价格。如果你卖空一只养鸡公司的股票,那么你就必须保证你了解鸡的生长周期、干旱或者冰暴的影响,以及玉米的价格。发现基本资产负债表的缺陷比买卖粮食价格容易得多,除非你在芝加哥交易所(Chicago Board of Trade;译者注:芝加哥交易所,1848年成立,是世界上最大的谷物交易所)工作。

可是,有些时候,在资产负债表中出现的大量商品存货可能是条好线索,它表明公司不是投机甚于对业务的专注,就是对存货失去了控制。简·贝尔营销公司(Jan Bell Marketing)是1989年圣诞节期间华尔街的热门商品:第一波士顿分析师挑选其作为年度成长型股票,戈德曼、萨克斯(Sachs)早些时候就公开推荐。在头9个月内,公司存货,包括原材料存货,增加了152%,而销售额只增长了40%。公司管理层暗示,存货增长是由于购买了大量的钻石和黄金,于是华尔街就拍手喝彩。

一个月后,简·贝尔公司以失去了合同和低于预期的销售额和收益震惊了华尔街。公司业务是销售黄金珠宝,而非投机于黄金价格(运输成本耗掉的正是竞争利润)。与房地产开发公司一样,从事证券、股票和垃圾债券投机的银行是又一类例子。但务必要弄明白,这是对公司下赌注,而不是对商品。

科技股票

许多空头就像躲避瘟疫一样避免卖空科技股票,因为正常的轨迹信号通常对科技股票不适用。正常的存货变动率不起作用:当新产品处在计划中时,科技公司的存货上升。内部人持有大量股票并且经常出售,对公司状况缺乏明显的关注。应收账款是个怪兽,有如此之多的支付条件,以致偶然的增长不能一贯地告诉你收款问题。利润可能随着产品周期和价格曲线而收缩和扩张。科技股票的不同寻常之处当然是其一贯处于多头行情之中,因为在这些股票上几乎没有分析师具有一贯的可信性。20世纪90年代,科技股票造成了空头投资组合上的非常严重的裂伤:在空头们未能听从他们自己回避科技股票的格言时,美国在线(American Online),美国机器人技术(U. S. Robotics)和艾奥默格(Iomega)全都是一些给他们带来巨大痛苦的股票。

空头轧平

空头轧平可以被看作是一种市场现象,而不是空头过失,但其实它们是空头们自己造成的创伤。股票的流通盘对空头净额来说是最重要的。就像在美洲大陆公司案例中表现的那样,有时候回报是值得去冒风险的。

从第一章开始回顾一下,证券经纪行可以把证券交易中的客户保证金账户(Margin Account)上的股票,或者来自那些把股票借给证券经纪行以收取酬金的机构的可供借出的股票借出去。每次卖空必定得到来自这些地方之一的借出股票的支持。如果股票不再借得到,补偿购入就会发生。(正如乔·费什巴奇所说:"如果你想哀诉或者抱怨补偿购入,那你就麻烦了。")

如果公司对空头存有敌意或挑衅,那么它可能会做两件事:写信给股东,要求他们把股票从客户保证金账户中取出,把它存入现金账户或者把它交给他们;

或者要求主要机构持有者不要借出他们的股票。公司也可以通过为公司或者公司固定资产报废账户(Retirement Accounts)买进股票,或者通过把大量股票放置在友好者手中来间接减少流通股票数额。一些公司还运用诸如零星现金股利和不同寻常的新发优先股或者Z类股票(Class Z Stock)的牵制策略。或者公司可以使用最刻毒的防御措施:提高收入和收益。

空头打击策略对有着巨额流通盘和大量华尔街追随者的公司不适用。然而,它们对小公司是有效的。对空头来说,均衡只不过是风险与回报。如果股票始终具有良好的消失潜力,为了获得高回报的可能性,空头们可以经受住变幻莫测的空头轧平问题。如果公司存在重大的但不是致命的问题,大多数富有经验的空头们将不会坚持卖空股票;所以,清除空头的协同努力对那些公司是有成效的。

综合处理系统公司(Total Systems)是一个很好的例子。该公司在1988年6月29日发动了一场空头袭击,当时他们给股东们发去了一封信函,描述了无保护的卖空行为(Naked-short Selling,即在没有借到股票的情况下卖空股票;译者注:又称赤裸裸的卖空)的滥用及其对股票价格的影响。公司管理层认为无保护的卖空行为可能遭到挤压,如果股东们下令归还他们的股票:

如果有交易者在他们自己的账户中持有综合处理系统公司股票的大量的无保护的空头净额,那么他们就会对保持你们的股票价格下跌比让它上涨更感兴趣。同样确定无疑的是,通过采取共同的行动,综合处理系统公司的股东们能够阻止这种诡计的得逞。如果所有的综合处理系统公司的股东们愿意简单地打电话给他们的经纪人并且"下令归还"他们的股票……[2]

流通盘是小的,而机构股东和个人大股东们是公司的朋友。综合处理系统公司有产品、收益和收入。所以空头们在股票轻微下跌时就静静地离开了,尽管在管理层的信函中存在错误的信息。(根据定义,无保护的空头们不借入股票,所以下令归还股票对卖空不会有任何影响。)

通用发展公司(General Development)据说在1990年2月尝试了同样的策略。这是一场空头们赢得二三个身长胜利的比赛,当时破产法庭在综合处理系统公司执行官们能够挤压反对派之前抓住了公司。

20世纪80年代关于空头轧平的任何一个故事都包括了作为基石的蔡斯医药公司(Chase Medical)。蔡斯公司的故事从艾伦·亚伯森(Alan Abelson)在

1988年12月12日的《巴伦——道·琼斯商业和金融周刊》专栏上严厉批评该股票开始。[3]该公司拥有260万股已发行股票,流通盘少于130万股。股票价格为10美元,而空头净额在12月份增加到137 852股,与前一个月的25 319股相比较增加了很多。一个难以逃脱的危险境地接踵发生,这种境地就连19世纪末20世纪初的著名人物杰伊·古尔德(Jay Gould;译者注:杰伊·古尔德,1836～1892年,美国金融家和投机者,他与吉姆·菲斯克和丹尼尔·德鲁经过奋斗从科尼利厄斯·范德比尔特手里夺取了伊利铁路公司。他与菲斯克企图垄断黄金市场,从而造成1869年9月24日的金融恐慌)也会感到毛骨悚然。

从8月份以来股票价格强劲上涨了1倍,尽管公司前景正在逐渐黯淡。然后,正好在新年假日之前,美国证券交易所宣布该股票停牌,发出公告说一家经纪人公司(Brokerage Firm)已经积聚了大量流通股,股票在下午1点后复牌,当天股票价格下跌了2美元。那些发牢骚说该股票被操纵的空头们,对股票终于变得对他们有利感到满意,尽管这个股票流通盘太小了,以致不能激发非常多的空头净额。

接下来,经纪人公司摩尔什莱公司(Moore & Shley)、卡梅伦公司(Cameron & Co.)宣布,事实上,他们已经获得了满足T规则(Reg T)要求的超过10%的已发行股票,公司及其客户联合在一起拥有150万股。但是,在260万股已发行股票中,内部人拥有120万股(后来变成了130万股)。不久人们就注意到150加120超过了260。

实际上,摩尔什莱公司已经把股票的有效供给和更多的事情逼到了绝境。空头们根本借不到股票,所以一些空头不得不补进,而唯一的持有者是摩尔什莱公司和内部人,他们能够,大概也会,对蔡斯公司股票索取任何价格。空头轧平。股票再次适时地被美国证券交易所和证券交易委员会停牌,等待调查结果,这一次价格为13美元。

时间过去了几个月,收益报告公布了,它表明在账面价值削减了147万美元的损失之后,营业收入为40万美元。美国证券交易所把该股票从在证券交易所进行交易的证券清单上除去了。

然后,在1989年8月10日股票开始以粉红色报价单(Pink Sheets)交易,从4美元涨到6.50美元,而空头们虽然遭到了相当惨痛的攻击,但他们还是很高兴能够活着逃脱出来。"想象一下正在发生的拦路抢劫,"弗洛伊德·诺里斯在

1989 年 9 月 8 日《纽约时报》他开设的专栏上写道："正当行凶抢劫者将要拿着受害者的钱包逃走时，警察来了，并逮捕了抢劫者。然后，就在受害者正想着警察是多么好的时候，他们把皮夹子中的一些钱交给了跟着到来的沿着街道散步的人。"[4]那就是空头轧平。

购入全部股权

购入全部股权(Buy-out)是 20 世纪 80 年代空头市场灾难的根源。所有的空头，不管是多么的富有经验，都感觉到在他们的证券投资组合中，有着因为悬而未决的兼并而使股票停牌的公告这样的赶牛杆。在杠杆收购(LBO)旋风刚刚刮起来时，冷静的空头们不明白投资银行家们将支付的收购费用的荒谬倍数。到了这场旋风的中期，大多数空头都明白了，分析胜过了银行家——哈考特·布雷斯·贾维纳维奇公司，凯珠宝商公司和其他胜利都是对他们聪明才智的证明。

在许多收购上评判委员会仍然没有介入。大多数空头感到收购损失不是由于错误所导致，而是由于疯狂交易的银行家给那些收益或资产靠不住的周期性公司支付了过高的价格。程序当然强化了方法：杠杆收购是形成资产的名义价值和实际现金流量上的削尖的铅笔的原因。

刺痛的恐惧

卖空是过山车狂热爱好者们的合适领域。它对那些靠刺痛的恐惧或者受虐狂而健旺的人们来说是最有效的了。因为大多数空头是反复无常的，即使在他们对恐怖有神经质的需要时，大多数空头将在某种程度上惊慌并且在惊恐之下补进了精心设计出的合理的头寸。每个人都在某一时间逃跑。一般来说，它是一种市场现象。在 1987 年和 1989 年的夏末，大多数空头已经失望了，认为市场再也不会恢复理性了，它将永远继续下去。他们只好坐待破产(在 1987 年夏季至少发生了几起公司破产事件，但在 1989 年却并非如此)。

当你再也忍受不了痛苦时，就买些什么，它在极短的时间内可能让你感觉好受一些。或者，甚至更好一些的话，就卖空更多的股票；如果它把你惊吓得要死，那么它很可能就要动了。痛苦总是比快乐持续更长时间。那正是使得空头们与众不同的东西，而且那就是为什么年纪最大的活着的彻底卖空的职业空头只有 52 岁。当其余的空头不再坚持考虑更多周期的触目惊心的狂热和无理性的、常常是乐观的证券定价时,他们富有地引退了。

固　执

如果某些事情改变了,就补进。不是你反对他们:是你反对你自己。

复杂性

许多空头喜爱他们自己的分析,特别是如果其分析非常复杂时。如果他们能够使他们自己相信没有别人懂得股票,他们就已经自我封闭了。或者如果他们已经在一家公司身上花费了数不清的时间,他们感到他们必须有一个看法并且买进或者卖出股票。这有些像阅读普鲁斯特(Proust;译者注:马塞尔·普鲁斯特,1871~1922 年,法国作家,他共分 7 部的小说《追忆似水年华》是现代文学中的伟大作品)的作品:在读完最后一本后,读者肯定像他了。

群　集

群集于一个股票是一个新的现象。太多的新生空头是职业空头头寸的祸根。缺乏经验使得股票反复无常,当空头正试图开始建仓时,它把潜在的购买者吓跑了。一群吓坏了的空头们会给职业空头们造成更多的超过游戏本身所值得忍受的痛苦和烦恼。就像把马放在一个燃烧的马厩里一样,根本不需要扑灭大火和以马嘶声赶马就很容易处理危机。

可到最后了

来自乔·费什巴奇的指引可以作为综述,"错误总是卖空了还不是那么糟糕的公司。"他运用了新英格兰危急护理公司(New England Critical Care)、系统软件联合公司(Systems Software Associates)和洛杉矶传动装置公司(L. A. Gear)的例子。分析师必须确信公司的核心业务将遭遇毁灭性的难题而不仅仅是小事一桩。"我们所犯的最大的错误是在我们已经看到了正在夸大其收益的公司的地方,而不是在公司的内在引擎仍然强劲的地方。"[5]

公司可以以许多方式操纵收益——通过减少坏账准备金,通过激进地计入收益和迟缓地计入费用,以及通过不予减低呆滞资产的账面价值。所有这些迹象对一个经过专门训练的分析师而言是容易察觉的。但是,如果收入有了突飞猛进的增长,那么操纵将依旧仅仅是一个有趣的智力问题(Intellectual Point of Interest),而不是一个卖空的触发器。你可以在一个很长的时间内用成长性来遮盖令人厌恶的会计实务。

空头们可以添加乔·费什巴奇的优良公司座右铭:最大的错误是在 20 世纪 90 年代最强劲和持续时间最长的牛市期间卖空。

◆ 注释

[1]James Chanos in an interview, 4 May 1990.

[2]James H. Blanchard and Richard W. Ussery, Letter to Shareholders of Total System Service, Inc.,29 June 1988,2.

[3]Alan Abelson, "Up and Down Wall Street," *Barron's*, 12 December 1988,39.

[4]Floyd Norris,"Market Place," *New York Times*, 8 September 1989,D6.

[5]Joseph Feshbach in an interview, 1 June 1990.

第十二章　历史与论战

卖空的历史与商品市场一样古老。无论何时，只要存在集中的商品市场，商人就会对冲风险和在价格上投机。空头们通常直到金融灾难发生时才会变得引人注目。因而，从历史观点上说，当破产的投资者为他们悲惨的境遇寻找替罪羊时，空头们已经变得有新闻价值了。

历　史

荷　兰

在最早的有组织市场——阿姆斯特丹交易所（Amsterdam Exchanges）中，卖空就变得很普遍。大约在1610年，为了给新出现的投机冒险的海运货物事业提供资金，合股公司被创建了，例如在美洲新大陆（The New World）探险和贸易的荷兰东印度公司（Dutch East India Company）。在那家公司和阿姆斯特丹交易所的其他像它那样公司的股票上，出现了堪称南海投资泡沫（译者注：英国18世纪初殖民公司进行的股票投机活动）早期版本的投机狂热。当市场泡沫过度而破裂时，荷兰东印度公司股票价格下跌了，公司理事们开始攻击空头，说他们导致了股票价格下跌。随着股票价格的下跌，1610年，他们给政府写了备忘录，声明:“空头袭击,他们一般采取卖空的方式,已经给无辜的股东们造成了并将继续造成不可估量的损害,在这些无辜的股东中人们将会找到许多寡妇和孤儿。”[1]阿姆斯特丹交易所代理商们回应说:“公司股票价格的下跌是由令人不满意的商业环境引起的,甚至股票价格普遍水平看来还太高,仔细分析后无疑就会发现这一点。此外,如果能够保证他们的投资可以获得一个合理的回报,那么多数高贵的有声望的股东会乐意把他们的股票交给理事们。*如果投机被禁止,那么价格可能跌得更多……*”(斜体重点部分系我所加)。1610 年 2 月,交易所通过了一部禁止卖空的法律,后来被淡忘了,最后被废除了。

荷兰人未能从狂热中吸取教训,在交易所事件之后不久,郁金香狂热(Tulipmania,译者注:指对种植或获取郁金香的一种狂热)横扫了该国。从 1634 年到 1637 年的荷兰郁金香泡沫(Tulip Bubble)是买卖郁金香球根远期交货合约的狂热。狂热不断获得动量,大量的球根被交易,直到其数量超过实际存在的球根数量。当泡沫突然破裂时,法院和地方法官宣布一些合同无效并且设法使买卖双方磋商解决他们之间的分歧,因为无论是多头还是空头,没有人看来愿意接受或者交付郁金香球交货。1689 年 1 月,荷兰对卖空所得利润征税,以应对又一个投机周期。该法律稍后被废止了,而其制定者则因了解法典甚于了解商业而受到谴责。[3]

英　国

在 1720 年的英国南海投资泡沫中,人们看到,同样的现象再次出现。随着急切的购买者为拥有南太平洋(South Seas)上垄断贸易中的一块的权利而战,南海公司股票从 325 英镑猛冲到 1 200 英镑。最后股票价格跌到 86 英镑,政治丑闻接踵而至。空头又一次成为许多替罪羊之中的一员。一位政治名流和罗伯特·沃波尔(Robert Walpole)的对手,约翰·巴纳德爵士(Sir John Barnard),提出了一项在 1734 年颁布的法案,即卖主卖出其并未持有的股票行为为无效出售。然而法院表示,禁令不适用于外国股票和公司股票,仅对英国公众股票适用,因此法律一开始就没有强制实行的有效手段。最后,该法案在 1860 年被废止,即使在其有效期限内,该法案也由于其有害和不能执行而被忽视了。[4]

自 1863 年到 1866 年伦敦市场的股票投机风波,导致了 1866 年英国银行股票恐慌,伴之而来的是贴现银行——盖尼·奥弗伦德银行(Gurney Overend)的破产。在恐慌期间，还有几家银行也破产了，结果引起了普遍的谨慎和信用紧缩。[5]人们最初把崩溃归因于空头，因为他们认为，卖空银行股票以及跟着发生的股票价格下跌导致了信心下挫和存款流逝。盖尼奥弗伦德银行已经从合伙企业转换成股份有限公司，卖空新股票同样被认为已经导致那项制度的流逝。1867年议会通过了利门(Leeman)法案，禁止卖空银行股票，但很快就遭到了商人和法院的漠视。[6]1878年英国皇家专门调查委员会(Royal Commission)的证词表示，与其把崩溃归因于空头，倒不如把它归因于不健全的银行业务和低劣的资产质量。

法　国

在苏格兰人约翰·劳(John Law)的领导下，南海投资泡沫的法国前驱灾难，密西西比泡沫(Mississippi Bubble)，在大崩溃后，引起了对卖空行为的批判。1724年皇家法令把股票交易限于卖主所拥有的股票交易上。

在君主政体后期暨大革命开始期间，法国证券市场是混乱的。“最现成的替罪羊，照例就是‘投机’和‘空头’。”[7]政治家们要求规制，错误地认为改变市场规则能提供经济的稳定。当巴黎证券交易所(Paris Bourse)重建时，它就禁止卖空。

拿破仑参与了反对卖空的偏见，因为他认为卖空导致政府有价证券价格下跌，因此干扰了他的扩张性财政计划。他不同意他的财政大臣莫利恩(Mollien)的意见，认为卖空行为是一种叛逆行为，因为空头们希望政府有价证券价格崩溃。

对卖空的限制在1856年减少了，1882年法国经济大恐慌后，在场外证券市场(Curb Market，即后台市场，在那里允许进行期货交易)形成并与交易所竞争后，根据一个由政府任命研究定期交易和卖空交易的特别委员会的建议，这些限制被撤销。

美国:20世纪前

经历了与英国的战争爆发期间出现的在纸币和银行股票上的过度投机之后，1812年美国纽约州议会禁止卖空。那时的证券交易仅仅是银行和保险公司股票等初级证券的场外交易。交易量小，禁令的影响很微小。经常发生恐慌和投机，尤其是运河和铁路股票。1857年到1859年萧条期间，卖空禁令被废止。

在1864年黄金投机法案中，美国政府也设法限制卖空行为。15天之后，在该法案被创建的恶化条件得到解决后，它被废止了：在法律生效的两周内，黄金价格从200美元涨到近300美元。

在1929年大崩溃后、证券交易委员会被任命为监督者和法律被修改之前，资金搁死、股票操纵、空头轧平和投机垄断(Corner)是证券市场常见的特征，尽管是在时刻警惕的交易所官员眼皮底下。1900年以前，股票投机垄断是很常见的事情，尤其是在铁路股票上，因为参与者的财力经常使股票资本总额变小。投机垄断被定义为这样一种情况，在这种情况下，空头们不再能够借到股票并因此被迫从拥有全部可资供给股票的投机垄断制造者那里购买股票。过分扩大的空头净额可能导致空头轧平和随之而来的股票价格上涨；但是，空头轧平不是证券市场投机垄断，除非可资供给股票被一家或两家机构单独持有。

1868年，杰伊·古尔德和吉姆·菲斯克(Jim Fisk；译者注：吉姆·菲斯克，1834～1872年，美国铁道金融商和投机商，于1869年和杰伊·古尔德一起试图垄断黄金市场，引起“黑色星期五”，即全国范围的金融大恐慌)用巧妙的现金“搁死”和对伊利铁路公司(Erie Railroad)股票的操纵手法，抬高伊利铁路公司资本，后来这些手法又帮助他们完成了1869年对金戒指公司(Gold Ring)的操纵。肯尼思·艾克曼(Kenneth Ackerman)的历史剧《金戒指》，讲述了两个人如何使市场充斥新发行股票，使资本总额迅速从3 400万美元膨胀到5 700万美元(在先前在英国发行了2 000万美元可转换债券而没有告诉公众、他们的董事或股东之后)。然后他们开始卖空大量的股票。同时，他们从纽约银行系统提取了几百万美元，以造成人为的萧条和流动性危机，因为这时银行资金流出用于西部的粮食收获，已处于秋季的季节性资金低点。在新闻媒体上透露的消息说，投机者现金已经搁死；利率急剧升高，市场一片混乱，同时股票价格回落，直到华盛顿插手帮助释放资金。古尔德和菲斯克补进了他们的伊利公司空头，并把多头攻击引向轧空他们的一个同事丹尼尔·德鲁(Daniel Drew；译者注：丹尼尔·德鲁，1797～1879年，美国金融家，伊利铁路公司董事，他操纵股票价格为自己谋利，并为控制铁路同吉姆·菲斯克、杰伊·古尔德一起与科尼利厄斯·范德比尔特进行了激烈的股市争斗，1866～1868年)，他违背了他们之间的联合协定并终于在其还没有补齐的空头上损失了10万美元。伊利铁路公司股票在24小时内上涨了50%,两位伊利公司执行官得到授权以每股50美元的价格从他们自己的私人保有股份中为公司回购股票,这些股票是他们在结清他们的空头之后在35美元处购买的。

1年后,在尤利塞斯·辛普森·格兰特总统(President Ulysses S. Grant)插手充实市场和降低价格时,他们轧空黄金空头的企图遭受了极度悲惨的打击。[8]

纽约证券交易所(NYSE)关于上市小公司的政策减少了20世纪证券市场投机垄断的发生。1900年后唯一被报道的一次证券市场投机垄断是1920年的斯图兹汽车公司(Stutz Motor)股票投机垄断。艾伦·赖安(Allan Ryan)垄断了纽约证券交易所斯图兹公司股票的供给,据推测是为了保护公司免受空头袭击。纽约证券交易所管理委员会(NYSE Governing Committee)要求他调整该局面并在该股票发行上提供一个开放的市场。他拒绝了,结果股票被从上场证券中除去,而赖安则在责备交易所保护空头之中被驱逐出了交易所。[9]

德　国

1896年德国在卖空方面的经历是比较生动的历史范例。在商业萧条期间,德国人企图同时在证券和商品两个市场废除投机交易,尤其是卖空。

1888年,汉堡出现了咖啡垄断,紧接着是1889年食糖价格深不可测的下跌和1891年粮食价格的崩溃。一直利用存款投机的几家柏林银行的破产成了最后的救命稻草,政治家们为了制定禁止投机的法律而聚集在一起。

一个委员会被组建起来研究过度投机行为。它建议说,对投机的规制胜于对投机的禁止;例如,投机后破产的证券经纪行将被刑事起诉。委员会有些温和的建议未能平息已经受到骤然跌落的价格打击的农业党的愤怒。

德意志帝国国会对这种强烈抗议的响应是,通过了一部于1897年1月1日生效的法律,禁止买卖谷类和面粉期货,要求所有的“投机者”公开注册,禁止采矿业和工业股票的定期交易。

该法律紧接着带来了灾难。农民们认为,反对卖空的禁令将会导致谷类价格的上涨。事实上,当交易者们自然地离开交易所以便可以继续开展期货业务时,市场就将陷于混乱状态。由于不存在一个中心定价机制,因此价格将更低而且更不稳定。类似的问题也在证券市场上发生了,市场转移到伦敦和阿姆斯特丹的大交易所,这样使得德国资本流量逐渐枯竭。

该法律最后在《1909 年证券交易法》和《1911 年商品交易法》中被废止了。禁止自由交易的结果是德国交易所遭到削弱，证券交易转移到在 20 世纪一直保持活力的柏林银行。[10]

美国:20 世纪

20 世纪美国卖空的历史，与其说是政府干预的历史，还不如说是大众和公司的历史。一些传奇式投资者据传通过机敏的卖空积聚了财富。杰西·利维摩尔(Jesse Livermore)、伯纳德·巴鲁(Bernard Baruch)、有着"卖空它们"绰号的本·史密斯(Ben Smith)，以及约瑟夫·肯尼迪(Joseph Kennedy)，是 20 世纪早期少数活跃的卖空实践者。

杰西·利维摩尔

杰西·利维摩尔在 20 世纪早期开始卖空股票并在华尔街以"空头之王"著称。1906 年，据说他在旧金山地震的前一天卖空联合太平洋公司(Union Pacific)股票赚得了一大笔钱。1907 年，在市场暴跌之中，他毫不留情地卖空，直到 J. P. 摩根要求他放弃或者接受市场崩溃的后果。他的传记作者叙述说，利维摩尔停止卖空，只是因为他认识到，如果证券经纪行倒闭，那么他将不能实现他的利润。他以赚得 300 万美元、得到全国性声誉脱颖而出。[11] 1915 年，他破产了，但他没有屈服。通过借钱投机，他又赚了回来；而且，带来的好处是，他建立了不可撤销的信托，这是之后的几年里他唯一的支撑。在 1923 年和 1924 年屡次在空头上亏损之后，他退出股票期货进入商品期货。在 1929 年大崩溃前，他回到华尔街，赚了几百万，但不久在他做多时就全部损失掉了。从此，他没有获得他以往获得过的成功，靠信托生活。1940 年，他在鹳俱乐部(Stork Club)照相后的第二天，在纽约的一家旅馆里开枪自杀了。

伯纳德·巴鲁

伯纳德·巴鲁通过卖空积聚了他的部分财富——尽管如此，据传记作者詹姆士·格兰特(James Grant)说，在大崩溃期间，他不是个引人注目的空头。

在《我自己的故事》(*My Own Story*)中，伯纳德讲述了他第一个著名的卖空，卖空布鲁克林高速运输公司(Brooklyn Rapid Transit)。他开始密切注视前任总裁罗斯维尔·P. 弗劳尔(Roswell P. Flower)，因为其将一个具有大批热心的股票认购追随者的公司转变为大师的股票促销。在成功地改变了几个公司

(芝加哥煤气公司——英文为 Chicago Gas、芝加哥公司——英文为 The Chicago、岩岛公司——英文为 Rock Island 和太平洋公司——英文为 Pacific)的命运后，弗劳尔执掌布鲁克林高速运输公司；随着公司收入的增加，股票价格也上涨了。弗劳尔总裁竭力兜售公司股票，说价格能涨到 75 美元，然后是 125 美元，股价确实从他执掌公司时 20 美元的起步价位涨到这么高。伯纳德关注着，注意到"公司报告不像这类报告应当做到的那样清楚。我有个预感，有些事情没有那么好"。[12]当关于弗劳尔总裁生病了的传闻在交易所中传播开来时，股票已经涨到了 137 美元。新闻报道否认了这种说法，但当晚弗劳尔总裁就死了。股价暴跌，但得到了包括摩根、范德比尔茨(Vanderbilts)和约翰·D. 洛克菲勒(John D. Rockefeller)在内的集合基金(Pools)的支撑。在它止跌回升至 115 美元时，集合基金暂时离开了，股价再次盘整，然后下跌了几个月。伯纳德按照票面价值卖空了它；后来，股票再也没有到过那个价位，他赚了 60 000 美元。按照现代卖空的最好传统，伯纳德研究了财务报告，正确地识破了华尔街诡计，然后等待时机采取行动。他说："我的自信开始得到回报了。"[13]

第二个著名的"伯纳德式卖空"片断表明，他精通商品市场的供求规律。1901 年，混汞铜公司(Amalgamated Copper Company)发起人试图垄断铜的供给，股票价格涨到 130 美元，有议论说还将继续涨到 150～200 美元。伯纳德的一个熟人[咖啡商赫尔曼·西尔肯 (Herman Sielcken)]认为，尽管混汞铜公司企图垄断市场，但是商品的高价正在抑制需求，而市场不久将供大于求。根据顾问托马斯·赖安(Tomas Ryan)的建议，伯纳德卖空了股票，当内部人也正在出售的谣言传开时，他继续卖空。

他遭到攻击，说他的居心险恶的卖空将"拆毁一个建设性的企业"。[14]伯纳德在他的自传中回答说：

当然，所有这些都是废话。如果混汞铜公司没有过分资本化然后吹胀股票价格，它将永远不会涨到那样的高度或者在后来跌得那样深。导致铜股票价格下跌的因素在于，经济引力寻求其适当位置的不可抵抗的力量。面对这些攻击，我静下心来，知道假如我对了，我将会赢。[15]

市场上多数人对于混汞铜公司的看法是，它的股息是合理的，但董事们在一个星期五削减了股息。星期六，股票价格跌到正好 100 美元之上，他期待在星期一可能再次下跌后完结空头。他的母亲干涉了，邀请他过犹太人的赎罪日(Yom

Kipppur)——当然，那就意味着他被隔离。他没能在星期一跌了 2 点(2 美元)后补进，星期二，当他回到交易所时发现股票还在下跌。最后，他从卖空混汞铜公司股票中赚得 70 万美元的利润。

1913 年，伯纳德帮助一本私下印刷的支持卖空的小册子，题目是《卖空与证券操纵》(*Short Sales and Manipulation of Securities*)，以设法向敌对的旁观者解释技巧。小册子是行情和卖空历史事件的概要，重申了卖空稳定市场和价格、卖空是卖主对价格判断的反映而不是不正当的操纵等观点。

在 1916 年 12 月的恐慌之后，伯纳德直言不讳的卖空策略受到攻击。他和其他许多华尔街操作者们因为在第一次世界大战中利用事先得到的有关美国保持中立的外交事件的信息被控告。共和党代表威廉·S. 班尼特(William S. Bennett)在白宫议员席上陈述伯纳德应对泄漏消息给华尔街和在 12 月 21 日市场下跌前卖空 15 000 股美国钢铁公司(U. S. Steel)股票负责。格兰特的传记叙述了指控给伯纳德带来的不幸及其随后的国会证词。在回答关于废除卖空的问题时，伯纳德答道：

我相信，如果你们在一个没有卖空的市场中，那么当突变出现时——当然，大树不是一个晚上就能长到天上的——当股票像我们看到的那样上涨，然后当它们开始跌落时，可能存在将要吞没整个体系的崩溃，目前就是这样，如果我可以补充一句的话，空头就是乐观主义者的最伟大的批评家，不断吸引证券多头或可能成为多头的个人的注意力，他们是缺点的最伟大的批评家，你们可能会说，他们是这些股票的最伟大的批评家，那样你们可能会以那种方式阻止人们以特别高的价格买进股票。[16]

实际上，他是卖空过美国钢铁公司股票，但那是在 12 月初；并且在市场恐慌前的 12 月 20 日补进了大量的美国钢铁公司股票。他被赦免了。

1929 年 9 月，人们发现，伯纳德在纽约卖空了美国无线电通信公司(Radio Corporation of America)股票。他在黑色星期二之前的星期一补进了。11 月 15 日，他打电报给温斯顿·丘吉尔(Winston Churchill)："金融风暴的确过去了。"[17]格兰特估计，到 1931 年底，伯纳德的资本净值已从 1929 年的 2 200 万美元缩小到 1 600 万美元。尽管是卖空方法的大师，但是他却错过了美国市场史上最大的一次运动。

约瑟夫·肯尼迪

20世纪20年代初，当约瑟夫·肯尼迪在波士顿证券经纪公司海顿·斯通公司(Hayden Stone)工作时，就学习了卖空和证券交易。他擅长市场多头、空头两方，1924年，他操纵一个著名的多头集团保护了黄色出租汽车公司(Yellow Cab)免遭空头袭击者的袭击。当该公司股票急转下跌数月后，传闻肯尼迪已经转变方向，并亲自领导了空头袭击。他的传记作家大卫·考斯考夫(David Koskoff)暗示，30年代，肯尼迪财富规模太小以至于在1929年不能做一个太大的空头，尽管新闻界说大恐慌时他卖空了150万美元。[18]后来，当富兰克林·D. 罗斯福(Franklin D. Roosevelt)任命他为新证券交易委员会首脑时，人们普遍认为，这种情形如同让一只狐狸看守一个鸡舍。他被证明是个偶然被选中创立规则和法律的人，因为他熟悉操纵和市场弊端的所有方面。

本·史密斯

由于在市场大崩溃期间出了名的收益，本·史密斯被称为华尔街坏小子之一。在第一波，他做多，遭受了损失。然后转向，成为直率的空头。在1929年11月29日后的几个点上，据说他冲进证券经纪行的行情室，在那儿他有间办公室，并且大声喊道："卖出，把它们全部卖出！它们什么也不值！"于是他的绰号是"卖空，它们"本·史密斯。

阿尔伯特·威金

最令人震惊的卖空例子是阿尔伯特·H. 威金(Albert H. Wiggin)，蔡斯银行(Chase Bank)的行长，一位"华尔街最受人爱戴的银行家"。[19]威金，除了他银行的职务外，还在另外59家公司董事会中任职。他的大部分财富来自一群家族公司，谢尔默公司(Shermar)和默林公司(Murlyn)，以及他拥有的三个加拿大公司。他利用其公司内部信息赚取了数量惊人的钱(这在20世纪20年代是合法的)，然后利用加拿大法律的漏洞逃避资本利得税，正如费迪南·佩科勒(Ferdinand Pecora)在《华尔街宣誓》(*Wall Street under Oath*)所说，如果谢尔默公司卖空股票，默林公司则买进股票并把它借给谢尔默公司用以补进。谢尔默公司将不会实现利润，因为它卖空股票却没有买进股票。[20]

1929年9月11日，威金开始卖空蔡斯银行股票并继续"直到1929年12月11日他补进(顺便说说，他用从蔡斯银行借来的钱购买股票以补进)，共计赚得4 008 538美元，对此他没有纳税"。[21]

在他卖空的股票中，他因已经把一些股票卖给了银行家们的真正的集合基金(他是其中的一员)而著名，该基金试图通过有组织的购买在大崩溃期间支撑股票价格。他在损害同僚和雇主的情况下中饱私囊。

实业银行联盟群体

20世纪20年代多头市场中最反复无常的卖空事件产生于密歇根州(Michigan)弗林特市(Flint)实业银行联盟(Union Industrial Bank)的银行家投机群体。戈登·托马斯(Gordon Thomas)和马克斯·摩根·威茨(Max Morgan Witts)在《泡沫破灭之日》(*The Day the Bubble Burst*)中复述了一系列事件。[22]其中之一是，在20年代后期，一个由雇员、两个股东和总裁的儿子组成的团伙，集体挪用银行资金在市场上投机。在银行会议室举行的每周会议上，他们计算个人的损失并改进隐瞒银行资本消减的新方法。他们通过电汇出去，第二天归还，不登记利润的手法，暗中占用客户送来的供在纽约经纪人短期拆放市场上拆借的现金。出纳员也在出纳窗口隐藏现金，该团伙利用协同工作假造票据计划，在计划中，他们伪造了虚假贷款必需的书面文件。

问题像气球一样膨胀了，因为不论作为个人还是作为团伙，他们都是可怕的投资者。1928年和1929年早期，他们卖空。在蒙受惊人的损失之后，他们一致叫喊“投降”；1929年，他们跟在迈克尔·米汉(Michael Meehan)的著名集合基金屁股后面，做多买进了美国无线电通信公司股票，钱袋又一次鼓了起来。他们做多取得了一连串的成功，到1929年中期为止，他们还清了一半的借方余额，但9月份时势再次转变了。到10月末，他们已经损失了359.2万美元，而补充保证金通知一直在催缴，直到一名团伙成员向总裁坦白，总裁叫来了董事长查尔斯·斯图尔特·莫特(Charles Stewart Mott)。莫特从他的私人账户中取钱归还了盗用资金。盗用公款者被起诉并被判处短期徒刑，关在相连的单身牢房中，无疑成了终生的卖空反对者。

政治迫害与规制

金融市场恐慌之后，政治家和商业领袖们成立了特别小组，试图追究在泡沫破裂时盛行的混乱的责任。在过去，空头们已经因其有害行为被审查。在阿姆斯特丹、伦敦、法国和德国事件以及1916年美国众议院调查事件之后，1929年大崩溃后出现了类似的讨论。纽约证券交易所经济学家 J. 爱德华·米克尔(J. Edward Meeker)在其 1932 年出版的《卖空》一书中,叙述了许多反对卖空的观点。[23]

米克尔把反对卖空的观点提炼成令人信服的几点。批评家们说,卖空引起供给膨胀并导致价格下跌。卖空浪潮带来了补充保证金通知、贷款清算和多头客户的证券抛售。如果没有委托人特殊的正式批准,抵押股票是不能借给空头的,因为它可能违背了所有者的利益。

在其为卖空辩护的部分中,米克尔说,在没有其他买主时,卖空稳定了价格,减少了操纵风险,缩小了泡沫,提供了流动性。

他回顾了 20 世纪纽约证券交易所关于卖空的历史。1919 年至 1921 年的熊市中,还没有卖空迹象。1921 年至 1929 年的市场中,空头一再亏损。1929 年卖空数量很小,并被认为在全面下跌市场中是不重要的。1929 年 11 月 1 日,纽约证券交易卖空股份数量总计仅占 0.001 524%。1931 年,证券交易所再次分析卖空,明确认为流动性而不是卖空,应当为下跌负责,卖空通过购买来稳定价格。

1929 年到 1930 年纽约证券交易所也做了关于"空头袭击"的调查。交易所没有发现不择手段的空头行家制造阴谋的证据。他们发现卖空都是在仔细研究公司前景和商业条件之后进行的。大量出售通常是机构设法在其管理账户的集合基金上获得相似价格的结果。在调查的 50 笔或 60 笔巨额大宗股票出售中,只有 1 笔是卖空。这一个是作为递增递加出售执行价格的卖单报入的,因此股票没有受到卖单的重击。

最后,米克尔表示:"近期政府规制市场的努力已经表明了它们不经济的特性和它们对每个人的极度的威胁……人为地限制交易方法的法律不能违反供给和需求的规律。"[24]或者,用伯纳德·巴鲁的话说:"没有法律能保护人使之免受其自己所犯错误的影响。证券投机中亏损的主要原因不是因为华尔街的不诚实,而是因为太多的人坚持认为可以不费力气地赚钱,认为交易所是能创造奇迹的地方。"[25]

费迪南·佩科勒(1929 年大崩溃后负责调查华尔街的参议院银行和货币委员会——英文为 Senate Banking and Currency Committee——的律师)表示,导致 1933 年证券法案、1934 年证券交易法案以及证券交易委员会建立的数月证词的动力是对所谓的空头市场行为的担忧。显而易见，忧心忡忡的共和党参议员、康涅狄格州的弗雷德里克·C. 沃尔科特（Frederic C. Walcott），得到一则消息说，在胡佛和罗斯福的总统竞选前，空头们正在策划一系列空头袭击来败坏赫伯特·胡佛（Herbert Hoover）的声誉。[26]佩科勒之后接着发生的证券交易所调查在其开头部分改为揭示旧政府运用他们的集团权力损公谋私。随后的法案宣布内部人利用财务公开进行的双重交易、欺诈和操纵为不合法。因此，事情以空头政治迫害开始，以构成现代市场基础的法律结束。

1938 年，根据《1934 年证券交易法案》，证券交易委员会采用了 10a-1 规则，即报价规则，要求在交易所进行的卖空必须在正报价（Plus Ticks；译者注：又译报升价，即证券价格上涨）或者零正报价（Zero-plus Ticks，译者注：即证券价格不变）上成交。根据 10(a)，议会先前已经承认证券交易委员会是对全国交易所中进行的卖空的规制权威。该法律的本质在于阻止空头引起股票急剧下跌和使一个已经下跌的市场更快下跌。

1986 年，全国证券交易商协会（NASD）公布了波勒克报告（Pollack Report），这是在全国证券交易商自动报价系统协会（NASDAQ）卖空的补充规则需要的一项研究。欧文·波勒克的《纳斯达克证券卖空规则》（*Short Sale Regulation of NASDAQ Securities*）是卖空资料的最全面来源。研究推断，大部分卖空是职业人员（交易商，做市商）为提供市场流动性所为，而且也没有普遍滥用的证据。它谈到，无论如何，无保护的卖空应当作为需要关注的潜在领域，它建议制定有关监督程序。结果，全国证券交易商协会执行了所有建议行动。它采用了一项卖空规则，当报价低于前一个报价时，禁止以等于或低于当前场内报价的价格卖空。当交易与做市行为相关时，做市商、期权做市商和认股权证做市商的交易除外。

波勒克报告也证明了证券交易委员会关于卖空具有破坏性的断言是夸大其词的结论。针对空头的许多抱怨是没有事实根据的（空头净额并不存在），并且许多公司后来显示了亏损或者采取了调整行动，也使得这些抱怨不攻自破。报告评论道："虽然在重要方面，每种情况都是唯一的，但变得清楚的是，在大部分被选中的股票中存在着卖空的有效基础。如果人们具有后见之明，那么在这些股票上的大量卖空将不会使任何人感到惊讶。"[27]

1989 年众议院附属委员会卖空听证

在 1987 年股市崩溃后，再次成立了特别小组，研究制度如何失效以及谁将证券市场推到了悬崖。来自乔治亚州的国会议员小道格·巴纳德(Doug Barnard Jr.)就任一个众议院委员会的主席，该委员会负责研究做空小公司股票的空头造成的影响和市场的规制需要。证人名单包括来自三个场外交易(OTC)公司的执行官，《场外交易市场评论》(*OTC Review*)的编辑，伯克利(Berkeley)证券公司董事长以及来自全国证券交易商协会，场外交易市场协会(NAOTC)，纽约证券交易所，美国证券交易所以及证券交易委员会的代表。

在听证会上，巴纳德首先指出，关键问题是：

1. 市场是为帮助新的小公司筹集资本而工作的吗？
2. 交易所之间的差异使场外交易市场的股票更易受攻击吗？
3. 证券交易委员会正在做有关这些问题的工作吗？

两个辅助性的滥用操作同样在调查之列：无保护的卖空和造谣。

《场外交易市场评论》的编辑罗伯特·J. 弗拉尔蒂(Robert J. Flaherty)总结了与反空头可能性相关的事情：他认为空头需要更多规制和披露。他得到场外交易公司、卡林顿研究室公司(Carrington Labs)、美国城市商业杂志(*American City Business Journals*)和 IGI 有限公司的支持，这都是些所有空头喜爱的偶然没有收益的公司。弗拉尔蒂赞成合法的卖空在市场中起到积极的作用——缩小过分乐观的泡沫和稳定市场。他主要关心的是由空头秘密网络掀起的卖空浪潮。

讨论围绕着三个问题展开：(1)场外交易市场缺乏一个报升规则(因为它被认为是难以广泛地执行)；(2)无保护的卖空；(3)巨额空头净额的披露。

场外交易市场协会(NAOTC)公司总裁约翰·盖恩(John Guion)介绍其协会的调查。他们调查了 1 000 家公司，其中 25 家答复说它们遭受了空头的滥用操作，13 家公司表示卖空伴随着错误的传闻和负面信息。盖恩呼吁披露空头净额超过股票份额 5%的卖空。

争论非常像阿姆斯特丹交易所或米克尔时代的大崩溃期间的争论。美国证券交易所，全国证券交易商自动报价系统协会和纽约证券交易所声明，目前的规制足以控制号称的滥用操作。美国证券交易所的代表表示关注，巨额空头净额的披露随着投资者紧跟着空头卖掉股票，将导致价格进一步下跌——此外，空头净额不是一个精确的“可控制头寸”，正如13D表格实质显示的那样。全国证券交易商协会作证说，新规则已经得到执行，进一步减少了无保护的卖空事件。

证券交易委员会完成了一份长篇报告，再次提到卖空积极的属性——市场流动性和定价功能——并回顾了规制过程的历史。小公司们反驳说，卖空、卖空浪潮和造谣抑制了创业公司的资本形成。这样，墨西哥和局产生了。

正在加深的忧虑

1996年，三个可能的空头滥用被报道了。不同的事件指向的都是几个世纪以来投资者们已经表达过的同样的忧虑。

证券交易委员会和美国律师事务所开始了一项调查，以确定空头们是否采取一致行动打压器官发生公司（Organgenesis）的股票价格。焦点明确地集中在埃文·斯特泽（Evan Sturza）的信函上，斯特泽的《医药投资信函》（*Medical Investment Letter*），然而对媒体传播的负面信息存在更大的分歧。器官发生公司股东们认为，集中在时事通讯公布日进行的突发的股票出售和巨额期权交易打压了股票价格。调查焦点不仅没有涉及错误信息传播，也没有涉及与价格行为有关的共谋。[28]因为媒体经常向空头们打听有关公司内情的信息，因为多头市场同样导致了有关财务状况新闻的广为关注，公司负面内情的传播和影响比过去更快、更大。

第二个例子是有关自动传感器公司（Sensormatic）的事件，它表明了合法行为的困难。自动传感器公司，20世纪80年代的一个股票价格飞涨的公司，看来被空头们当作了攻击目标，根据公司报告，这些空头通过骚扰电话和广泛散布关于公司防盗装置妨碍健康的错误报告来骚扰公司客户。空头们毫无保留地指出了公司存在的会计弊端和存货问题，自动传感器公司后来也承认了这些问题。空头们的部分断言常常被证明是准确的，而蓄意犯罪的举证责任在于公司。所以诉讼很罕见。在这种情况下，自动传感器公司没有提出诉讼，尽管一些公司控告空头们诽谤。[29]

一个更广泛和更费事的调查集中在汉诺威·斯特林公司（Hanover Sterling & Company）和阿德勒科尔曼清算公司（Adler，Coleman Clearing Corporation）破产案。黛安娜·B.亨利克斯（Diana B. Henriques）在其1996年4月18日的《纽约时报》的文章中详述了该案例。[30]汉诺威证券公司(Hanover Securities)承销了许多后来被卖空的面值在1美元以下的小公司股票。汉诺威继续购买这些股票,不顾抛售的价格压力,直到用完它的资本并破产。汉诺威的清算代理行,阿德勒科尔曼公司同样在多米诺骨牌效应中破产了,证券投资者保护协会(Securities Investor Protection Corporation)的受托管理人要求空头们按他的价格买进股票来交付借入的股票,从而拒绝把空头们的利润交给空头。受托管理人表示空头参与了共谋行动。空头们表示受托管理人正在市场中制造非法的"投机垄断"。结果导致了刑事侦查,那也许将会改变卖空的规则。

投资者可以得出这样的结论,即自从1689年和郁金香球根交易时代以来,关于卖空的争论没有发生多少变化。

◆ 注释

[1]Quoted in James Edward Meeker, *Short Selling* (New York:Harper and Row, 1932),205.

[2]Quoted in Meeker, 206.

[3]Ibid.,207.

[4]Ibid.,107.

[5]Clement Juglar and Decourcy W. Thom, *A Brief History of Panics and Their Periodical Occurrence in the United States* (New York:Putnam,1916),4.

[6]Meeker, *Short Selling*,107.

[7]Ibid.,219.

[8]See Kenneth Ackerman, *The Gold Ring* (New York:Harper and Row,1989) for details on the Erie manipulation and the attempted gold short squeeze.

[9]Meeker, *Short Selling*,188-193.

[10]Ibid.,224-231.

[11] Tom Shachtman, *The Day America Crashed* (New York: G. P. Putnam's, 1979),53.

[12]Bernard M. Baruch, *My Own Story* (New York:Henry Holt,1957),125.

[13]Ibid.,126.

[14]Ibid.,129.

[15]Ibid.

[16]U. S. Congress, House of Representatives, Committee on Rules, Investigation Relating to Alleged Divulgence of President's Note to Belligerent Powers, 64th Cong., 2d Sess. ,Washington, D. C.,January 1917,173-212.

[17]James Grant, *Bernard M. Baruch* (New York:Simon and Schuster,1983),241.

[18]David E. Koskoff, *Joseph P. Kennedy:A Life and Times* (Englewood Cliffs, NJ:Prentice Hall,1974),41.

[19]Shachtman,*The Day America Crashed*,43.

[20]Ferdinand Pecora,*Wall Street under Oath* (New York: Simon and Schuster, 1939),131-161.

[21]Shachtman,*The Day America Crashed*,167.

[22]See Gordon Thomas and Max Morgan-Witts,*The Day the Bubble Burst* (New York:Doubleday & Company,1979), for a fuller description of the Union Industrial Bank embezzlement.

[23]Meeker,*Short Selling*,4-19.

[24]Ibid.,18.

[25]Baruch,*My Own Story*,264.

[26]Hillel Black,*The Watchdogs of Wall Street* (New York: Arno Press, 1975), 10.

[27]Irving M. Pollack, *Short-sale Regulation of NASDAQ Securities* (Washington, D. C.:The National Association of Securities Dealers, Inc.,1986),67.

[28]Laura Johannes,"Newsletter Writer Sturza,"*Wall Street Journal*, 19 April 1996,C1.

[29]Robert Frank,"Hostile Short-Sellers Take on Sensormatic,"*Wall Street Journal*,18 April 1996,1.

[30]Diana B. Henriques,"And They All Came Tumbling Down,"*New York Times*, 18 April 1996,D1.

第十三章　基本卖空的六大支柱

基本分析的一般方法可以从空头们那里收集到，也可以被分析师、证券投资组合经理和股票市场的其他认真的观察家们有效地使用。前面各章中众多逸事趣闻的知识可以浓缩为对任何股票、空头或者多头都适用的一个比较有秩序的框架。

空头随机走动寻找主意

空头们从许多消息来源中获得主意。一些最好的主意来自最显而易见的地方——《巴伦——道·琼斯商业和金融周刊》、《华尔街日报》、《福布斯》杂志。股票价格常常会在出现一篇负面文章后立即下跌，然后快速反弹。一篇好的《巴伦——道·琼斯商业和金融周刊》披露文章，过去常常在一年后制造出一个伟大的空头；它把多头当作牛市中吃掉大部分支持者的白蚁。1988 年 12 月，《巴伦》发表了"菲尼克斯在衰落"的文章，1989 年 2 月，菲尼克斯的那些股票就开始大幅度下跌。

另外的消息来源就是《华尔街日报》上公布的空头净额数据。通常，中等规模空头净额（与股票流通盘有关）被看作是所要寻找的好股票，如果该股票不是套利交易工具（购入全部股权或者有可转换证券的普通股股票）。比如简·贝尔营销公司(Jan Bell Marketing)1989 年 12 月有 576 500 股空头净额，流通盘 1 300 多万股，该年股票价格上涨了 107%。查阅简·贝尔的财务报表，显示存货异常和估价极高。随后的卖空在 1990 年 1 月股票崩溃时产生了快速而巨大的利润。空头净额达 300 000 股到 500 000 股，意味着职业空头已经关注该股票并卖空了。空头净额和股票流通盘很重要：空头应该确定空头净额不至于高到空头轧平可能增加相对于投资回报的风险的程度。在 20 世纪 90 年代早期股票市场中，超过流通盘 15%的空头净额似乎已经产生了补偿购入的问题。

另外一个富有成效的来源就是经验。假如观察和商业感觉表明，华尔街可能是思想僵化的，那么空头们就应当继续他们的分析。神童世界公司就是一个极好的例子。1987 年秋天，由于令人惊奇的会说话的特迪·拉克斯平熊的出现，公司股票引人注目地膨胀起来。第二个产品，激光塔格(Laser Tag)，使分析师们更加兴奋，股票价格停留在荒谬可笑的估价上。在关键的圣诞节销售季节之前，当商店中没有该产品时，任何购买玩具的父母都可以告诉你这个股票是个空头。随着竞争日益加剧，产品还不足以激起时尚产品的需求。毫无疑问，激光塔格不可能获得收益来维持生产成本，因为产品没有放在商店里销售——成功变成了一个巨大的错误。购买玩具的父母们预先得到了关于时尚产品数量和实用性的重要信息——始终超过了华尔街的谣言。

阅读前面各章应当使任何人确信，一些公司对财务操纵特别有传导性。特许经销代理权(第四章)对财务错误来说具有巨大的潜力；而且一旦分析了一家特许经销代理商，就能够细察一群这样的公司。空头应当寻找那类吞噬金钱的公司(如金融服务业，见第六、七、九章，以及房地产业，见第九章)，或者那类有着复杂的财务报告和投资委任企业同盟的公司(在这种类别中，金融服务部门是又一个可靠的选择)。

一旦目标公司选定，就应该用怀疑论和好奇心去分析其每次公布的财务文件。尽管股票分析通常是件不简练的事情，但是这六大支柱可以为无终止的任务提供框架。

悲观主义者的财务报告指南

对于任何一个证券专业的认真的学生来说，分析财务报告总是第一步。表面现象就是事实，或者说那就是大多数分析师如何理解财务报告的答案。另一方面，空头们尽力去发现隐藏在数字后面的事实，什么在驱动公司，商情预测是什么。关于如何阅读财务报告的最好的原始资料就是利奥波德·波恩斯坦(Leopold Bernstein)的《财务报告分析》(*Financial Statement Analysis*)，亚伯拉罕·布里洛夫(Abraham Briloff)撰写的任何资料和桑顿·奥格拉夫(Thornton O'glove)的《收益质量》(*Quality of Earnings*)。这些卖空准则不指望模仿并试图超越会计教科书，只不过为了追求质量记下一些准则。

为了着手财务调查，空头们应该打电话给公司，寻找最近的 6 份 10Q；最近的 2 份 10K，代表权委托书和年报；所有的 8K(Q 和 K 的修正值)。提供 2 年的季度数据，才足以比较存货、应收账款和利润以及 3 年中的每年数字。研究好这些文件后，空头们可能需要回过头去进一步进行逐年分析。

在分析公司失败的内在原因之前，应当对其各个方面进行仔细的剖析，然后用更明了的关于公司是如何运作的信息重新组合成一个整体。因此阅读财务报表是一个有很多步骤的过程。

质量控制

查看财务报表首先要带着这样的目的，即将公司打碎成一个个小的碎片，然后察看所有这些碎片是否都是真实的。关于这些数字，有任何有趣的东西吗？财务报表中最有用的部分当然就是脚注。另一些一贯的关键是财务报告中缺少的内容和难以理解的内容。

任何人都应该从最近的资产负债表着手，去寻找伪造的资产或者市场价值低于资产负债表上价值的资产。例如：

- 没有按市值标记的有价证券
- 以膨胀价格计入的房地产
- 废弃商品存货
- 过于激进的已登记入账的应收账款
- 损失准备金额过低的应收账款
- 不良贷款
- 模糊的、银行不能接受的资产

例如，英国化学工业公司(ICH Corp.)有 10 160 万美元的资产科目显示为

"未来税收收益现值"。

然后应该检验应收账款和存货账目，查看应收账款和存货与前面几年相比较增加了多少，并把它与销售额和商品成本的增长相比较。如果应收账款增长大大超过收入增长，那么收益就很可能有问题（当然，除非收购已经使数字减少了从而不具有可比性）（参见第六章中的国民教育公司）。相对于商品成本增长的存货增长，存货指标是制造商或者零售公司是否陷入困境的一个简单的、最可靠的信号。财务状况衰退迫使投资者在戏剧性的股票价格崩溃之前抛售了美国外科手术公司、科特公司、洛杉矶传动装置公司、斯纳普公司、皇家器具公司（Royal Appliance）、美国能量变换公司（American Power Conversion）和沙夫默·戴尼克公司（Sofamor Danek）的股票。（参见第五章中的科特公司和斯纳普公司）。

一个被经常滥用的地方就是递延费用。如果收益枯竭，那么只要将费用递延到未来，公司就能得到相反的收益。递延费用的例子包括预付广告费用和递延佣金或者销售费用。在 1989 年 2 月 28 日的 10Q 中，洛杉矶传动装置公司最大限度创造性地运用了递延费用：公司增加了 0.20 美元的收益，包括没有用完的递延广告费用。那就是负负得正。

另一个值得觊觎的科目是商誉和其他无形成本——是公司过多支付收购费用或者公司未能开销培训成本或软件开发成本的潜在线索。资本化的日常费用是公司操纵收益的又一个线索。资本化费用或者递延费用，例如保险手册和开办成本，为了得到这些费用的好处，公司可以在很长一段时间内分摊它们。检查公司财务报告中的脚注寻找公司的解释，并留心公司是否披露了保险手册的摊销计划。

累计折旧是资产负债表中长期不受人注意的、没有人过多关注的科目。如果在财产、厂房和设备总额增加的同时，累计折旧减少了，那么公司可能已经改变了平均寿命的会计假设并使损益表发生逆转，或者可能只是减少了接下来几个季度的折旧费用（参见第六章中的赛马赌金自动计算器公司）。

下面，查看资产负债表的负债方。作为负债科目，折旧中间是否有一些是奇怪的或难以确认的？负债中是否有一些是估计的或者是根据管理层做出的假设估价的现值？察看一下关于财务状况的脚注和注释，看看公司是否有任何表外负债，任何债务担保，或者按偿还请求权计算的应收账款（Recourse-factored Receivables)。短期债务在增加吗？长期债务在上升吗？

损益表的质量检测实务主要用于那些解释收益的措辞方面。眼下，让我们注意所有那些看来属于一次性收入的收入科目：

- 设备、土地和房地产的出售
- 证券出售
- 证券或现金等价物的利息
- 赋税优惠
- 由于售出商品成本降低所获流通收益
- 来自制造商的一次性信用
- 坏账准备金减少
- 一次性特许使用权协议
- 会计方法的改变

为了挖掘这些信息，翻到脚注，查看公司登记收入采用的假设，然后阅读解释现阶段收入的注释。对哪些部分的业务是稳定的和可重复性的做出主观判定。假如公司一贯拥有实际收入并突然把利润隐藏在一个靠不住的地方(例如，在第四章中，吉姆·比尔德纳公司隐藏了销售曲奇饼商店所获利润)，就应该更仔细地查看。

不要忘记长期以来华尔街最喜欢的东西：每股收益。每股收益是对华尔街观点的一个有趣的检验标准。每股收益提高是否仅仅因为有较少股份发行？运用充分稀释过的已发行股份进行比较，而不只是运用未经稀释的平均股份。

运用充分稀释的已发行股份进行比较，差不多是对财务报告计算的最严格的要求，那也是为什么会经常出错的原因。减掉10Q开头的股份数字，如果有可转换股份而且它们就要转换或者很有可能被转换(但要减去利息费用)，那么就要加上可转换股份，然后设法确定有多少就要行权的期权，不必考虑认股权证。把所有这些数据加起来求得充分稀释的已发行股份。

一组比率

公司看上去是不是正设法显示每股收益的倾向以迎合华尔街的需要？(在一个追求那个数字稳定而可预测的增长的冷酷无情的环境中，这的确不是应该受到谴责的，而是需要注释的一点。)然后精确处理这些数据。从资产负债表开始并查看资本总额：长期负债与资产净值比率，负债总额与资本总额比率，长期负债与资本比率。比较几年的资产负债表了解这些比率的趋势。

然后，查看收益率：尤其是值得计算的净资产收益率、资产收益率和投入资产收益率。扣除税收和利息前的收入除以净资产加所有支付利息的债务，得出几种有用的数据。在按年为序列计算时，得出的数据就表明，收益的逐年发展趋势和变动性。通过比较，它同样可以表明，在当前和在历史上，公司相对于同一行业中的其他公司做到什么程度，公司收益是否超过其平均债务成本和边际债务成本。

留意估价比率。如果股票上涨，就很容易立刻接近那些把疯狂量化了的数字。价格与收益比率、价格与账面价值比率、价格与收入比率以及价格与现金流量比率是四个重要的指标。如果收购发生在一个小公司，这些比率可以让分析师迅速计算出可供比较的数据。然而，估价比率与特定行业有关。零售业的价格与收入比率要比制造业高。价格与收益比率反映了增长潜力。价格与现金流量比率是购入全部股权的指标。

最简单的比率明细表应当包括如下表中所示的比率：

比率一览表

资本结构	收益率	估价比率
长期负债与资产净值比率	净资产收益率	价格与收益比率
负债总额与资本总额比率	资产收益率	价格与收入比率
负债总额与资产净值比率	投入资产收益率	价格与账面价值比率
		价格与营业现金流量比率

然后转到损益表，按通常的标准对损益表做出评判：把所有项目都放到占收入的百分率中，了解该百分率比例是否正在改变。研究和开发费用或者广告费用占收入的百分率正在下降吗？如果是这样的话，那么公司递延费用或者不开销费用有损于以后的营业吗？把这些异常情况与资产负债表加以比较。假如销售费用、一般费用和管理费用(S，G&A)占收入的百分率正在下降，那么预付费用和其他资产在上升吗？在固定资产增加时，折旧没有变化吗？比较税前营业利润。后续发展趋势怎样，年度发展趋势又怎样？这对于企业有意义吗？找一找偏差和发展趋势。

现金为王

现金流量表始终是财务文件中最难对付的。从经营的角度常常很难确定什么是必需的成本。每个公司都是不同的。1988 年 7 月，财务会计标准委员会(Financial Accounting Standards Board)第 95 号声明改变了公司报告现金流量的方式。分营业、投资和融资现金流量三个部分表述使得分析工作更容易了。最快速的检查就是查看“融资所得现金流量”部分。公司必须反复到市场中融资才能维持正常运转吗？短期和长期负债不断增加吗？每年都有股票或者可转换债券发行吗？

分析现金流量表的第二步是，仔细分析公司业务往来上的实际开支(收入)。一般说来，分析大致是计算净收入加折旧、摊销、递延税款减偶生项目(税收调整，如果可能)加或减流动资产改变(没有现金，但作为备好待用项目以了解是什么特殊原因导致现金枯竭)加或减已察觉的其他相关项目改变(例如，一部分资本支出)。

计算通过调整“营业现金流量”部分修改现金流量表。务必要做到，根据你所认为的一次性项目调整营业收入。公司把什么放进了作为营业必要费用的“投资”部分？例如，房地产公司的购入地产或者媒体产品公司的设计费用。通过减去必要的资本支出(如果公司没有告诉你，就推测一下)和股息，对自主现金流量进行调节。那个数字是正的还是负的？查看现金流量表，把它与前几年的比较一下(如果必要的话，然后按季度比较)，了解扩张计划是否已经导致了一年性的异常情况或者发展趋势是否有些恶化。如果是周期性的业务，当经营活动现金枯竭时，资产负债表足够强健以维持所需现金注入吗？如果融资环境变得不利于再融资时，那么公司处在遭遇债务偿还计划的财务状况下了吗？一定要检查实物支付(Payment in Kind，简称 PIKs)，无收益债券和其他奇怪的票据。

阅读催眠的空话

现在看看最辛苦的部分。首先把财务报告从头到尾读一遍，这仅仅是对你的会计技能、跟踪脚注踪迹和理解会计术语能力的测试。阅读 10K 关于经营和竞争的描述。了解你是否理解与那份经营计划有关的财务报告。

设法确定公司的驱动力是什么，最实质性的二三个数字是什么？识别一个发展中的问题需要关注的最重要的数字是什么？如果这是利润很低的业务，关键数字大概是收入和存货周转率。如果公司是特许权授予者，那么关键数字可能是系统销售额或者是连锁商店销售额。财务结构对业务有意义吗？（如果存在潜在的产品陈旧化问题，不要使周期性公司过度举债经营、不过高地增加存货。）

考虑年报

像立体国际象棋游戏一样，试着阅读三份财务报告（资产负债表、损益表和现金流量表），判断它们如何相互作用，领会它们之间是如何相互牵制的。

确定公司运营状况的关键变量是分析的最复杂部分。那种能力几乎是一种天赋，不是可以学来的技能。那些游刃有余的人在做多方面取得了巨大成功，在卖空方面也一样，因为天赋给了他们仅仅运用财务报告就能看见公司发展趋势的像 X 光一样的眼力。

随时按照顺序备份和追踪各种 Q 报表和 K 报表，自始至终地了解是否有什么事情变得更好或者更糟。

然后，阅读年报并了解公司官员所说是否与你所见相吻合。检查年报中的术语。每个公司重复使用某些惯用语表明公司自身的美景：增效作用是公司最流行的用语，被华尔街看作是语言的混乱。照字面意思清点这些杰作的美景：在一家钻井或防御公司年报中的太多杰作表明，执行官们或者不了解他们的业务，或者试图暗示公司出售未经他们承认的某种东西（加利福尼亚能源公司在某一年度内描述了相当多的诸如此类的前景）。等待审计人员调整。那是真正表明公司陷入了困境的一个信号。

考虑财务报告中缺少什么，什么是你不明白的地方。不经常放进去的一些流行项目是：

- 一次性收入的说明
- 关于零星的直接评估方法的信息
- 收入登记入账方法的清晰披露
- 模糊负债的构成
- 委任企业同盟资产（如贷款）的分类总结
- 分类项目的易于了解的分类总结：收入、进款、资产

● 收购对存货和应收账款影响的说明

最困难的部分是确定什么使业务运转或者失败。商人的经验比分析师的聪明更有帮助。

寻找贪婪和不名誉之事

第二步简单而有趣。它给了空头们在财务分析方面的信心。它同样是最经常被华尔街疏忽的步骤。

有用的数据

证券交易委员会要求公司发布关于管理层和大股东的所有资料。其中最有用的是：

● 表格144。在通过经纪商发出出售其持有的公司股票指令时，公司主要官员必须向证券交易委员会提交表格144，换句话说，在股票出售之日或之前，必须提交表格144。一些内部人出售在《巴伦——道·琼斯商业和金融周刊》和《华尔街日报》上报道。一些服务性机构，包括《维克斯》(*Vickers*)和《内部人报告》(*Insider's Report*)，也公布各种上市证券。

● 表格4。公司官员也必须提交表格4，该表格列出了在月底头寸增加或者减少的次月前10天中的股票买卖额。表格4s滞后于交易太久，以至于对仔细的观察家没有用处。但是，它们是除了管理层购买委托书之外唯一的关于股票买卖情况的原始资料。

● 13-D。任何实体购买股票的可控制头寸(Controlling Position)，即达到5%或者以上的头寸，必须在10天内向证券交易委员会提交13-D。这些头寸通常在新闻媒体、《巴伦——道·琼斯商业和金融周刊》、《维克斯》和《内部人报告》上公布，委托书上也有。

● 委托书。公司必须每年向证券交易委员会提交股东签署的委托书(这是所有资料来源中的最好部分)。年会是公布的触发器。委托书的目的是告诉股东们，在会议上他们可以就什么问题表决。它也揭示了管理层拥有多少股份，他们的薪水是多少，他们的雇佣合同是怎样的(包括期权、红利和一些额外补贴)，以及持股超过5%的股东。委托书表明，会计师们是谁，尚未判决的诉讼是

什么，其他关系以及关联交易中哪些是适当的等等。它也是了解公司管理哲学的最好信息来源之一。

许多基金经理允许外界服务机构阅读他们的头寸股票(Position Stocks)委托书。这些服务机构就委托问题代理经理们投票，想来为证券投资组合经理们节约了宝贵的时间。空头们认为这是可怕的习惯：你会让一个连管理层报酬占公司净收入30%都不知道的人代理你投票？他们认为这是一个附加的信号，它表明机构投资者不知道哪些事实是重要的以及到哪里去发现它们。

近年来，管理合同已经难以置信地变得富有创造力。阅读委托书寻找美国公司的贪婪。许多更好的详细资料并没有在证券交易委员会的文件中得以描述，但你可以在“确定性交易”的注解中闻到其味道。

标准代理人：万神殿中的星还是饲料槽边的猪？

南马克公司，一家辉煌的拥有若干子公司和关联公司的公司，以迄今最糟糕的委托书反映了公司的混乱。虽然要把主要参与者吞并的好处量化是不可能的，但是有一点可以明确，这种好处有很多。

以下是1988年1月委托书中的一些披露事项：南马克公司董事长、总裁、经理，吉恩·菲利普斯(Gene Phillips)，也是其他11家南马克关联公司的经理或董事长。他拥有其中三家公司的股票期权，有权使用公司的飞机并获得了860 608美元的现金补偿。菲利普斯和副董事长威廉姆·弗里德曼(William Friedman)持有或控制南马克公司23.45%的股权，也持有大部分联营公司的股票。他们把他们拥有的辛塔克房地产投资公司(Syntek Investment Properties)股份和辛塔克西部公司(Syntek West Shares)股份抵押给南马克公司，作为850万美元贷款和150万美元信用额度的抵押品。董事会批准了贷款，这样，菲利普斯和弗里德曼将能满足任何由其公司股票市场价格新的下跌而导致的追加保证金要求。董事会认为股票出售将使得公司股票价格下跌并使敏感的执行官们“分散注意力”。

南马克公司借了很多钱给公司官员们和官员的合伙企业：特别是借给公司执行副总裁詹姆士·吉利(James Gilley)的一笔借款，是无追索权的，并以其利用收入购买的南马克公司股票作抵押。该贷款按照与贷款抵押股票支付股息率相等的比率收取利息——真是一个相当好的交易，如果股票还值点钱的话。

合伙企业非常具有创造性：例如，1 601 个合伙人，其中包括只有名义上的出资、作为有限责任合伙人的 190 名南马克公司官员和雇员。菲利普斯和弗里德曼是无限责任合伙人。南马克公司非常慷慨大方，给 1 601 名合伙人提供了 1 380 万美元无担保贷款。到 1987 年 6 月 30 日止，应计利息已达 100 万美元，然而没有谁支付过利息；考虑到财务目的，南马克公司明智地放弃了应计利息。菲利普斯 1985 年和 1986 年在其合伙企业利息上的计税损失为 122 万美元。

委托书上连续不断地记载了相似的贷款、合伙企业和交易。阅读过委托书的人没有人会漏掉这个要点。局部的结局是，1990 年 4 月 19 日，南马克公司债权人委员会要求联邦法官允许它向公司两位前任最高执行官提出赔偿超过 830 万美元资产的要求。

洛杉矶传动装置公司和巴利制造公司(Bally Manufacturing)因其作为薪水加奖金与净收入之间的比率最高的公司之一而名声大作。1989 年会计年度，洛杉矶传动装置公司的两个最流行的运动鞋大王共计赚得 1 060 万美元，而同时公司净收入仅为 5 505.9 万美元。大概股东对此并不在乎，因为公司股票价格上涨了 185%。

在 1989 年，巴利公司股东们不像洛杉矶传动装置公司股东们那么自鸣得意。巴利小子们拥有不多的股票(1988 年 3.2%，1989 年上升到 4.1%，多亏了慷慨的激励计划)，但相对于股东们在净收入和股票价格增值方面所挣得的钱来说，他们给自己的报酬相当高。1989 年，公司给 10 名最高公司官员的现金补偿总计为 1 000 万美元，而与此同时，普通股股东净收入是 940 万美元。巴利停车场有限公司(Bally's Park Place，Inc.)总裁理查德·吉尔曼(Richard Gillman)得到了 400 万美元现金。巴利健康公司总裁兼首席行政执行官唐纳休·瓦尔德曼(Donahue Wildman)在 1989 年获得了 192.5 万美元的现金补偿。巴利公司 1989 年的股票价格从 22.125 美元跌到 15.125 美元，其每股收益从 1.12 美元跌到 0.35 美元。

皮纳克尔西部公司(Pinnacle West)董事长基思·特莱(Keith Turley)在市场巅峰期带领公司进入亚利桑纳房地产大扩张之中。1988 年公司支付给他 601 694 美元(加上后来退休的 530 962 美元)，公司收益则从 1986 年的 23 300 万美元降到 1988 年的 400 万美元。在把皮纳克尔西部公司收购的一家附属公司米勒银行(Merabank)(尽管公司根据一项"忠实履行"的协议购买了它)交给了纳税人以逃避责任之后，1989 年特莱打破了 1988 年的记录，净亏损达到 55 100 万美元，并大幅度削减了股息。亚利桑那州公司委员会（Arizona Corporations Commission）的一个会员公开地称特莱是“一个笨蛋”。一些股东（特莱自己仅有 18 600 股）或许同意这个叫法。

国民教育公司有最吸引人的解雇费包裹。根据他离开时的薪水/奖金水平，董事长兼首席执行官大卫·布赖特可能已经收到大约 737 万美元的解雇费。阿拉斯（公司离职官员）现在正为获得其可爱的降落伞（译者注：指离职时公司给予丰厚的解雇费）与公司打官司。

麦德科电容公司（Medco Containment）的马丁·怀格德（Martin Wygod）签订了最有创造性的奖金协议——他的包裹里包括资金筹集人的酬金和公司财务报酬。在由于公司或者任何附属公司的销售或者任何一项业务或资产（包括从兼并、资产出售、投标，到公司多数股权出售或者清算）所支付给公司的报酬中，他获得 1%。只是为了弥补所有的意外损失，他也因为持有附属公司股份而得到 1%的股票份额或购买发行的或分配的股票的权利。多么伟大的建立或重组公司的动机啊！怀格德靠兼并麦德科公司和波拉克斯公司（Porex）的成就，获得了 389.3 万美元的递延补偿，该款项直到他被解雇、死亡、残废或职位改变时才可支付。1989 年，该笔报酬被提前支付。20 世纪 90 年代，当马蒂（Marty）（译者注：即马丁）把麦德科公司卖给默尔克公司（Merck）时，不应当有人感到吃惊。

1995 年是执行官们的包裹快要撑破的一年——在简单形式的期权赠送、薪水和奖金中，赏赐流行起来。在公司经历了收益毫无生气的一年后，1995 年美国电报电话公司（AT&T）支付给董事长罗伯特·E. 艾伦（Robert E. Allen）数百万美元。他得到了 520 万美元加上价值差不多 1 100 万美元的期权。

克雷齐·埃迪公司和**综合资源公司**分享了这个由于公司额外津贴的余地和创新而被创始人认为是空前的特别令人喜爱的尤物。第七章和第十章详细叙述了扎伊塞斯和安塔尔得到的好处。实际上两个家族的相当多的现金来自股票销售：许多股东在他们的市场时机的选择上不够机敏。

在你研究委托书时，一个简略的准则就是，假如你不得不阅读三遍，你就会猛然悟到有利可图的发现。设法确定公司是否是为管理层或者是为股东们运营的（当公司是为股东们运营时，执行官们就会获得更多的股票期权补偿，否则，立刻就可转换为现金、较少的薪水，较少的津贴）。

委托书问题的项目清单

在研究委托书时回顾一下如下问题：

现金补偿

1. 执行官们被支付了过高的薪水吗？看看相对于公司收入的现金补偿是多少。

2. 公司支付了大量的奖金吗？为了什么？奖金是与额外的努力联系在一起的吗，或者只是为了做工作？奖金是与销售额、净资产收益率的提高或者其他一些衡量标准或组合标准挂钩的奖励吗？（一个生物技术公司的奖金是基于其股票公开发行的成功。）

3. 公司把税前利润的一部分以奖金形式支付给公司主要官员了吗？他们得到了公司收入的一部分吗？一些奖金是根据股票价格的增值计算的。

股票期权

4. 股票赠送对股票期权对股票增值分红权（Stock Appreciation Rights，简称 SARs）——股票增值分红权对执行官们是最慷慨的，其次是股票赠送。股票增值分红权给被授予人现金，这是银行能立刻接受的，没有股票价格的悬念。

5. 公司以任何方式支付股票期权吗？

6. 公司支付的奖金承担期权税额的费用吗？

7. 如果公司有股票/认股权证发行或者有附属公司的股票，公司官员能获得任何特别交易吗？

8. 公司主要官员持有股票的百分比是多少？

降落伞

9. 公司有不寻常的解雇费合同吗？尤其是在发生兼并或全部收购的情况下？

10. 退休合同的条款是什么？

11. 是否有额外的津贴，如大额保险单、公寓住宅、汽车使用、飞机使用？

"确定性交易"——毫无疑问是正常交易关系

12. 公司允许公司主要官员从事其他业务活动，例如拥有与公司有关的其他公司吗？公司给官员们提供有利的条件或者给官员们拥有的公司提供有利的合同吗？

13. 公司官员中的许多人相互之间有亲戚关系吗?

14. 公司与公司官员的任何亲戚做生意吗?

15. 公司经常借钱给公司官员吗? 如果是这样,公司收取利息吗?

16. 如果公司参加有限合伙企业,它给予公司官员补偿使之成为无限责任合伙人或有限责任合伙人,或因为参加合伙企业而授予他们奖金吗(或者仅仅弥补他们的税款损失)?

各色各样混在一起

17. 有许多诉讼吗? 赔偿责任是什么?

18. 公司主要官员的年龄区间是什么,全都是年长的或者全都是年轻的?

19. 还有谁持有股票?

20. 检查董事会变迁史。它是一个橡皮图章、"好兄弟"俱乐部还是一个工作团队? 董事会的独立性如何? (贵格燕麦片公司——英文为 Quaker Oats——对根据一致通过的书面同意采取的每项活动支付给董事会成员 1 000 美元。)

一些行业(例如,娱乐业和经纪业)有更高的薪水/奖金计划。即使行业标准比较高,看看执行官们是否因为做了他们获得报酬先于股东获得报酬的事情而得到额外好处? 了解高层雇员们相对于净收入的总收入是多少。

股票所有权是个很大的激励,但假扮成股票所有权的现金付款对股东们没有任何好处。期权计划可能是如此丰盛和昂贵以致使股东们由于他们自己的慷慨而被稀释了、被愚弄了。股东批准留出的股票数额,而董事会规定条款、授予条件和支付条件。

如果你比较一下几年的文件,那么委托书也就能告诉你,哪位执行官已经消失了。有时,除了因为不履行责任,人员减缩并不准确公布。

关于委托书还有一句话:近来,对于机构不阅读委托书和委托代理投票,出现了一些呼吁声。劳工部似乎对有关 ERISA 账目和代理人的失职(受托人责任)特别关心。劳工部的调查发现,39%的投资经理没有委托代理投票而且不知道谁做了。公司委托人似乎对委托责任同样不清楚,但是一些执行官为他们自己保留了权利。也许他们将要雇请空头们来阅读它们!

更大的困惑

第三步分成两个部分:研究和商店检查。研究部分在图书馆中开始,商店检查部分以观察市场告终。

研　究

检查行业、公司的竞争对手以及客户。10K 应当向你提供了对于公司怎样适应于其所在行业，公司的竞争对手、消费者和供应厂商名单的预览。

首先从正面着手，查阅图书馆和《价格信息》资料，获得行业信息。大多数公共图书馆有概述行业基本面的《标准普尔行业综览》(*Standard & Pool's Industry Surveys*)的复印件。其次，了解可以得到什么样的商业性出版物以及政府部门是否跟踪这些资料。一些服务性机构，如华盛顿研究者机构(Washington Researchers)，提供按照各种主题收集的全面的信息。

即使不利用计算机在线搜索的便利条件，也可以得到大量的行业资料。例如，《家禽时报》、美国农业部的经济学家们以及家禽生产的各个州的州农业部门都提供关于鸡价的大量信息，包括提供日常交易数据和供给需求预测的热线服务电话。

其他公开交易公司的财务报告也能提供许多资料，因而可以发现还有谁在这个行业中。阅读竞争对手的财务报告，比较利润、投入资产收益率、增长率以及存货和应收账款周转率，可以使分析师了解谁是不协调的以及看上去有什么不同。

商店检查

回到第一步(财务报告)，你判定公司的业务是什么和触发数字(译者注：即能引起或促使一连串反应的数字)是什么。把这些信息用于市场调查。如果关键是商店数量，那么就调查一家商店计算顾客数量，检查平均单据购买数量，与商店经理交谈；如果有一家非常成功的新公司，生产一种人们非常渴望得到的产品，那么了解一下竞争对手是否已经听说过该产品；如果是一家从事润滑油更换业务的特许经销商，那么计算高峰时段的车辆数量，了解特许经销代理商是否正遇到收支平衡的假定问题。

不要仅仅根据商店检查做出结论。比较常见的是，一家商店或地理区域可能在全部销售数量中是无关紧要的。然而，观察还是提供了商业计划执行情况的迹象。

谁拥有它?

第四步是密切注意交易方式,尤其是交易量。跟踪机构持有股票的比率(维克斯在线服务——英文为 Vickers On-line Service,以及斯佩克特勒姆——英文为 Spectrum,都汇编每季度的股东数量和名称)。如果发生一些意料不到的事情,高机构持有率和高华尔街覆盖率(译者注:即机构持有股票占股票流通盘的比率高,股票受华尔街关注的程度高、影响大)可能导致股票价格迅速崩溃。始终跟踪卖空数量,将告诉你什么时候空头轧平可能在发展,因此对证券组合的相关影响可能被监控。关注期权的数量和相对定价以注意收购投机的相关定价。继续注意表格 13D 和表格 144。

检测水温

第五步是收集任何一种经纪人报告,这些报告提供了公司的想法和华尔街的态度。有时候,经纪人报告可能提供相关行业数据。如果你要求的话,通常公司会给你寄送经纪人报告连同公司财务报告(特别是如果它们是讨人喜欢的,它们必然是这样的)。

当你阅读华尔街报告时,记住分析师们的工作说明:他们不会因为兴风作浪或者发表不同意见或者处于股票分析的最前沿而得到报酬或报应。分析师是相对而言的:他们被期望比他们的伙伴做得好一点,吸引那些被选进《机构投资者》(*Institutional Investor*)全明星名单的机构客户。问题是一些孤陋寡闻的客户希望分析师们阅读财务报告,即使他们的老板没有要求。把分析师用作华尔街想法的显示器和管理信息的通道。这不是好家伙对坏家伙,空头对分析师;关键是你如何有效地利用提供给你的信息。

查阅图书馆期刊目录,寻找以往在所有媒体上刊登的与公司有关的参考资料和副标题——《福布斯》杂志和《巴伦——道·琼斯商业和金融周刊》做了很好的、令人信服的、分析性的实情调查。如果它们兴风作浪的话,没有人抨击它们。许多目录只包含了 2 年或 3 年的参考资料,但是你务必要做到,至少要掌握 5 年的参考资料,因为旧的历史记录与公司欺诈或者公司欺诈的文化传统有关。

专　心

第六步是保持专心:经过初步分析之后,如果你决定现在不卖空一只股票,那么它或许是来年的一个妙策。如果你现在就卖空它,那么就关注它。在金融世界中,事情变化得如此之慢以至于人们很难保持专心。

首先关注收益发布。注意它们预期公布的时间和华尔街的期望是什么。收益发布的日期在统计上也是具有重大意义的:公布越晚,数字越糟糕。许多公司会与损益表和资产负债表一起用传真发送新闻稿(PR Release),快捷的信息很重要。如果它是一只流通盘大的、被华尔街广泛报道的股票,那么小投资者就处于不利地位,因为华尔街分析师们首先得到传真和电话,小投资者有时候要数天后才能得到。

其次,了解财务报表何时预期披露。华尔街要慢慢地阅读 10Q 和 10K,因此及时关注能获得重要数据——小投资者可以弥补在收到收益报告上的耽搁时间。等待新的财务报告就像等待圣诞节。确定你是否正确和事情有何进展是件有趣的事情。首先定位于关键数字,然后是现金流量表,最后是措辞。仔细地阅读各种 Q 报表。

保持密切注意那些曾经确定的潜在卖空目标,往往是可能实现的目标。如果你较好地了解一个公司,你就可能识别出其中的卖空触发器,像扎伊塞斯出售他们综合资源公司股票,或哈考特·布雷斯·贾维纳维奇公司出售沙穆公园,或吉姆·比尔德纳公司关闭商店或者超过了预期成本和用光了资金。

不要板着面孔忙于承认失败。假如你因为存货太高卖空了股票,而 10Q 显示公司已经纠正了这一问题,那么就立刻补进。

不要仅仅因为价格变化就补进;耐心等待,直到结果出来。如果综合资源公司看起来像要死亡,那么就耐心等待直到它被埋葬。

卖空可能更像是等在老鼠洞外的猫,坚持、耐心、专心的程度不是每个人都能做到的,尤其是要经过很长一段时间。

概念概述

空头信条可以概述为以下几点:

1. 意见不一致是好事。

2. 事实就在某个地方，空头们可以自由地挖掘。

3. 若干是不流行的，所以如果你做了一点点，那么你就会远远地走在前面。分析师们查看公司新闻(PR)胜于了解公司基本情况和财务报告，而这给空头提供了机会和较长阶段的市场无效。

4. 计算机把证券组合经理们搞糊涂了，并使他们树立了错误的信心，而这同样给空头提供了机会。

5. 一些会计师同意几乎所有的事情，而这也给空头提供了很多帮助。

6. 最后，华尔街以其不由自主的顺从给无效率的“蛋糕”加上了“糖衣”。人人都登上了乐队彩车并待在上面直到证据令人绝对信服，最终他们全都摇摇晃晃地离开。

结　论

关于股票出售、卖空或者简单的不买，必须记住的要点有以下几个方面：

● 从来不要想当然地认为，同一个范例可以应用于所有股票。每一家公司和行业都是不同的，因此如果标准是不相关的，那么用同一尺度来衡量就是愚笨的。如果公司拥有以1932年价格计算的土地，那么就不用担心收益或价格/收益(译者注：价格/收益即价格与收益之比，即市盈率)。考虑公司业务并确定市场需要你付出什么(现金、资产、收益)，然后在精心考虑公司发展前景后，根据你自己的分析对公司做出估价。

● 在公司、执行官和分析师们面前不要屈从，保持距离和客观性。证券市场到处存在着对股票价格有不同看法的人。空头们有权坚持他们的意见，就像执行官们和分析师们一样，你也一样。放轻松点，它只不过是钱嘛。

● 空头们是具有建设性的、乐观的癖好的怀疑论者。当执行官们对收益前景说谎时，如果你很震惊，那么不要仅仅卖掉股票，还要考虑卖空它。

● 当空头净额占总量的百分率达到一个令人大为吃惊的峰值，而旅鼠们开始变得悲观时，请记住，关于卖空候选公司的故事是与良好公司特性相对的教训。无论交易顺序如何，游戏规则都应当是低价买进、高价卖出。

附录　保证金账户与卖空

普通股空头从证券经纪行借入股票在有组织的市场中出售。他们借入的是财产，不是金钱，只能通过支付了保证金的账户卖空。

在客户开设保证金账户时，必须签订一份协议。这种表格规定客户以证券担保(抵押)，作为保证金贷款的担保品(抵押品)。被存放在保证金账户中的股票进入华尔街或指定代理人名下，而不是客户名下。经纪人然后可将客户证券抵押，一直到借方余额的140%，作为进一步借用股票的担保品。

现行联邦储备要求(在行业中称之为T规则)是50%，意味着客户最初必须提供卖空价格50%的现金或100%的足额已付证券。

对于卖空，经纪人从两个地方之一得到可供借出的股票：从其他客户保证金账户(如果有足额抵押股票)或者从另外的经纪自营商那里。

客户完成卖空后，证券经纪行按照市价评估头寸，也就是说，经纪人用股票收盘价格计算盈利或者亏损。然后在账户中记入贷方或记入借方以适应价格变化。通常，这项工作以星期为基础进行，但如果市场变动开始活跃，则要每天按市价进行计算。自从1987年晚期的混乱以来，一些经纪人开始每天按市价进行计算而不管交易活动怎样。

如果价格移动到初始价值之上，证券经纪行就要求空头提供更多的担保品。运用表1.1(第18页)的例子来说明，如果股票价格上涨到12 000美元，那时自有资金就是3 000美元，账户就成为受限制的（从技术上讲，任何自有资金水平在50%以下的账户都被认为是受限制的）。尽管纽约证券交易所要求最小维持水平是30%，但大多数经纪人在保证金账户自有资金水平低于35%时，发出维持保证金催缴通知。在该例中，当前自有资金只有25%。为了遵守纽约证券交易所的规则，空头需要存入额外的600美元，或额外的1 200美元的股票，将账户提升到35%的水平。与T规则要求必须在7天之内支付不一样，维持保证金催缴通知要求必须立即支付。大多数执行48小时的最终期限。

纽约证券交易所和全国证券交易商协会对于“廉价股票”同样也有一套保证金维持规则：以0美元到2.5美元之间的价格卖空的股票，要求每股最少有2.5美元的自有资金作保证；以2.5美元到5美元之间的价格卖空的那些股票，要求有等于每股价格的100%的自有资金作保证；那些以5美元以上价格卖空的股票，无论股票价格有多高，要求每股有5美元或者等于每股价格30%的自有资金作保证。

如果价格下跌，空头可以动用多余资金（译者注：即超过规定保证金数额的资金）。运用前面的例子，如果股票价格下跌到80美元，多余的2 000美元可以用于其他股票卖空或者股票购买或者存入短期资金市场账户中。